天下文化
BELIEVE IN READING

第二座山

THE SECOND MOUNTAIN

The Quest for a Moral Life

DAVID BROOKS

大衛・布魯克斯 著　廖建容 譯

BCB684

獻給帶給我無限喜樂的Anne

目錄

推薦序

我心目中的「第二座山」

嚴長壽
公益平台文化基金會董事長

「公益平台」成立至今，正好滿十週年，此時翻開大衛．布魯克斯的新作《第二座山》，發現作者高舉的價值，居然與我們平台貫徹的理念不謀而合。這十年來，我們在偏鄉走過觀光推廣、產業輔導、人才培訓……到提升偏鄉教育等，平台的天使與夥伴，始終沒有偏離這第二座山的信念。

作者布魯克斯在《第二座山》中，以兩座山做為比喻，仔細剖析兩種不同的人生境界：「第一座山」的核心在於建立自我、定義自己，成為不斷力爭上游的精英主義者；「第二座山」的重點恰好相反，在於擺脫自我、放下自己，貢獻社會，成為平等主義者，與需要幫助的人平起平坐、並肩同行。

兩座山沒有必然先後

簡單來說，第一座山是關於「征服」，第二座山是屬於「臣服」。臣服於什麼呢？臣服於你內心對於家庭、志業、信仰、價值的承諾，奉獻於社會、織就親密關係、踐行寬厚的利他主義（altruism），如此才讓一個人擁有豐盈的性靈與真正的幸福。

作者強調，兩座山僅做為一種比喻，沒有必然的先後。追求第二座山不意味要抹煞第一座山。重點在提示：即使在第一座山登頂，功成名就之外，人生還有第二座山等待攀爬。

在報章雜誌中，我們經常看到很多成功企業家，畢生都在為第一座山拚搏。他們一輩子仰望著這座山峰，有如登山家憧憬著聖母峰，以最精良的裝備，請最好的嚮導，窮一生之力攻頂。

當他們幸運成功，且累積了一輩子財富或地位後，就止步於第一座山。總認為退休後有能力慰勞自己一生的辛勞，實現長久的夢想：或搭乘豪華遊輪環遊世界、歐洲鐵路旅行；或是追求內心寧靜、享受含飴弄孫之樂……這大概是人生晚年圓滿的生活常態。

也有人終於看到了第二座山，於是生命價值觀大逆轉，以「無我」的心態向上攀爬另外一座更高的大山——那是一座放下自我成就、競爭、評比的另一座山。

布魯克斯在本書強調「連結世界」與「奉獻社群」的重要。他認為，現今文化中無所不在的個人主義——只注重個人自由、自我實現、自我滿足——是災難的源頭。這種單一的價值觀，忽略了個人或企業成功的背後，其實是整體社會共同造就的「時勢」使然。而現今西方社會也從「利他」落入「利己」之偏狹世界觀裡，衍生無數問題。

心中永遠都要有第二座山

從我個人有限經驗回想，「第二座山」在我的生命中始終不曾缺席，嚴格來說，兩座山並沒有先後之別，甚至可以合而為一。我常感到，一個人要獲得滿足，有兩種相反的途徑：一個是再多要一些（ask for more）；另一個是少要一點（desire less）。這正好點出這兩座山的差異，第二座山便是追求人生深層的滿足，那是發自內心、滿溢著光的喜樂，而這個喜樂來自於對「大我」的獻身。作者提到：「喜樂（Joy）是一種自給自足的情感，它是淋漓盡致的人生的獎賞。」而且第二座山的風景遠比第一座山更加迷人、新奇、神祕，這是待在第一座山根本無從想像的。

我們整個文化典範必須放下對金錢、地位和權力的執念，從推崇個人主義，轉變為以關係為中心的第二座山的思維。「無我」，不是一項天賦，更不是一種光環，它是一種時時修練的心境。一個人的承諾定義了他是什麼樣的人，承諾，不是牛肩上的重軛，而是鼓舞人前進的帆。

因此，承諾不會帶來疲憊，而是產生力量。如今我更加感受到奉獻給這個世界，讓社會有任何一點的提升，都令人充溢著如歌的內心悅樂。

為所應為，喜樂自得

在這個混亂無助的社會現況，似乎大家都有同樣的焦慮與無奈。有時我想到人到底為什麼感到心靈飢渴？一個最大的可能是：我們失去與人連結的圓融之感。

我知道很多從事公益的天使投身公益志業，未必必然出於宗教的理由，不是為了心靈的寄託，更不是為了救贖。從事公益必須有一個心理準備，就是即使沒有上帝的存在（as if there were no God）、來生的獎賞、無法言傳的福報……一切當為者只是為所應為。其實在這個過程中，不論順逆，我們已經得到生命至深的滿足。

如同五年前作者出版同樣暢銷的《成為更好的你》（原書名《品格：履歷表與追悼文的抉擇》），提出兩種人生取向：「履歷表」要你以成就征服世界，「追悼文」是以美德感動別人。進一步來說，其實我們可以連「追悼文」都捨去不要，因為在過程中，每個人已經得到了充分的心靈回饋。

翻開本書，讀到「第二座山」的提醒，我油然生出一股衝動，希望介紹給有心的讀者朋友，我們都需要屏氣凝神，聆聽第二座山的召喚，重新和世界連結，療癒他人，無愧於此生。

更希望身在自由文明社會的我們，心中永遠存在著「第二座山」。

各界讚譽

信義房屋是百分之百的服務業，「服務」對我們的最大意義，是在獲得適當報酬的同時，也讓社區因我們的存在而更好、更幸福。這個理念，與大衛．布魯克斯在《第二座山》所說「服務社群」的熱情不謀而合。

我們於二〇〇四年投入「社區一家」計畫，以最小鄰里為單位，凝聚人心、深化信任、產生微妙變化，成為台灣社會昇華的柔性力量。如何在人生道路上或企業營運過程中，「與利害關係人共生共榮」，才是「第二座山」的真諦，值得所有人細細思量品味。

——周俊吉　信義房屋創辦人

遠見天下文化創辦人高希均教授多年前曾對企業家說：「你們要攀登二座大山：前者是『利潤』之山；後者是『責任』之山。成功的登山者，在選擇上有先後，但最後的目標是要在後山山巔，向大家大聲宣布：我到達了責任之峰。」

看了大衛．布魯克斯《第二座山》後更是深有所感，不要只滿足於第一座山，還要攀爬第二座山，進入更寬廣、更令人滿足的人生階段。看完本書，等於上了一堂人生進階課。

——詹益森、張簡珍　競衡集團創辦人

《第二座山》值得我們深深品嘗，並且每當進入人生不同階段時，都應該再次重讀。在這個喧囂的世界，我們的價值觀往往被世界所定義的成功所吸引，然而誠如作者所提，真正能散發出喜樂光彩的人，往往是那些更知道自己在追求什麼人生意義的人。

很多人問我為何放下醫生的職涯，而投入教育的志業。這樣的題目，確實很難在「第一座山」的脈絡下解釋。

但是當我們知道投入一件事情，可以分成工作（Job）、事業（Career）跟召喚（Calling）三個層次時，也就是前兩者更在乎的是自己，而後者是在乎環境、他人與上帝給出的召喚時，就會逐漸明白，能回應呼召是遠比選擇事業更有拿不走的喜樂。

同樣的，婚姻的選擇僅是「愛慾」（Eros）還是「友誼」（Philia），甚至可以提升到「聖愛」（Agape）的層次，也大大影響我們在婚姻裡的喜樂感。對於一個結婚兩年的新手來說，這一塊我也不斷在學習，而這本書也給我許多深度的提醒。

最後一提，去年我剛好開始到加拿大維真神學院（Regent College）修課，進而發現人生的追求從「目標被人設定下方法的優化／How」，到「找到自己的目標／What」，到「找到目標後面的意義／Why」，到「找到意義後的自己與他人／Who」，到「找到自己意義的源頭與歸屬／Whose」，剛好也與書中所提到的內容相互呼應。

市面上有很多我能學習如何成功的方法論的書，會使我變聰明。但這是一本讓我與最深的自己連結，使我能變得有智慧的書。盼望我們都能攀登第二座山。

——呂冠緯　均一平台教育基金會董事長兼執行長

（依來稿順序排列）

前言

你的第二座山

每隔一段時間，我就會遇見一個洋溢著喜樂的人。這些人似乎因為內在的光而顯得容光煥發。他們和善、平靜、因小確幸而開心，對盛大的喜樂心存感恩。這些人並不完美，他們有筋疲力竭和倍感壓力的時候，他們也會做錯決定。但他們是為了他人而活，而非為了自己。他們毅然決然把自己的生命奉獻給家庭、理念、社群或信仰。他們知道自己此生的目的是什麼，並且因為盡了天職而心滿意足。他們的日子並非事事順利。他們肩上承載著他人的擔子，但他們甘之如飴，意志堅定。他們對你感興趣，讓你覺得被珍惜、被了解，並為你的幸福感到高興。

當你遇見這樣的人，你會明白喜樂不只是一種感覺，它可以是一種態度。我們贏得勝利時，會喜不自勝，但那種興奮是一時的。有種人不以自己為中心，他們決定奉獻自己的生命，這種人心中有一種恆久的喜樂，驅使他們不斷向前。

我經常發現他們的生命起伏彷彿兩座山的形狀。他們從學校畢業後，成家立業，找到自己想要征服的高山：我要當警察、醫生、企業家，諸如此類。爬第一座山時，我們要達成某些人生的任務：建立身分認同、離開父母獨立生活、培養技能、建立有安全感的自我，以及試著在這個世界留下印記。正在爬第一座山的人會花很多時間，思考要如何管理自己的名聲。他們總是在計分。我爬多高了？我排名第幾？正如心理學家賀里斯（James Hollis）所言，人在這個階段往往認為世界認定我是誰，我就是誰。

第一座山的目標，是社會文化設定的目標：功成名就、獲得敬重、被納入合適的社交圈，以及擁有幸福人生。大家要的都差不多：漂亮的房子、美滿的家庭、美好的假期、美食、好友等。

然後，人生出現了轉折。

有些人來到第一座山的峰頂，嘗到成功的滋味，卻發現……不太滿足。「就只有這樣嗎？」他們感到狐疑。他們覺得，人生中應該還有更有深度的旅程。

有些人遭遇挫敗，從山上跌下來。可能是他們的事業、家庭或名聲出了問題。突然間，人生似乎不再是步步高升；它展現另一個樣貌，一個令人失望的面貌。

還有些人因為意料之外的事，被迫走上另一條路：痛失愛子、被診斷出癌症、為癮頭所苦，不在計畫中的人生悲劇。不論原因為何，這些人已從山上跌落至充滿混亂或痛苦的谷底。這種情況可能發生在任何年紀，不論八歲還是八十五歲。跌落谷底這件事，沒有所謂的太早或太晚。

唯有在受苦時期，才會看見自己最深、最內在的部分，那些痛苦提醒我們，我們並不是自以為的那種人。跌落谷底的人審視了自己的內在，明白自己不只是外人看見的那些部分，他們還有更深層的部分，一直被忽略。那裡藏著黑暗的傷口，以及強烈的渴望。

有些人在面對這種痛苦時束手無策。他們似乎變得愈來愈害怕和怨恨。他們不敢碰觸內心深處的世界，人生變得愈來愈狹隘孤獨。我們身邊多少都有這種一輩子心懷怨恨的老人，他們得不到應有的尊敬。許多年前有人曾經對不起他們，他們就一輩子緊抱著這些怨恨不放。

但對其他人來說，谷底造就了新的自己。受苦時期打斷日常生活表面上的平順。他們看見更深層的自己，並意識到在內心的最底層，有一種溫柔，蘊藏著關懷他人的根本能力，渴望超越自我並照顧他人。當他們碰觸到這種渴望，他們便準備好要成為一個完整的人。他們用新的眼光去看過去熟悉的事物。他們終於能夠愛鄰人如同愛自己，這不再只是口號，而是事實。他們在最艱困的逆境中所做的反應，定義了他們的人生。

因為受苦而擴大生命意涵的人，會展開兩種反叛。首先，他們背離自我理想。在第一座山上時，他們的自我在某種程度上達成了目標——得到某種程度的聲望、快樂和成功。當他們掉到谷底時，他們會對自我理想失去興趣。當然，他們後來仍會感受到私心的欲望，有時也會屈服於這些欲望。但總的來說，他們意識到，自我的欲望永遠無法滿足內心最深的那個部分。如同天主教神父盧雲（Henri Nouwen）所說，他們明白，他們遠比他們的自我理想（ego ideal）更美好。

第二個反叛是，他們與主流文化分道揚鑣。他們一輩子都在上經濟學的課，社會文化一直教導他們，人類是追求私利的動物，包括名聲、財富和權力。但突然之間，他們對於別人告訴他們要追求的東西不再感興趣，他們想要的是真正值得追求的事物。他們昇華了自己的欲望。世界告訴他們要努力消費，但他們只想為道德使命出錢出力。世界告訴他們要追求獨立，但他們想要的是相互依存——沉浸在溫暖的人際關係網絡之中。世界告訴他們要追求個人自由，但他們想要的是與人親近、負責任，以及做出承諾。世界要他們不斷向上爬，追求成功，但他們只想當個為他人服務的人。書架上的雜誌要他們自問，「我該怎麼做才能讓自己幸福？」但他們看見的，是比個人幸福格局更大的東西。

因為受苦而擴大生命意涵的人，有足夠的勇氣將過去的自己賜死。身處於山谷，他們的人生動機已有所改變。他們從「以自我為中心」，轉變為「以他人為中心」。

來到這個生命階段的人意識到，哦，原來第一座山並不是我想征服的山。世上還有另一座更高的山，那才是我想征服的山。第二座山並不會和第一座山相斥。攀爬第二座山不代表要放棄第一座山。這比較像是人生旅程，爬第二座山時，我們進入了更寬廣、更令人滿足的人生階段。

進入這個階段時，有些人會大幅改變生活模式。他們放棄律師工作，搬到西藏去住。他們辭掉顧問工作，到貧民區的學校教書。有些人仍待在原來的職業領域，但用不同的方式分配時間。我有個朋友在加州的中央谷地締造成功的事業。她仍持續經營自己的事業，但把大部分時間用來為公司員工蓋幼兒園和健康中心。她正在爬她的第二座山。

還有一些人待在原本的工作和婚姻關係中，但是想法有所轉變。他們關注的重點不再是自己，而是天職的召喚。假如他們是校長，他們的職責是讓學校的每個老師發光發熱。假如他們在企業工作，他們不再以主管自居，而是成為部屬的導師，把精力用在助人成長。他們希望組織成為眾人願意投入、找得到工作意義的地方，而不只是賺取工資、不想與之有太多瓜葛的地方。

心理學家史瓦茲（Barry Schwartz）與政治學者夏普（Kenneth Sharpe）在《遺失的智慧》（*Practical Wisdom*）中提到一個故事，故事主角是名叫路克的醫院清潔工。他工作的醫院裡有個年輕人，因為與人鬥毆，受了重傷而陷入昏迷。年輕人的父親每天沉默的守在兒子病床邊，長達半年。有一天，路克進來清理年輕人的病房，病人的父親當時到外面抽菸，沒看到路克打掃病房。當天稍晚，路克在走廊上遇到那位父親，他怒氣沖沖的指責路克沒有打掃他兒子的房間。

若你正在第一座山，你會認為你的職責是打掃病房。「我確實有打掃你兒子的房間。」你可能會這麼反駁。「只不過那個時候你在外面抽菸。」若你在第二座山，你會知道你的職責是為病患和家屬服務，你的職責是在危急時刻滿足他們的需求。因此你明白，眼前這個人需要的是安慰。於是你會把病房再打掃一遍。

路克就是這麼做的。他後來在訪談時說：「我把那個房間再打掃一遍，是為了讓他親眼看見我打掃房間……。我能想像他的感受。他的兒子在那裡躺了六個月。他的心情很沮喪，所以我把病房再打掃一次。不過我沒有生他的氣，我想我能體會他的心情。」

或是以林肯總統為例。林肯年輕時是個野心勃勃的人，一心只想追求名聲和權力，他甚至被自己強烈的野心嚇到。但後來維護聯邦存續的召喚實在太強大，小我變得再也不重要了。他放下了個人名聲，開始爬他的第二座山。

一八六一年十一月某天，他去麥克萊倫（George McClellan）將軍家拜訪，希望當面向他施壓，要他對聯邦軍隊採取更積極的作戰策略。當林肯到達時，麥克萊倫不在家，於是林肯告訴管家，他和國務卿西華德（William Seward）以及他的副官海伊（John Hay），會在客廳等將軍回來。一小時後，麥克萊倫回到家，經過總統所在的客廳。林肯又等了三十分鐘。管家走進客廳告訴林肯，麥克萊倫決定要就寢，改天再見林肯。麥克萊倫在跟林肯玩權力遊戲。

海伊氣炸了。誰這麼大膽子，敢如此怠慢美國總統？不過，林肯相當平靜，他對西華德和海伊說：「現在不是計較禮節和個人尊嚴的時候。」這個時候的關鍵人物並不是他，他的尊嚴並不會因此受損。假如他能找到一位願意為聯邦而戰的將軍，要他等一輩子都願意。此時的林肯將自己拋之度外，使命才是他生命的中心。他的終極訴求是他個人以外的東西，而非他的內在。

這是分辨你在第一座山還是第二座山的重要方法。你的終極訴求是什麼？你自己，還是個人以外的事物？

倘若第一座山的重點在於建立自我以及定義自己，那麼第二座山就在於擺脫自我以及放下自己。若第一座山的重點在於獲取，那麼第二座山在於貢獻。若第一座山是成為精英主義者，不斷向上爬，那麼第二座山就是成為平等主義者，與需要幫助的人平起平坐，和他們並肩同行。

你不會用爬第一座山的方式來爬第二座山。你攻克你的第一座山。你找出山峰，然後努力向上爬。你用被征服的心態爬你的第二座山。你臣服於心中的召喚，並竭盡所能的回應，解決你眼前的問題或不公義。在第一座山的你是個有企圖心、有策略、獨來獨往的人。在第二座山時，你注重人際關係、願意與人親近，而且不屈不撓。

我現在已經能夠分辨誰目前待在第一座山，誰待在第二座山。待在第一座山的人通常心情開朗、很有趣，和他們相處充滿樂趣。他們往往擁有令人稱羨的工作，能帶你去各式各樣的高檔餐廳。待在第二座山的人並不排斥世俗享樂，他們也喜歡美酒或是美麗的海灘。（一味崇尚靈性，卻不愛世間事物，沒有比這更糟糕的了。）但他們在追求道德上的喜悅已經超越了享樂，追求至善才能為他們帶來人生的喜樂。假如他們必須做出抉擇，他們會選擇喜樂。

處於第二座山的人通常都很累，因為他們竭盡心力為他人付出。而接受幫助的人每天總是要求一大堆東西。待在第二座山的人把人生格局活得很大，喚醒更深層的自己，承擔更多責任。正如C．S．路易斯所說，他們下定決心，「我將挑起鄰人的榮光所帶來的責任、重擔或負荷，那重任如此沉重，只有謙卑的人才支撐得起，傲慢的人只會被壓垮。」

我現在也能夠分辨哪些組織處於第一座山、哪些處於第二座山。有時候你工作的公司或就讀的學校，不一定真的會在你身上留下印記。你從那裡取得你想得到的東西，然後就離開了。處於第二座山的組織會觸及人的內心深處，並留下永久的印記。當你遇見海軍陸戰隊隊員、莫爾豪斯學院的畢業生、出身於茱莉亞音樂學院的鋼琴家，或是NASA的科學家，你一定認得出他們的身分。這些機構具有集體的目標、共同的儀式，以及相同的起源故事。它們孕育了深厚的人際關係，並要求成員全力以赴。它們做的不只是教育，而是確實轉化了他人的人生。

我的規劃

本書的第一個目的，是一步一步利用具體的詳細說明，指出人們如何從第一座山來到第二座山，並告訴你更有深度、擁有更多喜樂的人生是什麼樣子。大家都說，你應該為某個比自身更崇高的理念獻身，但沒有人告訴你該怎麼做。

本書的第二個目的是指出，社會要如何從第一座山轉變為第二座山。本書的核心是「重建」（renewal），讓分崩離析的事物重新變得完整。如今社會正面臨連結的危機，團結的危機。我們活在過度個人主義（hyper-individualism）的文化裡。自我和社會之間，以及個人和團體之間，總是存在著一種拉鋸。過去六十年來，我們的走向已經擺盪得太偏向自我那一端。唯一的解決之道，是重新取得平衡，打造一個新的文化，將民眾導向關係、社群和承諾。這是我們最深切渴望的東西，但被過度個人主義的生活方式埋藏得不見天日。

我將在本書的第一部分完整說明兩座山的人生是怎麼發生的。我會帶領大家爬上第一座山，然後走下山坡，進入谷底，再爬上第二座山。兩座山只是個比喻，你不必太過執著。當然，沒有任何公式可以解釋所有人的人生是如何發展的。（例如，我太太似乎先爬第二座山，她和大多數人不同，她的成長環境注重的是道德承諾，而非個人成就。）我用兩座山的比喻來敘述兩種不同的道德觀——為自己而活，還是為服務他人而活。我想要呈現，第一種模式（也就是我們文化裡最常見的模式）並無法滿足我們。我會描述在追求令人滿足的人生時，他們會經歷的事物，並分享他們發現的重要真理。大多數人會活得愈來愈好，活得愈來愈有深度、愈來愈有智慧，本書就是要試圖捕捉那個過程是如何發生的。

在本書的後半部，我將描述眾人如何用第二座山的心態過生活。待在第一座山的人過著相當機動的生活，沒有太多約束。待在第二座山的人穩穩扎根，做出慎重的承諾。第二座山的人生是做出承諾的人生。當我描述第二座山的人如何生活，我其實描述的是這些人如何對他人做出最堅定的承諾，以及如何帶著熱情，全力以赴的實踐承諾。這些人沒有太多選項，因為他們的立場非常堅定。第二座山的人對下列四個領域做出承諾：

- 志業
- 配偶與家人
- 人生觀或信仰
- 社群

承諾是答應去做某件事，而且不期待獲得回報。承諾是愛上某個事物，然後在那個事物的周圍建立行為架構，以因應那份愛出現變數時的狀況。在本書的第二部分，我會試著描述做出承諾的過程：人如何受到志業的召喚，並加以實踐；他們如何決定要和誰結婚，並打造幸福美滿的婚姻；他們如何確知自己的人生觀，以及他們對信仰的體驗；他們如何產生服務社群的強烈渴望；以及他們如何與他人一同協助社群繁榮發展。人生是否充實，取決於你是否在可能互相衝突的承諾之間，做出對的抉擇，並認真實踐。

我在書中將要提到的某些人，他們的人生境界很高。在現實中，你我都無法像他們那樣自我犧牲。我們達不到那個境界，因為我們只是平凡人，而且雖然嘴巴不願意承認，但只能做那個以自我為中心的自己。儘管如此，設定高標準仍然很重要。受別人的經驗啟發，並提醒自己，擁有堅定承諾的人生並非不可能，也很重要。若辦不到，並不是因為我們的理想有任何差錯，只是因為能力有限而已。

我學到的事

第一座山和第二座山的區別，聽起來或許有點像我在上一本作品《成為更好的你》（原書名《品格：履歷表與追悼文的抉擇》）中提到的，履歷表與追悼文的區別。現在我必須坦承，我寫本書有一部分的目的，是為了補足上一本書的不足之處。我在《成為更好的你》中提到的人物，確實值得仿效。然而，一本書是作者在人生旅程中某個時期和某個處境所撰寫而成。《成為更好的你》完成後的五年期間，是我人生中波動最大的歲月。在有苦有樂的那幾年，我上了一門人生的進階課，關於生活的藝術和陷阱。那些課程使我有了更多理解。

當我撰寫《成為更好的你》時，我仍然被囚禁在個人主義的牢籠裡。我那時相信，當我們行使個人行動力，握有人生的掌控權，人生會變得更好。那時的我仍然相信，品格絕大部分是你靠自己的力量一手打造出來的。你找出自己核心的罪惡，然後使盡所有的意志力，讓自己在最脆弱的部分變得堅強。

但我現在不再相信，品格的形成絕大部分是一個人的事，或是建立在因人而異的基礎上。我不再相信，品格的培養就像去健身房運動：你努力鍛鍊，把自己打造成誠實、勇敢、誠信和堅毅的人。我現在認為，好品格是奉獻自己的附帶結果。你愛值得你愛的事物，你臣服於社群或理念，向他人做出承諾，培養充滿愛與羈絆的深厚關係，每天服務他人，放下自己，如同他人為了服務你，放下他們自己。擁有品格是好事，在培養品格的過程中，我們有好多東西要學習。但我找到一個更值得擁有的好東西——道德喜樂。當你逐漸體現完美的愛，你會得到內心的平靜。

此外，我也不再相信，社會的文化與道德結構沒有問題，我們只需要把自己管好就好。過去幾年來發生在個人、國家和全球層面的事件，使我變成一個偏激分子。

我現在認為，現下的文化中無所不在的個人主義是個大災難。只注重自己——個人成就、自我滿足、個人自由、自我實現，是個大災難。現在我認為，要擁有美好的人生，需要進行很大的轉化，光是在自己的弱點下功夫是不夠的。整個文化典範必須從過度個人主義，轉變為以關係為中心的第二座山思維。

來到世上的理由

我寫本書，有部分原因是為了提醒自己，我想過什麼樣的生活。作家把自己的人生攤在眾人面前，有時會偽裝成在寫別人的故事。換句話說，我們試著把自己真正需要學習的東西教給別人。我的第一座山爬得不可思議的順利。我的事業成就遠超出我的預期，但那些成就同時把我變成某一種人：冷漠、刀槍不入、沉默寡言，至少在私領域是如此。我迴避人際關係所附帶的責任。前妻和我達成共識，不公開談論我們的婚姻生活和離婚的原因。但當我回顧自己人生中的錯誤、失敗和罪惡，我發現那大多是因為我的疏忽，以及我沒有真正陪伴我該親近的人，所造成的結果。我犯了退縮之罪：用藉口逃避、嗜工作如命、規避衝突、沒有同理他人，以及沒有好好表達自己的想法。舉例來說，我有兩個認識多年的好友，他們住的地方離我家約四百公里遠。他們一直對我非常寬容和體諒。當他們需要我或是想和我見面時，我總是太忙、太亂、離太遠。我對他們的友誼心懷感激，同時覺得心中有愧。而這種模式，在我的人生中一再上演——把我的時間看得比別人更重要，把生產力看得比人際關係更重要，因此沒有選擇陪伴我所愛的人。

罪惡的代價就是罪惡。我的缺失不斷累積，終於在二〇一三年釀成悲劇，把我打入谷底。過去定義我人生的世俗成就在瞬間瓦解。二十七年的婚姻劃下了句點，沒有兌現承諾的我一個人搬到公寓去住。我的孩子即將成年，一個已經離家上大學，還有一個正準備要上大學。我們仍然會一起出去吃飯，但我想念從前在家時，跟孩子在走廊或廚房遇到時隨意聊幾句的時光。我在成年歲月一直參與保守派運動，但我信奉的保守主義不再是主流的保守主義，於是我在智性和政治層面都失去了歸屬。我絕大部分的社交生活都在保守圈中，現在那些朋友也與我漸行漸遠。我意識到，我和我的朋友並沒有深交。沒什麼人和我交心，因為我素來不喜歡談論脆弱的心事。我太忙了，過著馬不停蹄的生活。

我沒有根、孤單一人、羞於見人、生活分崩離析。在那段日子，我的心境很像永遠無法清醒的宿醉。我可能隨時情緒崩潰，我只聽辛妮·歐康諾和「雪警樂團」的悲傷情歌。我賴著朋友，在他們的陪伴下撐過那些日子，現在回想起來都覺得丟臉。我很想忘記那段歲月，但我努力提醒自己不要將它忘記。我失去了歸屬，不知道自己下半輩子要怎麼過，以五十二歲歐吉桑的心境，面對二十二歲小伙子的問題。

由於人生的不及格源自我無法做出承諾，於是在接下來的五年，我一直在思索和閱讀，學習要如何好好面對承諾這件事，以及當世俗成就不再令人滿足時，要如何為自己的生命找到意義。本書是這段追尋的成果。我寫這本書是想藉此督促自己，同時延續我一貫的作風，透過寫作提升自己的人生。「書必須是劈開我們冰凍內心的斧頭。」卡夫卡如此寫道。它應該給我們當頭棒喝，把我們打醒。對我來說，寫這本書具有這樣的作用。

我希望本書也是為了你而寫。關於作家的職責，我想引用神學家奈爾斯（D. T. Niles）的說法：「我們就像是乞丐，試著告訴其他乞丐哪裡有麵包。」你只要稍微讀幾頁本書的內容，就會發現我引述了很多人說的話。真的是很多人，但我用得理直氣壯。在寫本書的過程中，我經常覺得，或許我其實不是作家，而是老師或中間人，我只是把從別人那裡學來的知識傳遞給你而已。

我寫本書的最後一個目的，是為了回應現在這個歷史時刻。過去六十年來，對自我的推崇已經成了我們文化的執念，包括形塑自己，投資自己，以及表達自我。資本主義、精英領導，以及現代的社會科學，已經將自私自利變成常態，似乎認為唯有自利的動機才是人類真正的動機，包括對金錢、地位和權力的欲望。這些觀點在潛移默化中告訴我們，付出、關懷和愛只是社會表象的裝飾品，中看不中用。

當整個社會建立在對自我的執著之上，社會的組成分子之間就開始切割、分裂和疏離。這正是社會此刻的寫照。我們已經掉到谷底。道德與文化基礎的墮落，導致了政治界的墮落。這個墮落表現在人與人之間的互動，認為自己和別人沒有關係，個人主義價值觀已經被視為理所當然。

事實證明，第一座山的文化是無法滿足我們的，這是個真理。

這個社會對喜樂採取排斥的態度，太過強調意識的個體性（個人的理由），而輕忽意識的連結（心與靈魂）。精神疾病、自殺率和不信任感不斷上升。應該流露情緒時，我們表現得太過理性；應該採取道德觀點時，卻站在功利主義的立場；應該著眼於群體時，反而主張個人主義。

因此，不論是個人或社會，都必須找到第二座山。這並不意味要你抹煞在第一座山的成就：好工作、好房子、優渥的生活方式帶來的享受。我們每天都需要一點振奮自己的東西。不過，我們的文化確實需要一些轉變——價值觀和人生觀的轉變，以及重新審視社會的權力結構。重點在於轉換思考模式，以及找到一種以承諾為核心的道德觀。

好消息是，只要為社群付出少許，社群就會百倍奉還。若說過去五年來我學到一件事，那就是第二座山遠比起第一座山更加迷人、新奇、神祕，以及緊密連結，那是待在第一座山時想像不到的情景。

我們多數時候把目標設得太低，格局太小。我們汲汲營營，只為得到一點點的認可或小小的升遷。事實上，我們可以用一種輕鬆愉快的方法，讓現在的生活方式獲得跳躍式的提升。以前的我們爭得你死我活，只為了更接近日光燈一點。其實，只要起身實踐另一種生活方式，就可以沐浴在真正的陽光下。

每當我遇見做出堅定承諾的人，就可以清楚的感受到：喜樂是真實存在的。

喜樂

在我描述登上兩座山的旅程之前，我想把喜樂是真實存在的概念說得更清楚一點。大眾對於美好人生的定義，總是眾說紛紜，莫衷一是。我們常說美好的人生就是幸福的人生。如同《美國獨立宣言》所說的，人活著是為了追求幸福。

在各種形式的幸福中，我們都會感到全身舒暢、輕飄飄的、情緒高昂。但「幸福」一詞有許多意思。因此，把幸福和喜樂做個區分是很重要的。

這兩者有什麼分別？幸福是自我的勝利，自我的擴張。當我們朝著目標前進，一切順利進行時，就會感到幸福。你升職了。你從大學畢業了。你的球隊贏得了超級盃的冠軍。你吃了一頓美味大餐。幸福通常和某些成功、某些新獲得的能力，或是某些強烈的感官享受有關。

喜樂往往涉及某種自我超越。當你覺得和他人之間的分別消失，你和對方合而為一，那就是喜樂。當母親和寶寶以愛的眼神相視而笑，當健行者臣服於眼前的壯麗森林、覺得自己和大自然融為一體，當一群好朋友興奮的一同跳舞，那就是喜樂。喜樂常令人忘了自己。幸福是我們在第一座山追求的目標，喜樂是在第二座山生活時，順便得到的收穫。

我們可以努力創造幸福，但喜樂是自然降臨的。幸福令人感到開心，但人因喜樂而有所轉化。當我們感到喜樂時，通常覺得自己窺見現實更深刻與更真實的一面。自戀者有可能感到幸福，但自戀者永遠無法感到喜樂，因為拋開自我確實是自戀者辦不到的事。自戀者甚至連喜樂的概念都無法理解。這正是我們被卡在第一座山時，所面臨的問題：你壓根無法想像，第二座山上有什麼東西。

我想表達的重點是，擁有幸福是很棒的事，但擁有喜樂是更棒的事。就像第二座山是爬過第一座山之後，所經歷的更完整、更豐富的人生階段，喜樂是在幸福之上的更完整、更豐富的狀態。此外，幸福是無常的，往往在轉瞬間消失無蹤，而喜樂是根本且恆久存在的。你愈是走在堅定承諾的人生路上，你就愈常處於恆久的喜樂狀態中，你的喜樂心境愈會散發光芒，影響他人。於是，你成了一個帶給他人喜樂的人。因此，不論是在本書或是在人生中，喜樂就是北極星，為我們指引方向。假如朝著喜樂的方向前進，一定會走到對的地方。

喜樂的層次

幾年前，我開始蒐集喜樂。說得更精準一點，我開始蒐集關於喜樂的描述。我請人描述，當人生來到頂點時，他們覺得人生最充實、最有意義、最圓滿的時刻，是什麼感覺。

當我檢視我蒐集到的說法，我發現喜樂有不同的層次。第一個是身體層次。當你從事某些肢體動作時（通常是和其他人動作一致時），你會感覺到心流（flow）。在《安娜．卡列尼娜》

中，列文在院子裡和農場工人一起割草。一開始，列文割草的動作非常笨拙，但是當他慢慢熟悉動作後，就可以一排一排的把草割得又乾淨又整齊。「列文割得愈久，就愈常進入忘我境界，彷彿不再是他的手臂在揮動鐮刀，而是鐮刀向他的全身傳送動力。鐮刀產生了意識，充滿幹勁，就像被施了魔法般，不假思索的自己做出正確俐落的動作。這是充滿喜樂的時刻。」

當你和你的團隊或者是單位產生集體心流，那是最美妙的感覺。我的歷史老師麥克尼爾（William McNeill）教授在一九四一年入伍當兵時，體驗了那種感覺。他在新兵訓練營學會如何與同袍一起行軍。他行軍時，開始產生一種奇妙的感覺：「長時間做出整齊劃一的動作，會激發一種難以言喻的情緒。我只記得那是一種全身舒暢的感受；說得更明確一點，那是一種覺得自己向外擴張的奇妙感受；類似一種膨脹，得到昇華，這全拜集體儀式所賜。」

第二個層次是集體歡慶的舞蹈。自古以來，幾乎每個文化在歡欣的場合都會用有節奏的舞蹈來慶祝，製造歡樂的氣氛。我最近才剛參加一個朋友的婚禮，他是正統派猶太人。婚禮儀式結束後，所有男賓圍繞著新郎，在輕快的音樂聲中開始跳舞。我們擠在一起圍繞著新郎，新郎在圓圈中央不斷旋轉，忘我的跳上跳下。每隔幾分鐘，他會邀請不同的人到中央，和他一起瘋狂跳舞，包括他的祖父、朋友，甚至是我。我們揮舞著雙手，開心盡情大笑。

作家莎娣．史密斯（Zadie Smith）曾描述她一九九九年在倫敦夜店的經驗。當時她四處在找她的朋友，因為她的手提包放在朋友那裡。突然間，開始播放「探索一族」的歌曲。她如此描述：

一個眼睛大得驚人的瘦弱男子隔著人海向我伸出手。他不斷問我同一個問題：「你感覺到了嗎？」我感覺到了。我的高跟鞋害我的腳痛得要命。我很怕我會痛死，但在原本應該播放〈我可以踢它嗎？〉（Can I Kick It?）的此時此刻，我卻聽到了〈彷彿青春氣息〉（Smells Like Teen Spirit）。我的心情立刻嗨起來。我握住那男子的手。我甩頭狂舞，一支舞接著一支舞。我們完全陷入喜樂的狀態。

當你陷入這種喜樂的感覺，扭捏害羞的束縛一掃而空，你會和周遭的人融合為一體。這種喜樂是一種百分之百活在當下的感受，你渾身上下充滿了活力。

喜樂的第三個層次是情緒的喜樂，它是一種突然暴發的愛，例如，當剛生產完的母親看到寶寶的第一眼時，臉上露出的喜悅之情。多蘿西．戴伊（Dorothy Day）用很美的描述捕捉了那種感覺：「即使我曾寫過最偉大的著作、完成過最偉大的交響樂章、畫過最美的畫作，或是雕刻出最精巧的雕像，當他們把我的寶寶放進我懷裡，我才發現我是世上最神奇的創造者……我的孩子剛出生時，一種前所未有的強大愛意與喜悅將我淹沒，使我產生一種需求，想找個對象寄予崇敬與愛慕之情。」

這種喜樂既親密又強大。我經常向人提及一段十多前年的往事。某年夏天傍晚，我下班回到家，把車停在我家旁邊的車道上時，我看到我的三個孩子（當時分別是十二歲、九歲和四歲）在後院的草坪玩球。他們把球踢到空中，然後搶著去撿球。他們開心的咯咯笑，撲倒在彼此身上，簡直玩瘋了。我坐在車子裡，透過擋風玻璃欣賞這幅生動的幸福畫面，夕陽穿過樹葉灑在地上。不知怎麼的，那天，我家的草坪看起來完美無比。我體驗到一種流動的喜樂和滿溢的感恩之情，時間彷彿停格，我的內心激動不已。我很確定所有父母都曾有過這樣的感覺。

情緒的喜樂通常發生在戀情剛萌芽時。剛陷入熱戀的情侶裹在一條毯子裡，眼睛發亮，容光煥發。或可能發生在晚年。老夫老妻覺得，比起獨處時，有對方陪伴，自己變得更有深度了。你會聽到婚姻幸福的人這麼說：當我和她做愛時，我消失了。

作家懷特（David Whyte）對喜樂的描述一針見血，他寫道：

在深刻意向性和忘我的交會點，我們體內的神奇力量和原本看似外在的事物，已不再是原本的面貌，而變成活生生的疆界，成了我們與這個世界的對話：舞蹈、歡笑、情感、肌膚之親、在車子裡唱歌、廚房裡播放的音樂、女兒無可取代的安靜溫柔陪伴：這個世界令人沉醉的美，佇立在我們原本認為的自己，以及我們原本認為的外物之間。

第四個層次的喜樂是靈性的喜樂。有時候喜樂並不是透過動作或是愛而來，而是與某個事物意想不到的接觸而得到的，那是一種無界限、純靈性的喜樂。如同作家盧特（Jerry Root）借用

C．S．路易斯的話指出，喜樂來自一種所有現實不再因循舊習的感覺——這個世界都陶醉在神祕力量的魔法裡。

詩人魏曼（Christian Wiman）住在布拉格的時候，有一天他在廚房做事時，看到一隻隼飛到他前方約一公尺外的窗台上。那隻隼掃視下方的樹木以及對街的建築，並沒有直視魏曼。魏曼看呆了。他呼喚正在淋浴的女友來看，女友渾身溼答答的跑出來，站在他身旁一起盯著那隻隼。「趕快許願」，她低聲說。然後那隻隼轉過頭來直視魏曼的眼睛，在那一刻，魏曼覺得體內轟然出現了一個無底洞。他後來寫了一首詩，記錄下那一刻，我摘錄其中一小段：

我靜止在那裡很久
不斷許願
那一刻成了永恆
然後消失無蹤

這種靈性的喜樂通常涉及神祕氛圍。托爾斯泰的母親在他很小的時候過世，在舉行喪禮前，他獨自一人待在母親的公開棺木所在的房間。他爬上椅子，向下俯視母親的容顏，他體驗到一種奇妙的平和。「不知怎麼的，當我凝視著她時，一種無法自抑、難以理解的力量湧入我體內，」

他後來寫道，「我一度覺得自己彷彿不存在，並感受到一種模糊的幸福，雖然巨大且甜美，但同時令人悲傷。」

然後，有個男人走進房間，托爾斯泰意識到，如果此刻他臉上露出幸福的表情，這個人可能會認為他是個無情的人，於是為了迎合社會的傳統觀念，托爾斯泰開始假裝放聲大哭。「這種自我本位的意識，徹底摧毀了我心中悲痛的真誠性。」

我們繼續向上，朝著喜樂的層次向上爬。第五個層次是超越的喜樂，與大自然、宇宙或神合而為一的感受。連恩（Belden Lane）在《與聖人背包旅行》（*Backpacking with the Saints*）如此描述他健行時的體驗：

每當我投身於荒野，有時我的身體融入環境，有時環境融入我的身體，兩者經常交換位置。我涉水而過，吸入充滿金銀花香味的空氣。我被蜘蛛絲纏身，被荊棘刺傷。我忍受被汗水黏在身上的小蟲子，透過靴子感受地面的凹凸石塊。我和外界之間的分別，有時並不是那麼清楚，我的存在並不僅限於我的皮囊內。

這種超越時刻可能只存在幾分鐘，卻可能改變一生。人看穿事物隱藏的真實面之後，就再也回不去了，跳躍在洞穴石壁上的蒼白影子，再也無法滿足他們了。愛默生根據這種超越時刻，形成一套哲學觀。「佇立於這片空地，輕快的風吹拂我的臉，領我飛向無盡的空間，所有壞心眼的私心消失了。我化為一顆透明眼球；我是虛無；我同時看見一切；宇宙的氣流在我體內環行。」

這種喜樂是一種既痛苦又甜美的渴望。首先是初嘗永恆的滋味，然後是渴望再次嘗到那種滋味的喜樂。

誠如C．S．路易斯所說，喜樂並非渴望帶來的滿足，而是渴望本身。聖奧古斯丁體驗到的神之愛，是一種甜美而熾熱的渴求：「你呼喚、喊叫、打破我的充耳不聞；你發出閃光、烈焰、解除我的盲目；你揮霍你的芬芳，我大口吸氣；我渴望你；我感受到你，現在我又餓又渴；你觸動了我，我渴望你的平和。」

其他人體驗到的雖然不是宗教性的經驗，但他們也體驗過愛的甘霖灑落在身上的時刻。伊凡斯（Jules Evans）二十四歲那年，有一次在滑雪時從九公尺高的峭壁跌落，腿部和背部的骨頭都摔斷了。「我躺在那裡，覺得自己沉浸在愛和光裡。六年來，我一直為情緒問題所苦，很害怕我的自我會因此遭受永久的損傷。在那一刻，我知道我沒事，這世上有人愛我，我體內有某個東西是永遠不會受傷的，你可以稱之為『靈魂』、『自我』、『純意識』，或是用其他的稱呼。」

蓋洛普在二〇一六年對美國人進行一項調查，詢問他們是否曾有神祕經驗，他們在那一刻超越了平常的自己，與某個永恆無限的感受連結。百分之八十四的受訪者說他們至少有過一次這樣的體驗，雖然也有百分之七十五的人表示公開談論這個主題是社會禁忌。

道德喜樂

最後是最高層次的喜樂，我稱之為道德的喜樂。我稱它為最高層次的喜樂，是因為就連懷疑論者都無法用解釋否認它的存在。懷疑論者可能會說，前述幾種稍縱即逝的喜樂，只是大腦的化學物質在非常態的組合下，恰好產生的特殊感覺。但道德喜樂有個與眾不同的特點，它可以永久存在。有些人每天活在喜樂裡，日常行動完全遵循自己的人生終極承諾。他們捨棄了自己，與承諾合而為一，全心全意。他們非常慶幸找到自己的歸屬與立場，他們擁有了內在之光。

教宗方濟各似乎有這種內在之光，而且據說屠圖大主教和法莫爾（Paul Farmer）也是，還有創立「哈林兒童之家」（Harlem Children's Zone）的卡納達（Geoffrey Canada），以及知名大提家馬友友。我曾經在華盛頓的某個午餐會上坐在達賴喇嘛旁邊。他並沒有說什麼特別有智慧或發人深省的話，但他不時會毫無理由的哈哈大笑。當他大笑時，我基於禮貌也跟著他笑。他笑，我就笑。他純然是個充滿喜樂之人。他總是處於興高采烈的狀態。

這種道德喜樂一開始的面貌，可能是社會心理學家所謂的「道德提升」。例如，社會心理學家海德特（Jonathan Haidt）的研究助理曾與一位女性訪談，她在救世軍擔任志工。某個冬天早晨，她和幾位教友一同從事志工服務。其中有一個人說要開車送所有人回家。那天早晨的雪下得很大。當他們經過某個住宅區時，看到一位老婦人手裡拿著一支雪鏟，站在她家的車道上。當車子開到下一個十字路口時，後座的一位男性要求讓他在那裡下車。他們讓他下了車，以為他家就在附近。

但他並沒有走進任何一間房子，而是走向那位婦人，接過她手裡的鏟子，然後開始為她鏟除車道上的雪。車上的一位女性目睹這個景象，回憶道：「我當時很想跳出車子，給那個人一個擁抱。我很想唱歌跳舞，或是蹦蹦跳跳，開懷大笑，整個人靜不下來。我很想讚美別人，寫一首美麗的詩篇或情歌，在雪地裡像個孩子般玩耍，把這個人的善行告訴所有人……我的心情變得更加高亢。我覺得很開心、很快樂，止不住臉上的微笑，全身熱血沸騰。我回到住處後，立刻把這件事說給室友聽，她們聽了之後全都把手按在胸口上，深受感動。」海德特指出，道德提升的時刻，人彷彿會按下內在的重設鍵，把憤世嫉俗的感覺抹去，以希望、愛與道德啟發取而代之。這些道德提升的時刻非常能激勵人心。人會深受感召，很想採取行動做一些好事，放膽嘗試，自我犧牲，幫助他人。

當人把慷慨待人視為日常活動之後，他們就重塑了自己。人的性格和本質的有趣之處，在於它並不像你的腿骨一樣是固定不動的。本質是可以改變的，就像你的心思一樣。你採取的每個行動和你產生的每個想法，都會改變你（即使只有一點點），使你向上提升一點，或是向下墮落一些。假如你做了一連串好事，以他人為中心的習慣會逐漸融入你的生活，使你在未來更容易自然而然的行善。假若你對別人說謊，或是對某些人殘酷無情，你的性格會向下墮落，使你在未來更容易做不好的事。犯罪學者說，殺人犯並不是一出手就開始殺人，他們必須先經歷很多事，最後才會發展到奪人性命的那個點。

散發永久喜樂光芒的人，已經決定投身於悲天憫人的堅定承諾。付出成了他們的本性，他們一點一點把自己的靈魂打造成燦爛奪目的發光體。你的靈性時時刻刻流露出一些東西，有些人流露的是恐懼或不安，而那些充滿喜樂的人，他們流露的大多是感恩、愉悅和善意。

你要如何將自己的性格打造成這樣的發光體？你可能會以為開朗的性格應該源自無憂無慮、充滿享樂的快意人生。但如果你仔細觀察充滿喜樂的人，你會注意到，擁有光彩奪目靈魂的那些人，其實都曾經背負最沉重的重擔。

作家哈迪（Benjamin Hardy）曾在*Inc.*雜誌披露，他如何做出領養三個孩子的決定。「在我決定要承接那些個人重擔之前，我自認日子過得還不錯。我什麼也不缺，沒有向前進的動力，」他寫道，「安逸的人生並不是通往成長和幸福的道路。事實恰好相反，安逸的人生會使你被卡在原地而且充滿困惑。」領養這些孩子意味著他必然會嘗到更多挫折、焦慮和疲憊的滋味，但同時也有更多的歡欣、甜蜜，還有充滿關懷的愛。幸福可以獨享，但恆久的喜樂來自與他人的生命深刻交織的人生。當個人欲望獲得滿足，會感到幸福。當欲望是因為他人而產生，你會得到恆久的道德喜樂。

波以爾（Gregory Boyle）神父的教友以洛杉磯的幫派成員為主，他一語道破為自己而活以及為他人而活的人生的區別：「慈悲最本質的概念是，從眼裡只有自己的擁擠世界，移居到一個四海之內皆兄弟的寬廣世界。」有句話雖然是老生常談，卻直指一個不變的真理：你必須失去自己，才能找到自己；你必須先奉獻自己，才能把一切拿回來。

你或許以為這種以喜樂服務為志業的人生是少數特例。然而在二〇一八年春天，我在亞斯本研究所（Aspen Institute）啟動了一個叫作「織造：社會構造專案」（Weave: The Social Fabric Project）的專案，主旨是關注從事社群營造和人際關係修復的基礎工作的人。在進行這項專案的過程中，我發現我幾乎每天都會被散發著光芒的人圍繞。

住在休士頓的魯澤克（Stephanie Hruzek）盤腿坐在地板上，和課後輔導計畫「家庭點」（FamilyPoint）的孩子一起開心的練習繞口令：「用最快的速度連續說十遍『獨特的紐約』（Unique New York）！」在科羅拉多州，賈文（Kate Garvin）一出現，一群索馬利亞孩童就開心的尖叫，她正在設法讓這群難民兒童進入當地學校就讀。弗洛（Don Flow）在北卡羅來納州擁有汽車經銷連鎖店，他在溫斯頓-塞勒姆蓋了一座社區活動中心，他臉上露出滿意的神情。克羅（Harlan Crow）是地產開發商，他似乎把所有時間都用來協助周遭的人獲得更舒適的生活。

馬克卡特（Mack McCarter）在路易斯安納的什里夫波特創立「國際社區復興」（Community Renewal International）。他已經七十多歲。他走進一家咖啡店，可以立刻記住所有店員的名字，並為每個人編一個笑話或故事。他第三次來店裡時，已經成了大家的老朋友。他第五次造訪時，已經有人想請他主持婚禮了。大家都想要和他親近，因為他是散播快樂的開心果。

我問這些人，他們每天如此喜樂的原因是什麼。答案總是大同小異：當他們為人帶來快樂時，他們就會感到喜樂。「忘我裡藏著喜樂，」海倫．凱勒說，「因此我試著把別人眼裡的光亮當成我的太陽，把別人耳裡的音樂當成我的交響樂，把別人嘴角的微笑當成我的幸福。」

沃弗（Miroslav Volf）是耶魯大學教授，他以研究喜樂為專業。他的結論是，喜樂是一種自給自足的情感，它是淋漓盡致的人生的獎賞。「喜樂不是美好人生之外的附加物，像是蛋糕鮮奶油上那片裝飾用的薄荷葉一樣。相反的，美好的人生需要透過喜樂展現它的面貌。喜樂是順遂且滿意的人生的情緒向度，是順遂且滿意的人生引發的正向情緒反應。」

幸福是人在第一座山恰如其分的目標。擁有幸福是很棒的事。但人生只有一次，何不在此生追逐更大的目標：享受幸福，然後超越幸福，追求喜樂。

幸福通常是個人的事；我們會問「你幸福嗎？」來衡量幸福感。喜樂往往是關於自我超越。幸福是你追求的目標；喜樂像是一陣風出其不意的捲起，然後將你包圍。幸福來自成就；喜樂來自餽贈禮物。幸福會消退；經過一段時日，我們就會對曾經令我們感到幸福的事物習以為常。喜樂不會消退。喜樂的生活就是活在驚奇、感恩和希望之中。來到第二座山的人已經獲得轉化。他們做出堅定的承諾。源源不絕的愛在他們心中形成一股穩健的力量。

第一部

兩座山

01

道德生態

我年輕時曾在萊勒（Jim Lehrer）的電視節目中擔任時事評論員。萊勒是知名新聞主播，他在美國公共電視網製作了一個電視節目，現在已更名為「新聞時刻」（*PBS NewsHour*）。萊勒播報新聞時態度相當親切，但沒有太多表情，因為他認為重點並不是他，而是新聞。然而當鏡頭沒有對著他的時候，他的表情就會變得非常豐富。每當我在節目中說一些比較沒品或粗鄙的評論，我會看到他的嘴角向下垂，露出不悅的表情。但是當我說了一些有參考價值、文雅或幽默的話時，他的眼角會露出笑紋。我和這位我非常敬佩的人物共事了十年，這十年來，我努力調整行為，使他多露出一點笑紋，而不是下垂的嘴角。

萊勒從來不曾開口對我說該怎麼做，但他透過無言的隱微方式，把我訓練成符合「新聞時刻」節目水準的來賓。他不只是這樣對我，也用同樣方式對待其他的工作人員，每個節目都是如此，年復一年。萊勒用這種方式創造了「新聞時刻」的節目文化，在這個道德生態裡，某些價值觀被視為比較重要，他們期待你表現出某些行為。萊勒已經退休很多年了，但是他當年為這個節目注入的文化，至今仍屹立不搖。

我們都在某個道德生態環境中成長，我們都透過自己選擇的生活方式，以及我們散發的能量，在我們的周遭形成某種微觀文化。人能留給後人的最好禮物，其中一項就是道德生態，也就是人死後繼續流傳下去的思想和行為體系。

有些道德生態是地方性的，只存在於家庭或辦公室裡，有些則影響巨大，甚至定義了整個時代和文明。古希臘和羅馬人將榮譽視為永世的名聲。十九世紀末，巴黎藝術家發明了波希米亞式的生活態度，頌揚個人自由和狂放不羈的創造力。而在英吉利海峽另一邊的英國，維多利亞時代的道德觀正開始成形，對禮節和名聲有嚴格的規範。道德文化以幽微的方式引導你，告訴你該如何穿著，該如何說話，該欣賞什麼，該鄙視什麼，以及該如何定義自己的終極人生目標。

道德生態是社會在某個時期對某個重大問題的集體反應。舉例來說，大約在二十世紀中期，北半球的人被迫面對經濟大衰退和災難性的世界大戰。重大的問題需要靠制度來做出回應。人民從軍、組織工會、到大企業工作。他們團結一致，組成一個交戰時期的國家，並形成一種文化，強調個人義務，融入組織機構，成為團體的一分子，服從權威，不要太引人矚目或是狂妄自大。一言以蔽之，團體取向的道德生態就是「我們同在一條船上」。

埃倫哈特（Alan Ehrenhalt）的《失落之城》（*The Lost City*）精準捕捉了這種文化的精神，書中描述的是一九五〇年代生活在芝加哥市區和周邊的某些族群。那個年代並不注重個人選擇。假如你是像班克斯（Ernie Banks）一樣的職棒明星，你無法選擇當個自由球員。你必須終身為芝加哥小熊隊效力。如果你的口音、膚色或性別不對，你很可能無法在市中心那棟嶄新漂亮的辦公大樓裡找到一份工作。但那個時代的人往往對某個地方有穩固的情感和穩定的連結。他們會為自己所屬的機構盡責效力。

若你住在芝加哥南區，你很可能會追隨父親和祖父的腳步，到納貝斯克的食品廠工作，並且加入「國際烘焙糕餅職業工會」（Bakery and Confectionery Workers International），納貝斯克在當時是全世界最大的烘焙工廠。

那個時代的房子很小，沒有冷氣，電視也不普及。所以當天氣還算暖和、適合出門時，大家會到鄰居家串串門子，或是在巷子遇到時聊個幾句，孩子整天在自家和鄰居家跑來跑去。剛成家的年輕夫妻被社區裡各式各樣的集體活動圍繞著，按照埃倫哈特的描述，「只有最孤僻的人才逃得掉：烤肉派對、茶會、排球比賽、保母合作社（baby-sitting co-ops），以及禮尚往來的互送日常用品。」

假如你要到銀行開戶，你會去本地銀行「泰爾曼聯邦儲蓄貸款銀行」。假如你要買肉，你會去本地屠夫開的肉店伯圖奇。在那個時代，有百分之六十二的美國人表示他們經常上教堂。假如你住在芝加哥南區，你上的教堂會是聖尼克教堂（St. Nick's Parish），聆聽費尼西神父用拉丁文做彌撒。你也很可能把孩子送去當地的教會學校讀書，這群孩子一邊發抖、一邊坐在排列整齊的椅子上，接受林區神父用鐵一樣的紀律管教。

假如你決定要從政，你可能無法獨立參選。但你可以加入芝加哥市長達利老大的選舉陣營，並獲得勝選，只要你乖乖聽老闆的話就好。例如，弗瑞（John Fary）一直在伊利諾州議會擔任議員，在他六十四歲時，老闆賞他一個國會議員的位置。有人問弗瑞，他進入國會後要做什麼，他對媒體說：「我會到華府執行達利市長的意志。二十一年來，我一直在州議會執行市長的意志，他永遠是對的。」他善盡了自己的責任。

如此的道德觀孕育了現代人非常渴望的豐富社群生活。假如有人問你，你來自哪裡，你不會只回答「芝加哥」，你會說，你在「五十九街和普拉斯基路」那個十字路口的附近長大。整個城市由無數個社群集合而成。

道德生態有很多優點，它強調謙卑、寡言和自抑的美德，它傳達了一個訊息：你沒有比任何人厲害，但也沒有任何人比你厲害。它認為愛自己（自我中心和自戀）是罪惡的根源。如果你太常談論自己，會被說成是自負的人，並對你嗤之以鼻。

當然，這種文化也有缺點，它會讓人覺得受不了。這種道德生態對種族歧視和反猶太主義相當容忍。家庭主婦覺得自己受到太多限制，常有窒息感，職業婦女則必須面對職場中的重重阻礙。女性主義作家傅瑞丹（Betty Friedan）在一九六三年指出一個說不出名稱的問題，許多女性的生活充滿了壓迫感，而且非常乏味。這種文化對男性氣概的定義非常冷酷，使得多數男人沒有能力表達他們對妻子和子女的愛。食物總是一成不變。世人覺得自己被從眾壓力綁架，偏執專制的當地主流意見令他們感到非常痛苦。許多人盡本分扮演好社會賦予他們的角色，但他們的內心如槁木死灰。

史坦貝克一九六二年的著作《查理與我》中有一個場景，捕捉了集體規範如何把許多人圍困在痲木、沉悶的生活裡。史坦貝克帶著他的狗橫越美國，到處旅行。有一天，他們來到了芝加哥。他急著想在飯店找個房間沖澡休息，因為他很累。當時唯一的空房尚未打掃，但史坦貝克說他不介意。

當他打開房門，他看到前一個房客留下的垃圾。從一張衣物乾洗收據來判斷，他猜測這位房客來自康乃迪克的西港。他為這名房客取了一個名字，叫作寂寞哈利。桌上有一張飯店的信紙，是哈利寫給太太的信。「我真希望你能在這裡倍（錯別字）我，這是個寂寞的城鎮。你忘了把袖釦放進我的行李。」

幸好哈利的太太沒有給他一個驚喜，突然出現在這裡，因為房裡的一個酒杯和半根菸上都有口紅印。遺落在床上的髮夾透露出訪客是一位深褐色頭髮的女性。史坦貝克決定用露西兒來稱呼她。哈利和露西兒把一整瓶傑克丹尼威士忌喝光。床上的另一個枕頭有用過的痕跡，但沒被睡過，因為沒有口紅印留在上面。那名女子把哈利灌醉，但她把自己杯裡的酒偷偷倒進桌上插了紅玫瑰的花瓶裡。

「不知道哈利和露西兒都聊了些什麼，」史坦貝克寫道，「不知道她是否讓他不那麼寂寞。

不過我很懷疑。我想他們兩人都做了自己該做的事。」哈利不應該喝那麼多。史坦貝克在浴室的垃圾桶裡發現抗胃酸藥片 Tums 的包裝紙，以及兩小瓶緩解胃灼熱的 Bromo-Seltzer。這裡看不到任何意料之外的跡象，史坦貝克寫道，沒有任何真正的歡樂，或是發自內心的愉悅，只有寂寞。「我為哈利感到難過。」他如是結論。當你過著了無生趣的人生，一輩子為不顧員工精神福祉的組織賣命，就會得到這樣的結果。你不但會覺得抑鬱不得志，甚至會失去感受一切的能力。

大眾對那個時代有不少評論，認為要求所有人遵從體制，安分做個組織裡的小小螺絲釘，每天穿著灰色法蘭絨西裝上班，麻木的一味追求地位，可能會使人變成行屍走肉。大家普遍覺得，團體對個體的壓迫，使個體被壓縮成一個數字代號，無法擁有真正的自我。

我可以自由做自己

和史坦貝克出版《查理與我》差不多時期，大眾也開始反抗戰後時期形成的「我們同在一條船上」的道德生態，並以新的道德生態取而代之。道德生態的發展通常是漸進的過程，是對過時的觀念做出的理性反應。不過，這個過程相當顛簸不平。

它通常以地理學家德弗里斯（Ruth DeFries）所謂的「齒輪、斧頭、輪軸；齒輪」的模式發生。人創造道德生態來幫助他們解決當下的問題。這種生態很管用，它可以使社會的齒輪開始轉動。但經過一段時間後，這個生態逐漸無法對新的問題發揮作用。舊有文化變得僵化，於是反主流文化人士開始攻擊它。接下來進入一個動盪時期，不同道德秩序的領導者互相競爭，看看哪個文化能成為下一個霸主。在這種時候（包括一八四八年、一九一七年、一九六八年和今日），眾人容易感到憂鬱沮喪，並覺得社會開始分裂。社會上會出現殘酷的大規模聖戰，爭論哪一種生活方式更得人心。最後，社會風向會開始轉向，以另一個新的道德生態為依歸，採用一套是非對錯的新標準。接下來又發展到下一個齒輪階段，展開下一個跌跌撞撞的循環。

文化發生變化時，顯然不是所有人都會在一夕之間改變自己。這個社會涵蓋了各式各樣的人。但一般人的行為會隨著文化改變。某些欲望和價值觀會成為主流。有些原本被看重的東西被棄如敝屣，而某些原本被邊緣化的東西，則開始受到重視。

我想強調，在那些時刻，帶領改變的人非常重要，因為這和我們的現況有關係。引領這種改變的人不是政治人物，而是道德行動主義者和文化倡導者。形塑風俗習慣的人，才是人類的真正立法者，他們握有最大的權力和影響力。他們通常從次文化開始。有一小群有創意的人發現現行的道德生態令人窒息而且導致人際疏離，於是他們從歷史尋找靈感，從過去的道德生態找出一個更好的生活方式，加入符合時代的新元素，創造出一種可以吸引大眾的生活方式。如果你能創造一個別人想參與的社會運動，他們自然會把他們的力量和點子送上門來。

正如神話學大師坎伯（Joseph Campbell）接受莫耶斯（Bill Moyers）訪問時表示，人的功績有兩種。一種是行動上的英雄：在戰爭中做出英勇行為，拯救了一座村莊。然而還有一種是精神上的英雄，這種人為靈性生活找到更好的生活方式，然後回到世俗，告訴大家這種新的生活方式。或是套用作家梅鐸（Iris Murdoch）的說法：「人類為自己創造了一個畫像，然後努力讓自己變得和那個畫像一樣。」

在一九六〇年代，住在公社和嬉皮社區的年輕小團體回到社會，引用波希米亞文化，崇尚長髮、青春、叛逆、革命，以及公開的性行為，並且厭棄中產階級的一切。他們後來成了胡士托狂熱分子、造反分子、新世紀探索者，最後變成了中產階級的波希米亞人。他們的穿著打扮和言行舉止，與一九五〇年代「隸屬組織的小人物」不同。他們與人互動的方式不同，居住安排的方式也不同。

曾經對權威的尊敬，變成對權威的排斥。過去崇尚的是沉默寡言，現在崇尚的是能言善道。在過去，資歷受到敬重，現在，青春才是被頌揚的對象。在過去，人生被視為世世代代根植於土地的循環，而現在，人生被視為在寬闊道路上向前進的旅程。從前的主流道德觀是善盡自己的責任，現在的人生觀是做自己想做的事。從前是群體優先，現在則是個體優先。從前最受稱頌的是責任義務，現在最受稱頌的是個人自由。

《查理與我》出版那年，也就是一九六二年，有一群激進的學生在密西根州的休倫港集結。他們的訴求是反對北方的種族歧視，但是他們的行動導致更廣泛的影響。他們成立「學生爭取民主社會」（Students for a Democratic Society），制定《休倫港宣言》，為接下來的道德生態揭開了序幕。

「人類和社會的目標應該是人類的獨立，」他們寫道，「關心的並非討喜的個人形象，而是忠於自己的生命意義……這種獨立並非自我中心的個人主義——目的不在於逞一己之私欲，而在於找到屬於自己的方式。」

基本上，一九六〇年代的反文化運動，是擷取過去的浪漫主義反文化運動所主張的表現型個人主義，將它變成現代生活的主流規範。

若「我們同在一條船上」的重點在於群體，那麼這種新的道德生態的重點在於自由、自主權和真實性。一言以蔽之，就是「我可以自由做自己」。這種個人主義道德觀有時被稱作「唯我主義」（selfism），是嬰兒潮世代從小吸取的養分，也是他們終身的信仰。這是解放宣言，宗旨在於掙脫教條、政治壓迫、社會偏見和服從群體的束縛。這個運動有個右翼分支（主張個體不該受到經濟管制），也有個左翼分支（主張每個人選擇的生活方式不該受到社會管制）。不論是何者，其本質都是關於個體的解放。

我不想花太多篇幅詳述這種強調個人主義、真實性、自主性和孤立的文化，因為市面上已經有太多優秀的著作：瑞夫的《治療主義的勝利》、拉許的《自戀的文化》、希伊的《人生變遷》、麥金泰爾的《德行之後》、沃爾夫的《「我」的十年》、艾瑞卡·鍾的《怕飛》、泰勒的

《真誠的倫理》、貝拉的《心的習性》，以及普特南的《獨自打保齡球》。*

我只想強調，朝著自由前進的大軍造就許多偉大的成果。六〇年代崛起的個人主義文化，破除許多壓迫女性和少數族群的枷鎖，為種族歧視、性別歧視、反猶太主義和恐同心態鬆綁。若沒有這個文化激發的充滿叛逆精神的個人主義和旺盛的創造力，就沒有現在的矽谷或是整個資訊時代經濟。它是絕對必要的文化革命。

但許多觀念若主張過頭，反而會傷害其正當性。思想家托克維爾（Tocqueville）曾在一八三〇年代指出，美國是世界上個人主義最盛行的地方。然而，當個人主義成為文化中的絕對霸主，當社會上沒有其他的道德觀可與之抗衡，人可能擁有極大的自由，但個體之間的羈絆也會逐漸消失。振振有詞的「我可以自由做自己」橫行五十年之後，演變成過度個人主義。這種道德生態建立在一系列概念或假設之上，我列舉其中一些：

戒備森嚴的自我（The buffered self）。獨立自主的個體是組成社會的基本單位。對自己的生活方式做出自主決定的一群個體，就是社群。最好的社會安排會確保個體的選擇擁有最大的自

* 原文依序為：*The Triumph of the Therapeutic* by Philip Rieff, *The Culture of Narcissism* by Christopher Lasch, *Passages* by Gail Sheehy, *After Virtue* by Alasdair MacIntyre, *The "Me" Decade* by Tom Wolfe, *Fear of Flying* by Erica Jong, *The Ethics of Authenticity* by Charles Taylor, *Habits of the Heart* by Robert Bellah, *Bowling Alone* by Robert Putnam.

由度。核心的社會原則是「只要沒造成傷害，就不算犯規。」（No Harm, No Foul.）每個人都有權利按照自己喜歡的方式生活，只要他們不妨礙別人按照自己喜歡的方式生活的權利就好。理想的社會是所有人互不妨礙的一起生活，每個人做自己想做的事。

內在的聖靈（The God within）。人生的目標是在馬斯洛的需求層次階梯不斷向上爬，達成自我實現和自我滿足。在人生旅程中，你會愈來愈知道如何將自己的獨特自我展現出來。你學會聽見自己內在的聲音，找到自己，以及順從自己的本性過生活。生命的無上權威來自你的內心，傾聽內在的隱藏神諭，忠於你的感受，不迎合外在墮落社會的標準。

意義自有化（The privatization of meaning）。你不可以不假思索的接納周遭世界的既有觀念。你必須自己找出你自己的價值觀、世界觀。如同甘迺迪大法官（Justice Anthony Kennedy）曾在最高法院的重要判決中表示：「自由之要義在於：對生存、意義、萬物、生命的奧祕等概念，人人皆有權利定義之。」

道德準則並不由學校、鄰里或甚至是父母制定，而是要靠你自己的力量制定，因此，你有什麼權利去評斷他人的道德準則的優劣？

絕對自由的夢想（The dream of total freedom）。在其他的文化裡，人被制度形塑，並在制度（包括家庭、族群傳承、信念、國家）中成長茁壯，這些制度比個人的意志更重要。然而，這些制度正是個人主義文化要打倒的東西。這些制度並非人選擇的結果，因此其正當性也有待商權。在崇尚個人主義的文化中，最自由的生活就是最好的生活。靈性在自由（而非義務）的沃土中形成。

成就中心（The Centrality of accomplishment）。在過度個人主義的社會裡，人的成就不是根據他們是否遵從道德規範，或是他們是否建立深厚的人際關係來衡量，而是根據他們締造的個人成就來衡量。有了成就，你自然會擁有地位、讚賞和愛情。自私自利是可以接受的，因為顧好自己和推銷自己是首要任務。自我導向也是可以接受的，因為一個妥善建構的社會能夠引導自私的行為去創造公眾利益，例如經濟成長。哈佛大學教育研究生院詢問一萬名中學生，他們的父母比較在意的是他們的個人成就，還是他們待人是否親切和善。百分之八十的人回答他們的父母比較關心的是他們的成就，也就是個人的成就比人際關係更重要。

過度個人主義的社會文化特徵還可能包括：消費主義、治療型思考模式、看重科技更甚於親密關係。不可否認的事實是，這些盛行了半世紀的觀念，使人更加難以擁有相互連結的群體生活。

過度個人主義並不是什麼新出現的問題。幾年前我閱讀塞巴斯提安．榮格爾（Sebastian Junger）的《部落》（*Tribe*），書中描繪的一個現象令我久久難以忘懷。在十八世紀的美國，歐洲殖民者和美國原住民同在這片土地上生活，但經常覺得格格不入。一段時間之後，殖民者開始排斥和原住民住在同一個地方，但原住民並不排斥和殖民者一起生活。這件事令那些歐洲人非常不解。他們認為自己擁有更優越的文明，但原住民卻不想選擇那種生活方式。殖民者偶爾會試著說服原住民過去他們那邊，教他們英文，但原住民往往很快就跑回家了。印第安戰爭中，有許多歐洲人被俘虜，這些歐洲人有很多機會可以逃跑，但他們卻沒有這麼做。當其他歐洲人來「解救」他們時，他們卻逃到森林裡，躲避那些「解救者」。

這兩個文化的差異在於，印第安村落過著群體生活，成員之間有著緊密的情感。他們活在靈性文化裡，視萬物為一體。歐洲人遵行的是個人主義文化，人與人之間相對疏遠。然而當他們有機會做選擇時，許多人寧可選擇群體，而非自我。這個故事讓我思考，整個社會自己陷入徹底混亂的狀態是有可能的。

自我和社會之間總是在互相拉鋸。當所有事物牽扯得太緊密，反抗的動力就會增強。但我們現今面對的問題恰好相反。在「我可以自由做自己」的文化裡，個體往往會感到孤獨，人與人之間的感情淡薄。社群沒有凝聚力，連結鬆散，孤獨感四處蔓延。這個情況使得人難以行善——滿足對愛與連結的深切渴望。這個情況對任何年紀的人來說都很難熬，但年輕人的感覺尤其強烈。他們被丟進一個沒有結構、充滿不確定性的世界，規範或指導準則屈指可數，只能靠自己創造。生活難度變成前所未有的高。

02 IG人生

每個社會都有將價值觀傳遞給年輕一代的方式。有些社會是透過宗教慶典或閱兵遊行來進行。現在還有一個方法，那就是透過畢業演說。

大專院校通常會邀請事業成功的傑出人士來演講，他們在演講時總是宣稱事業成功並不是那麼重要。然後這些成就驚人的演講者會告訴聽眾，你不該害怕失敗。年輕人得到的訊息是，失敗可以是一件好事，只要你是J．K．羅琳、丹佐．華盛頓，或是賈伯斯。

但我們這些中年人透過畢業講辭送給年輕人的，不只是上述訊息，我們還透過這些講辭，把我們這個世代的主流價值觀傳遞給下一代。

我們沾沾自喜，彷彿給了年輕人什麼棒得不得了的禮物。但事實上，這些禮物不過是空虛的漂亮話而已。

許多年輕人畢業後，發現自己進入地獄一般的世界。周遭充滿不確定性，他們想知道的是，自己這輩子到底該做些什麼。於是我們又給了他們一堆漂亮話：自由！人生的意義就是自由自在的生活。自由帶來幸福！我們不會要求你們什麼，或是告訴你們該做什麼。你們可以盡情探索不受束縛的自己。好好享受你們的自由吧！

那些畢業生紛紛把這些漂亮話拋下，因為他們快被無窮無盡的自由滅頂了。他們需要的是方向的指引。自由有什麼用？我怎麼知道哪條路才是我該走的路？

因此我們又給他們另一堆漂亮話——可能性！你的未來不可限量！你可以做任何你想做的事！旅程就是目的地！勇於冒險！放膽去試！夢想無界！

但這些話同樣對他們一點幫助也沒有。如果你不知道人生目標是什麼，知道未來不可限量又如何？只是徒增壓力而已。所以這些年輕人拋下那些漂亮話。他們在尋找智慧的根源。我要去哪裡才能找到人生問題的答案？

結果我們端出了忠於真我的漂亮話：向你的內心尋找答案！找到你真正的熱情。你很棒！喚醒心中的巨人吧！按照你自己的方式去生活！做你自己！

這些忠告也毫無用處。我們告訴他們要追尋的「你」，根本還沒有形成。於是他們放下那些漂亮話並問，我該把自己奉獻給什麼？什麼樣的理念會帶給我啟發，以及人生的意義與方向？

這時，我們送給他們的是一堆最最空虛的漂亮話——自主權。我們對他們說，你們要靠自己。你的價值由你自己定義。沒有人能替你決定什麼是對、什麼是錯。透過你為自己打造的故事，你可以用自己的方式找到真我。做你熱愛的事吧！

你會發現，對於年輕人在二十多歲時會遇到的人生問題，我們給他們的答案只是讓他們更加煎熬而已。這群畢業生無所適從，而我們告訴他們，世上的一切都不確定。他們想知道自己為何應該做這個、而不是那個，而我們只說，根據你內心的準則，自己找出答案吧。他們在一望無際的沙漠四處找路，我們不但不給他們指南針，還在他們的頭上倒一桶沙。

齊克果曾將這些畢業生內心真正的疑問整理成：「我真正需要弄清楚的是，『我該怎麼辦』，而不是我需要知道什麼……問題的重點在於找到『對我而言』真正有意義的答案，『找到我願意為它奉獻此生的理念……』。這是我靈魂所渴求的，如同非洲的沙漠渴望水一樣。」

對於這些人生的大哉問，我們無話可說嗎？

漫無目的游泳

當你還是個學生時，人生是一站接著一站的旅程。前方永遠有下一個作業、下一次考試、下一家要申請的大學在等著你，你的時間表塞得滿滿的，你的精力永遠有地方花。社交生活或許充滿戲劇性，但至少它就攤在你的眼前，不是在學校餐廳，就是在學生宿舍。

然後，你從安排和監督最嚴謹的人生階段畢業，被丟進一個結構最鬆散的青年階段。昨天，你的父母、師長、教練和輔導老師還在為你追蹤進度，為獨一無二的你加油打氣。今天，那些源源不絕的讚美聲已停止供應。這個世界沒聽過你的名字，也不在乎你是誰。求職面試時，坐在辦公桌另一頭的面試官，擺出饒舌歌手肯伊．威斯特（Kanye）的冷淡態度——這世界有千千萬萬個你，但只有一個我。

過去數百年來，剛成年的年輕人會延續父母的職業、信仰、居住地和身分。但在「我可以自由做自己」的年代，你要靠你自己找到你的職業，你的社交圈，你的信念、價值觀、人生伴侶、性別角色、政治觀點，以及社會認同。當你還是學生時，你的焦點大多放在短期目標。但現在你需要另一套生存能力，引導你朝著遠方的目標前進。

美國人在二十至三十歲這個階段平均會換六次工作。有三分之一剛畢業的大學生找不到工作、從事大材小用的工作，或是從事年薪低於三萬美元的工作。半數的人覺得自己對未來沒有任何計畫，有近半數過去一年沒有性伴侶。這個時期是酒精和藥物成癮的高峰期。這個階段的人每三年會搬一次家。百分之四十的人至少會搬回家和父母同住一次。他們不太會去參加宗教禮拜或加入政黨。

處於「飄盪階段」（odyssey years）的人，對於遙遠的未來往往帶有一種不切實際的樂觀。十八至二十四歲的人當中，有百分之九十六認同「我非常確定將來有一天我會達成我想達到的人生目標」。

但他們現在的人生卻只有遊蕩、孤獨、無根、懷疑、大材小用、心碎，以及無良主管，而他們的父母被他們搞得快要發瘋。

美學生活

有些人抱著放膽冒險的心態從大學畢業。趁著現實生活的壓力還沒有降臨之前好好玩一玩。當他們三十五歲時，婚姻和正經的工作自然會水到渠成。在那之前，他們要好好體驗人生。

有些人在二十三歲時決定到蒙古教英文，或是到科羅拉多州當泛舟嚮導。這個大膽的人生道路其實是有益處的。反正出社會的第一份工作大多很爛，不如參考米勒（Blair Miller）的建議，乾脆利用這段期間擴大自己承擔風險的能力。假如你做了一件瘋狂至極的事，你永遠都會知道，某種程度的瘋狂事物再也難不倒你，而你對未來數十年的人生展望將會變得更有勇氣。此外，你將會開始儲存臨床心理學家潔伊（Meg Jay）所謂的「身分資本」（identity capital）。在接下來的三十年，在你參加任何求職面談和晚餐派對時，會有人問你在蒙古教英文是什麼感覺，而那就是你與眾不同之處。

用這種方式展開二十到三十歲的階段是個很棒的開始。這種生活方式所產生的問題，幾年後才會顯現出來，假如你那個時候還沒有定下來的話。假若你年復一年不斷嘗試所有的新鮮事物，你最後會落入齊克果所哀悼的美學生活風格。過著美學生活的人把自己的人生當成一件藝術品，根據美學標準來評斷它——有趣還是乏味、美還是醜、愉快還是痛苦？

這種人一會兒為自己安排一個靜修營，一會兒又跑去參加火人節；今年拿一個獎學金，明年再申請另外一個獎學金。某一天突然跑去跳搖擺舞，每週去高檔健身房靈魂飛輪（SoulCycle）報到兩次，學以色列格鬥術幾個月，接下來改學熱瑜伽幾個月，心血來潮時就在週日下午到某個很酷的藝廊逛逛。你的ＩＧ看起來多采多姿，所有人都認為你是世界上最酷的人。你告訴自己戀愛對你真的很重要，於是你不斷約異性喝酒聊天，和異性約吃午餐。但是當你在一週之內從事二十個社交活動之後，你已經忘了你安排這些約會的目的到底是什麼。你聊過許多話題，卻一個都不記得。

問題在於，處於美學階段的人，將人生視為有待體驗的無數個可能性，而不是有待完成的計畫，或是有待實踐的理想。他會在每件事上方盤旋飛翔，但從來不降落。按照美學生活方式過日子，你的每一天都充滿了樂趣，但這些歲月不會為你累積出任何東西。

這種生活方式背後的理論是，你應該多多累積人生經驗。但如果你的人生是由一連串的冒險串起，那麼你將永遠在轉瞬間的感覺和易變的心意之中游移不定。你的人生由一系列的短暫時刻組成，不會累積成任何成就。你的力量會白白浪費，分散各處。你總是擔心自己會錯失什麼。你擁有無限的可能性，但你的決策向度卻極度狹隘。

正如作家迪勒（Annie Dillard）說的，你怎麼過你的日子，就是怎麼過你的人生。如果你每天只是隨意體驗各種事物，你會覺得自己在漫無目的的消耗人生。如果你只想把人生的一切淺嘗一遍，你就把自己變成了一個選擇者，一個自戀者，滿腦子只想著自己和自己擁有的選項，最後被自我意識癱瘓，什麼事也做不了。

我們天生傾向於討好別人，不好意思拒絕別人。但如果你不堅決的拒絕一些事物、放棄一些事物，那麼你可能就無法深入任何事物。做出承諾的人生意味著，為了少數珍貴的東西，拒絕無數其他的東西。

當有一定數量的人進入這個階段，就會形成一個不斷變動的社會，也就是波蘭哲學家包曼（Zygmunt Bauman）所說的「液態現代性」。在智慧型手機的年代，交易或關係的分分合合所產生的摩擦成本趨近於零。網路要求你點擊，展開一個又一個新的體驗。活在網路世界意味著你一直活在注意力分散的狀態。

當你生活在這種狀態下，你對所有事物的興趣其實都不深，而且會對越發狂亂的生活步調感到厭煩。網路世界充斥著拒絕承諾的機制。假如你連集中注意力三十秒都做不到，你如何做出一輩子的承諾？

自由的生活使人眼花撩亂。沒有人知道自己和別人的相對位置是什麼。但每個人都相當確定，別人的人生一定更美好。和別人比較會奪走我們的喜樂。

多年追逐各種人生選項之後，重點不在於你對生命的意義毫無頭緒，而是你連聚焦於這個問題的能力都喪失了。華萊士（David Foster Wallace）的敘事小說《無盡的嘲諷》（*Infinite Jest*）描繪了這種心理潰散的狀態，在故事中，一部「娛樂性破表」的電影把觀眾變成了活死人。人生的重要問題已被娛樂取代。這部小說以文體體現了精神徹底潰散的心智狀態，句子長得沒完沒了，還會倒著說，思緒也跳來跳去。在這樣的世界裡，每個人的生活都歡樂無比，但似乎沒有任何進展。

華萊士認為，對抗這一切的方法是動用鋼鐵般的意志，聚焦你的注意力。「學習如何思考真正的意思是，學習如何控制你思考的內容和方式。」華萊士對凱尼恩學院的畢業生如此說。「它指的是，你擁有一定程度的意識與覺察能力，去選擇把你的注意力放在何處，以及選擇你如何為經驗建構意義。因為如果你沒有能力在成人階段運用這種選擇能力，你的人生就完蛋了。」

但華萊士給的解方有點不符現實。當你的注意力到處流竄，無法做出具體的承諾，集中注意力正是你最欠缺的能力。你的思緒四處飄蕩，被各種刺激牽著鼻子走。切勿自以為是的認為，你有足夠的勇氣或能力看穿自己內心的深淵。你之所以忙個不停，正是因為你忙著逃避自己。

你心知肚明，你應該在某個時間點好好坐下來，找出人生的大方向。但你的腦袋一心只想逃避人生的大哉問，因為這些問題太嚇人了，而且沒有標準答案。於是你把注意力放在手機裡的糖果遊戲上，以獲得小小的振奮感。

這一切都指向同一個方向：陰溝。追逐美學生活的大學畢業生，最後通常會落入陰溝裡。直到那個時候，他們才明白一個從來沒有人告訴他們的真理：自由爛透了。

政治上的自由很棒。但是當個人、社交和情感上的自由成了我們的最終目的，它絕對爛爆了。它會導致我們過著漫無目標的忙碌生活，沒有可辨識的方向，也沒有穩固的基礎，套句馬克思的說法：「一切堅固的東西都煙消雲散了。」

事實證明，自由並不是你想一生縱情徜徉的海洋，而是你想跨越的河流，然後你才能讓自己在對岸扎根，並意志堅定的對某件事做出承諾。

03 充滿不安全感的人生勝利組

有一群年輕人，將成年期的人生視為美學體驗，另有一群年輕人，則盡一切努力，把成人階段變成校園生活的延續。這群人通常上的是名校，屬於社會的上層階級。他們很擅長進入他們想去的地方，於是畢業後往往會到知名企業工作。學生時期，他們享受著名校的光環，因此進入成人階段後，他們繼續享受知名企業和服務業者的光環。學生時期，他們很會拿金星貼紙，於是他們延續拿金星貼紙的生活方式進入職場，而他們的父母可以到處炫耀，自己的孩子在 Google、頂尖律師事務所任職，或是進入哈佛商學院就讀。

這群年輕人是實用主義者。他們很擅長解決問題。大三生和大四生通常要面臨無所適從的問題。即將畢業，不知道接下來會發生什麼事。而這群實用主義者蜂擁至企業實習，因此即使他們只是大三生，也已經知道自己接下來幾年會做些什麼。不確定性立刻被終結。另外，當大人毫無意外的問起他們畢業後要做什麼時，他們能用一個令人滿意的答案堵住大人的嘴。為了把「此生要做什麼」的存在焦慮壓在意識層面之下，他們會毫不猶豫的接下到手的第一份工作。

只可惜，這種實用主義路線也無法讓你逃離掉入陰溝的命運。不要小看了職場的威力，它會慢慢的改變你。當你選擇到某家公司工作，你會慢慢把自己變成那家公司喜愛的員工類型。如果你的心靈能夠認同麥肯錫顧問公司或通用磨坊的企業文化，那就沒問題。如果不能，你的內心就會有一小部分開始感到不滿足，而且會變得愈來愈飢渴。

此外，當你根據實用主義和功利主義來生活，你就變成了功利的實用主義者。「我要怎麼成功？」很快就會把「我為什麼要做這件事？」這個問題踢飛。

突然間，你和別人的話題開始圍繞著你有多忙打轉。突然間，你這個不愛社交的人開始在老闆面前轉性，變成超級愛抱老闆大腿的人。你花很多時間尋找好的導師，努力想找到某個成功的前輩，冀望他可以解答你所有疑問，為你解決所有問題。事實上，職場的主管並不希望你擁有充實、有深度的人生。每當你把自己形塑成職場希望你扮演的機靈角色，他們就給你金星貼紙以示肯定。你讀過馬克思主義的分析，知道主管總是在剝削員工。突然你意識到你已經變成了你的主管和你自己的剝削者。你不再將自己視為等著被提升的靈魂，你只想盡可能增強技能。

要拋開那些過去占據你腦海的靈性問題，拋下過去你用來定義自己的深奧書籍，把自己簡化成一個專業人士，其實出乎意料的容易。

此外，用沉迷工作來逃避情感和心靈上的問題，這個方法也是出奇的有效。迴避情緒和道德冷漠，和周遭的人保持一段距離，不輕易透露心事，築一道牆把內心的黑暗叢林圍起來，壓抑情緒的高低起伏，過著沒有情緒的日子，這一切都出奇的容易。你有注意到嗎？許多人到了三十五歲時已經變成一個無趣、心不在焉的人，和二十歲時的他們大不相同。

功績主義是現今社會最顯見的道德體系。它的存在是如此強勢，也看似如此自然，以致於我們甚至沒有意識到，它已經開始讓我們用某些經濟詞彙來指稱非經濟活動。有些詞彙已經開始改變其意涵。「品格」（Character）不再是以愛、服務與關懷為核心的道德特質，而是一套以恆毅、生產力和自律為核心的職場特質。功績主義將「社群」定義為一群有才能、互相競爭的個體。它將社會組織成無數個由內而外的環狀結構。能夠參加世界經濟論壇的人生勝利組居於圓心位置，其他人則層層向外分布。雖然假裝不是刻意，但功績主義心照不宣的傳達了一個訊息：比較聰明和比較有成就的人，比其他人更有價值。

你可以承受功績主義對自己靈性層面的強力打壓，只要你的心中有一套可與之抗衡的道德體系就好。但如果你心中沒有一套可與之抗衡的價值體系，你就會被功績主義吞噬。你會喪失行動主導力，因為一級一級的職涯階梯會幫你決定你的時間表和人生方向。功績主義會給你可以依附的品牌，包括你的名校學歷和令人稱羨的職業頭銜，這些都是明確的地位象徵，而且似乎可以取代你想追尋自我的迫切需求。懷特曾說，職場「似乎更容易讓你失去自我，而不是找到自我」。

新聞工作者米勒（Lisa Miller）在同儕身上看到了一種「抱負衝突」（ambition collision），這種情況主要發生在職場中的年輕女性身上。她寫道，這些人善於把握機會、愛列清單、職位步步高升，她們深受桑德伯格的《挺身而進》啟發，她們推遲結婚和生小孩的計畫，因為她們想要做大事、追求遠大的目標。

但是到了某個年紀，米勒寫道，她們會「失去掌控權，就像孩子抓不住氣球，只能任憑氣球飛走一樣。她們感到一股深切的悲傷，同時充滿困惑。」就像一位女性告訴米勒：「看不到願景。」另一位女性說：「沒有任何穩固扎實的東西。」她們幻想著要辭掉工作，搬回密西根州的老家住，或是去生小孩，因為這樣才能名正言順的脫離職場的激烈競爭。「她們喃喃說著人生的目標，以及親手烤出一條麵包，或是看著花園裡的植物一天天成長帶來的扎實滿足感。」她們停留在原地，勤奮工作，「等著某件事、任何一件事來點燃心中的火花，使她們相信，內心的渴望尚未完全離自己而去。」

米勒把這個現象描述成女性的問題，源頭來自社會對女性和工作的錯誤看法。但我注意到，許多男性也有這種人生沒有獲得充分實現的感覺。數百年前，這種心境常以一個詞來描述：淡漠（acedia）。

這個詞現在已經很少人用了，這一點有些奇怪，因為這個心境其實普遍存在於社會裡。淡漠是被澆熄的熱情，對什麼都不在乎。你過著沒有熱情的日子，靈魂開始變得散漫，就像設定在保溫的烤箱。用淡漠態度生活的人可能也有工作和家庭，但他對自己的人生並不投入。他的人活在這裡，心卻在另一個地方。

欲望使你有黏著性，驅使你向你所愛的人、工作或是城鎮靠近。然而少了欲望，使你變得漠不關心，日積月累之下，你養成了迴避情緒的態度，一種表面上的冷淡。簡單來說，功績主義鼓勵你順應社會喜歡的生活方式隨波逐流，但那並非你所願。因此不可能有全心投入的感覺。

這種試圖把人生當成校園延伸版的人，往往會變成丹麥小說家達爾斯高（Matias Dalsgaard）所謂的「充滿不安全感的人生勝利組」（insecure overachiever）：「這種人必然沒有穩定或堅固的基礎，但仍硬要在有問題的基礎上打造自己的人生道路。這是不可能成功的。你無法在流沙之上建造新的大樓。但這種人完全不理會現實，甚至懷抱虛幻的希望，以為只要地面上的工程持續進行，地基的問題就不會被發現。」

實用主義的問題在於，它根本行不通。充滿不安全感的人生勝利組永遠無法全心投入任何事，因此也永遠無法獲得真正的滿足。他的腦袋轉個不停，地位不斷提升，但他的心靈從來沒有真正投入。

當你除了身分和頭銜之外什麼也沒有，你會發現自己總是在和別人比較。你心心念念的只有你對自己的認知。用這種方式生活的人總是會想像，世界上有許多人事業成功，過著幸福快樂的生活。那個在大學時代只看電視什麼事也不做的傢伙，現在居然成了大牌電影製作人；那個在訓練課程中不發一語的人，現在居然是個避險基金經理人，擁有上億資產。當別人出賣靈魂，結果得到了更多的東西，我們出賣靈魂，到底是為了什麼？

04 山谷

托爾斯泰是人類史上攀登第一座山卓有成就的人。他年紀輕輕從軍，過著放蕩的生活，冒險、風流韻事、與人決鬥一樣也不少。然後，他試著以知識分子的身分闖出名號。他找了一群同好，一起創辦觀念激進的雜誌，他們勤寫文章，試圖教化大眾。托爾斯泰後來成為小說家，獲得眾人完全意想不到的驚人成就，創作包括《戰爭與和平》、《安娜．卡列尼娜》等名著。

托爾斯泰在道德層面也沒有懈怠。為了提升自己，他總是放棄一些東西：菸草、打獵、烈酒、葷食。他為自己訂下了許多規定，要求自己給別人更多的愛，平等對待他人，諸如此類。

他後來回憶，自己在那些年所抱持的信念，讓自己變得更完美：

我試圖達到智性上的完美；我研讀我能拿到的所有東西、人生賜給我機會閱讀的所有東西。我試著鍾煉堅強的意志，我為自己訂下規定，並盡力遵守。我勤做所有可以鍛鍊體力和靈活度的運動，也要求自己吃苦磨練耐力和毅力，致力追求身體狀態的完美。我要求自己在所有方面都達到完美的境界。當然，這一切的起點必然是道德的完美，不過，我很快就決定要達到全面性的完美。也就是說，我渴望的不是提升我眼中或神眼中的我，而是別人眼中的我。

不過，命運給了他一記很大的打擊。他的哥哥尼可拉斯在三十七歲去世。尼可拉斯是個認真的好人，他從來不明白自己為了什麼而活，也不明白自己為何會死。托爾斯泰想破了頭，也找不出任何理論可以解釋哥哥的死。

接下來，托爾斯泰經歷了一件事，使他相信世上有一種善，遠比自己的名望和完美更崇高。那是一個絕對的真理，不是人類的理性思考出來的，而是不證自明的真理。托爾斯泰在巴黎街頭目睹了一場斬首行刑。

當我看見首級和身體分開，並聽見屍塊砰的一聲掉進箱子裡時，我明白了（不是透過理智，而是我的身心靈），不存在任何合理性的理論或人類進展的理論可以支持這種行為的正當性；我意識到，即使打從開天闢地以來的所有人類，根據某些理論認為這是有必要的，我知道這不必要，而且是錯誤的。因此，我的判斷必須根據是非對錯和必要性，而不是別人怎麼說和怎麼做。

在那之前，托爾斯泰一直把人生投注在推廣啟蒙，他相信理性、進步、知識分子，以及大眾認可。現在他對那些信念已經失去信心。人生的意義到底是什麼？

我的人生戛然而止。我仍然繼續呼吸和吃喝拉撒睡，因為我的身體自然而然會這麼做。但我的體內已經沒有生命力，因為我已經沒有任何可以帶給我滿足感的欲望。假設我想要某些東西，我心裡也明白，對我來說，是否真正得到那樣東西一點也不重要。

他開始覺得人生很荒謬，而且沒有價值。他把房間裡所有的繩子丟掉，防止自己上吊輕生。他把獵槍收起來，以免把獵槍用在自己身上。他開始將自己過去以知識分子身分寫作的人生，視為某種瘋狂的表徵。有沒有人在報章雜誌上寫書評讚美他的作品，有誰真正在乎呢？這個世界似乎沒有因為他和他那些志同道合的朋友而變得更好，他寫的東西只為他自己帶來名利而已。托爾斯泰對人生感到厭倦，而且找不到生命的意義。他跌落到了谷底。

假如這種迷失方向的感覺可以發生在托爾斯泰身上，那麼它就有可能發生在任何人身上。即使是我們這些平凡人，也時常會覺得自己活得不夠淋漓盡致。托爾斯泰已經是世界上最偉大的作家，他也有這種感覺。財富、名聲和成就無法讓任何人豁免跌落山谷的命運。

我們這些凡人

有些人的一生非常平順，從來不曾跌落谷底，我希望他們能保持好運。但多數人的一生，多多少少都要受點苦，促使我們在這些期間自問一些人生的根本問題。

受苦有很多種形式。有些人忙於工作，但是他們對自己的人生意義感到茫然。有些人經歷的是心碎的痛苦。有些人失去摯愛，覺得未來一片黑暗。還有些人是被心臟病、癌症或是中風打倒。另一些人則經歷失敗或醜聞；他們把自己的身分認同建立在外在成果之上，然而那些東西早已不復存在了。

然而對其他人來說，受苦的感覺並不是像人生的危機那般戲劇性，而是一種逐漸蔓延的莫名不安，對自己所做的事漸漸失去熱忱。

榮格派分析師賀里斯的一位患者如此說明這種感覺：「我一直想在每場競賽中獲勝，但直到現在我才意識到，原來是人生競賽在擺布著我。」有些人拚盡全力想贏得勝利，想超越別人，但某天突然發現，所有一切都非常空虛、毫無意義。「無法珍惜，無法享受。」托爾斯泰筆下的某個人物如此說。

作家卡胡恩（Ada Calhoun）曾在歐普拉的官網（Oprah.com）寫過一篇文章，提到許多三、四十歲的女性覺得自己的人生漫無目標，彷彿人生的方向出了差錯。一位四十一歲的女性友人告訴她，「有時候我的腦袋會突然清醒過來，通常是在開冗長的電話會議時，」她說，「我的腦袋裡突然有個聲音對我大吼：你到底在幹嘛？這一點意義也沒有，而且無聊透頂。你為什麼不去做你喜歡的事情？」

德雷西維茲在《優秀的綿羊》中，描述了自己年輕時所經歷的事如何使他變得意志消沉。他的家人全都是工程師和科學家，因此他也認定，科學是他此生的志向。大學尚未開學前，他已經決定要雙主修生物學和心理學，完全不允許自己的人生有任何不確定的時刻。在踏進校園之前，他已經鎖定了四分之三的選修科目。

當他發現自己應該選擇英文系做為主修時，為時已晚，於是他以雙主修畢業，但他完全沒有意願踏入那兩個領域的職場。

由於欠缺明確的人生目標，他決定讓自己的人生選項保持開放。他申請了法學院，但發現自己對法律沒興趣。然後又到新聞學院就讀，結果他對新聞系同樣不感興趣。最後他到某個非營利組織工作。

「大學畢業幾年之後，我非常怨恨自己錯失了好好接受教育的機會。我從事一份對我沒有任何意義的工作，我的事業前途茫茫，我的自信徹底瓦解。我完全不知道我想做什麼，或是我該往哪裡去。」

一般人通常要先經歷類似的過程，才願意承認自己的問題有多大。一開始，他們會否認自己的人生出了問題。然後，他們加強力道，更加努力執行原有的失敗計畫。接下來，他們試著用新的刺激犒賞自己：外遇、酗酒，或是開始使用毒品。直到這一切都無效之後，他們才願意承認，他們需要改變對人生的看法。

目標危機

這些人面臨的是目標危機。目標危機指的是，不知道自己的人生目標是什麼。身陷目標危機的人會變得很脆弱。尼采曾說，為了目標而活著的人，可以承受過程中所有的不順利。假如你知道你的目標是什麼，你就有能力面對挫敗。但是當你不知道自己的目標是什麼，一個小小的挫敗都可能把你擊倒。諾貝爾文學獎得主希尼（Seamus Heaney）說：「你既不在這裡，也不在那裡／在匆匆間，已知和奇異的事物不斷流逝。」

根據我的經驗，目標危機以兩種形式呈現：繼續前行和自我催眠。繼續前行的人會舉步維艱的繼續向前走。這種人遭受某種打擊，或是覺得人生百無聊賴，但是卻不知道自己想要什麼，或是該怎麼做才能改變這樣的人生，於是他只好繼續做原本在做的事——同樣的工作、同樣的地方、同樣的人生。他的心裡非常清楚，自己只是迫於無奈，勉強接受現況。我的朋友傑拉德（Casey Gerald）在接受求職面談時，在面試的尾聲反客為主，問了面試官一個問題：「如果你的心裡沒有任何懼怕，你會做什麼？」那位面試官當場淚崩。假如她不再有任何懼怕，她就會辭掉這份人力資源的工作。這是繼續前行的目標危機。

第二種目標危機是自我催眠。自我催眠的人會爬到床上無止境的追劇。他的自信已經消耗殆盡。自我聚焦（self-focus）使他無法產生行動力。他的心中有一個沒有根據的奇怪信念，認為一切都已經太遲了；他的人生已經無法挽回了。別人的成就會帶給他椎心之痛，因為別人一步步飛黃騰達，自己卻停滯不前，兩者之間的差距逐漸拉開，人生愈來愈悲慘無望。

華萊士在許多朋友身上看見了這個現象：「這和物質條件或經濟狀況，或是新聞節目熱議的話題沒有太大的關係。它比較像是一種內心深處的悲傷。我在我自己和我朋友的身上都看過，每個人的悲傷以不同的方式呈現，但都帶有悵然若失的味道。」華萊士發現，在心理表徵之下的根本原因，在於他們失去了道德方向感。「這個世代完全沒有繼承到任何有意義的道德價值觀。」

我們難以得知有多少人正陷入這種危機，因為大家的粉飾功夫已經變得很厲害。青年作家沙朗（Veronica Rae Saron）說：「所有的對話一再清楚的顯示：光鮮亮麗的ＩＧ照片、完美無瑕的LinkedIn個人檔案，以及充滿自信的外表（本人無誤），往往代表這個人對自己的未來感到極度困惑、焦慮和動彈不得。二十多歲的千禧世代普遍瀰漫著卡關感，而察覺到這種卡關感的人，往往會向外界傳達一種極度有安全感的形象。」到頭來，人生的大哉問誰也躲不過。對我而言，最美好的人生是什麼模樣？我相信什麼？我歸屬於何處？

社會的谷底

個體可能會掉進谷底，整個社會也是。一九六〇年代初期，美國文化開始擁抱過度個人主義的生活方式，以幫忙解決當時社會上的問題。然而幾十年後，這個文化被推進到極端，並開始製造危機。

有些人把個人解放的偉大論述以「大脫嵌」（the great disembedding）稱之。從前的人往往被互動緊密的社群，以可能令人窒息的社會規範五花大綁，現在，所有人都被鬆綁了。以前的人在階級分明的體制裡工作，現在的人完全沒有體制的概念（包括如何在體制裡生存，以及如何管理與改革體制），於是，民眾的生活賴以維繫的社會組織品質開始崩壞。

最重要的是，過度個人主義導致人離彼此愈來愈遠，包括社交和情感方面的疏遠，甚至是人與人之間的距離。英國哲學家梅伊（Simon May）說，愛是「本體論的根著」（ontological rootedness）。愛會給你扎了根的感覺。許多人得不到那種感覺，即使是家人之間。許多戀人也得不到那種感覺。以前的人說，年輕人只有性沒有愛；而現在有愈來愈多年輕人過的是無性生活。半個世紀的解放促成了個人主義崛起，當時的個人主義成就了我們祖父母輩的天堂，現在卻造就了我們的地獄，同時製造了四個互相關聯的社會危機。

1. 孤獨危機

四十五歲以上的美國人，有百分之三十五長期處於孤獨狀態。只有百分之八的美國人表示他們會和鄰居聊一些重要的話題。在一九五〇年，不到百分之十的家庭是單身家庭；現在已攀升到百分之三十。三十歲以下的女性所生的孩子，絕大多數出生於單親家庭。這些都是普遍性疏離感的徵兆。成長最快速的政治團體是新興政黨。成長最快速的宗教團體是新興宗教。英國研究者請牧師描述，教徒最常找他們解決的問題是什麼。百分之七十六的牧師回答：孤獨和心理健康問題。前衛生局局長穆吉（Vivek Murthy）曾在《哈佛商業評論》提到，「在我行醫的歲月中，最常見的病症不是心臟病或糖尿病，而是孤獨。」

事實上，人與人之間互不相干的情況所導致的心理、社會和道德成本，高得嚇人。

自一九九九年以來，美國的自殺率上升了百分之三十。年輕人是受害最深的族群。在二〇〇六至二〇一六年間，十歲至十七歲族群的自殺率上升了百分之七十。美國每年約有四萬五千人輕生，而輕生幾乎相當於孤獨的代名詞。類鴉片每年導致七萬兩千個美國人死亡。類鴉片成癮就是一種慢性自殺。

二〇一八年，疾病管制與預防中心（CDC）公布，美國人平均壽命連續三年呈現下滑的趨勢。這個趨勢不容小覷。在有凝聚力的富裕社會裡，平均壽命會逐漸提高，這是理所當然的事。美國人最近一次平均壽命下降到這個水準，是在一九一五至一九一八年，當時美國正經歷世界大戰和流感大流行的威脅，有六十七萬五千個美國人因此死亡。現今美國人平均壽命之所以減短，是因為死於絕望——輕生、藥物過量、酒精成癮導致的肝臟疾病，諸如此類。而絕望是我們周遭無所不在的社交孤立所導致的。

2. 不信任

第二個危機是疏離。社會學巨擘尼斯貝（Robert Nisbet）把疏離定義為「將社會秩序視為遙遠、難以理解或欺詐的心境」。美國現今的態勢幾乎是如此。老一輩的人普遍認為自我犧牲是很合理的事，因為當你為你所屬的組織服務，它就會給你回報。但是民調專家楊克洛維奇（Daniel Yankelovich）數十年前就指出，相信「付出必有回報」的社會契約已經瓦解。現代人的想法是，如果你付出，別人會毫不手軟的拿走。如果你犧牲，別人就會占你便宜。互惠精神已經消失，鄰居之間保持距離，公眾生活的體制令他們厭惡。

在相信「我們同在一條船上」的一九四〇和一九五〇年代，約有百分之七十五的美國人表示，他們相信政府在大多數時候會做對的事。現在，只有不到百分之二十五的人這麼認為。早期的基本社會調查（General Social Survey）顯示，約有百分之六十的美國人認為鄰居是可以信任的；現在這個數值已掉到百分之三十二，千禧世代的信任度甚至掉到百分之十八。年紀愈輕的年齡層，信任感就愈低。

哈佛大學教授普特南指出，這個情況有個非常合理的解釋：現代人變得不值得信任了。這倒不是因為觀感變差，而是人的實際行為劣化了。我們的人際關係的品質變差了。不信任只會製造更多的不信任。當人開始懷疑別人，就會認定一切只能靠自己。喬治・艾略特（George Eliot）在《米德鎮的春天》寫道：「有什麼孤獨比不信任更孤寂？」

3. 意義危機

第三個危機是意義危機。儘管我們對人類的大腦已經有更多了解，但現代人的心理健康問題（包括憂鬱症）卻不降反升，這現象非常令人訝異，而且情況似乎正在快速惡化中。在二〇一二年，百分之五點九的年輕人受重度憂鬱症所苦。到了二〇一五年，數值爬到了百分之八點二。

一部分原因在於智慧型手機出現，另一個原因是有太多人不知道自己為什麼而活著。當你把共同的道德秩序拿掉，並告訴所有人生命的奧祕要靠自己去定義，大多數的人會一臉茫然。遇到困難時，他們無法用一個有說服力的故事來解釋人生的意義。戴蒙（William Damon）在寫《邁向目的之路》時曾做過一項研究，發現只有百分之二十的年輕人擁有明確的人生目標。

老一輩的人倚賴崇高的理念和體制，獲得人生的目標和意義，但是許多現代人已經不再相信理念和體制了。他們不再相信信念這個東西。自一九六〇年代初期以來，上教堂的人數幾乎腰斬。現代人也不再相信國家。根據蓋洛普的調查，在二〇〇三年，百分之七十的美國人表示，他們對於身為美國人感到「極為自豪」。到了二〇一六年，只有百分之五十二的美國人如此表示，然而只有百分之三十四的千禧世代認同這個說法。這是川普當選之前的情況。這些數字透露出，民眾確實覺得他們是某個更大的故事的一部分，他們可以相信那個故事，並願意為那個故事奉獻自己的人生。

「人對孤單滿懷恐懼，」巴爾扎克寫道，「但在所有的孤單當中，道德孤單最令人懼怕。」

4. 部落主義（Tribalism）

上述三個危機引爆了第四個危機，它不是極端個人主義的某個面向，而是我們對極端個人主義做出的反應。心理學家說，最難治療的東西是患者的自癒傾向。當人因為激進的個人主義落入赤裸裸且孤身一人的境地，他們會做一件本能和人類歷史教他們做的事：回歸部落。

漢娜・鄂蘭在數十年前就發現了這個現象。當她仔細檢視政治狂熱分子的生命時，發現了兩樣東西：孤獨和靈性的空虛。「孤獨是恐懼的溫床。」她在《極權主義的起源》如此寫道。

嘉佛（Nabeelah Jaffer）寫道，真正的孤獨指的不只是獨自一人，而且是一種心靈的空虛，不相信自己能找到答案，「徹底迷失了自己」。那是一種「被連根拔起且多餘」的感覺。嘉佛指出，許多激進分子之所以加入伊斯蘭國，是因為他們找不到歸屬感，而ＩＳ給了他們一個歸屬的地方，它給了他們一個成為殉道者和英雄的方法。

正在經歷存在焦慮的人會陷入一個危機模式：「我遇到危險了！我遭受威脅了；我必須反擊！」他們的演化反應是自我保護，因此他們會回歸最古老的本能，藉此對威脅做出反應：敵我誓不兩立。部落主義者用簡單的二分法，將人分成好壞兩個陣營。他們尋求確定性，以克服令人難以承受的懷疑心態。他們尋求戰爭（政治或軍事的戰爭），為自己的生命賦予意義。他們回歸了部落。

部落主義似乎是重拾社群連結的一種方式。它確實能把人連結在一起。但事實上，它創造的是一個黑暗版的社群。社群的連結建立在共同的情感之上。部落主義的連結建立在共同的仇恨之上。社群的基礎是共同的人性；部落主義的基礎是共同的敵人。部落主義總是在豎立疆界，製造不是盟友就是敵人的對立。部落的心態是建立在匱乏思維的戰士心態：人生是一場爭奪稀有資源的戰爭，不是敵人，就是自己人，零和思維。為達目的，不擇手段。政治是戰爭。觀念是戰鬥。不殺人，就被殺。不信任是部落主義者的世界觀。部落主義是孤獨自戀者的歸屬之地。

對許多人而言，黨派之爭的重點不在於哪個政黨提出比較好的政策，而是得救（saved）與定罪（damned）的矛盾。當依附關係逐漸消逝（包括種族、鄰里、宗教、社群和家庭），人往往會用黨派的身分來填補那個空缺。

這是要求政治做到它沒有能力辦到的事。一旦政治成為你的種族或道德身分，你就再也無法妥協，因為妥協已經成了一種恥辱。一旦政治變成了你的身分，每次的選舉就是在爭奪存在感的延續權，所以沒有不能做的事。部落主義吞噬了失去依附的個體，把他們變成了怪獸。

受苦

不論是個體或社會跌落谷底，還是兩者同時跌落谷底，許多人會因此受苦。你開始經歷一段痛苦的時期、一段迷失自我的時期。你可能會萬念俱灰，失去前進的動力，但它也可能是你人生中最珍貴的季節。

英國詩人濟慈說，我們住在有許多房間的大樓裡。當我們在第一座山時，我們就住在濟慈所謂的「無思慮的房間」（thoughtless chamber）。這是預設的住所；我們不假思索的吸收周遭的價值觀與生活方式。

我們希望能一直待在這裡，因為這裡很舒服，而且每個人都會讚許你。奧登（W. H. Auden）在《焦慮的年代》（*The Age of Anxiety*）中寫道：

我們寧可被毀滅，也不願改變
我們寧可在恐懼中死去
也不願爬上此刻的十字架
讓我們的幻想逝去

受苦時期會狠狠踢我們一腳。它向我們發出刺耳的號角聲，讓我們從安逸中驚醒，並警告我們，我們正朝著錯誤的人生方向前進。

受苦本身並沒有什麼崇高之處。有時候悲傷就只是悲傷，等著我們去經歷，沒有其他的深意。人生中有許多壞事發生，不需要因此就多愁善感的認為，壞事發生一定是為了某個崇高的目的。然而有時候，當受苦能與關於改變和救贖的故事連結，我們就能透過受苦得到智慧。你無法從書本學到這種智慧；你必須親身體驗。有時候，你對苦痛做出的反應，可以讓你第一次體驗到崇高的感受。

神學家田立克（Paul Tillich）寫道，受苦會打破平常的生活模式，並提醒你，你並不是你所想的那種人。它會撞碎你以為的靈魂地下室的地板，露出下方的空洞，然後再撞碎下面一層的地板，讓更深處的空洞露出來。

受苦教我們懂得感恩。我們往往將愛和友誼視為理所當然。但在受苦時期，我們倚賴別人，並對我們所愛的人給我們的禮物心存感激。受苦使你和其他受苦的人團結在一起，使你更能憐憫同樣承受著苦痛的人。你的心會開始變得柔軟。

苦痛會促使你做出回應。沒有人能逃避受苦，但所有人都可以選擇要用哪種方式回應苦痛。而有意思的是，幾乎沒有人用尋歡作樂來回應苦痛。沒有人會說，我失去了我的孩子，因此我應該出去狂歡。他們會說，我失去了我的孩子，因此我有能力去幫助其他同樣痛失愛子的人。人明白，膚淺的食物無法滿足深刻的飢渴，要填補苦痛所揭露的巨大空虛，只有靈性食物才能辦到。許多人對痛苦做出的反應是，修練寬厚之心。

最後，受苦會粉碎自給自足的假象。如果想要展開相互依存的人生，就必須砸碎這個假象。痛苦時期會揭露我們的野心所夾雜的虛假和虛榮，同時照亮一個更大的世界，裡面有生與死、關懷與被關懷。苦痛幫助我們看見自我本位的欲望究竟有多大。以前，那些欲望看起來非常巨大，而且占據了整個視野。走過受苦時期之後，會發現自我的欲望其實微不足道，更不值得拿人生圍繞著它打轉。爬出谷底和把病治好不同。許多人走出山谷時並不是被治癒了，而是變成了另一個人。詩人休斯（Ted Hughes）的體會是，最難熬的事物往往是最值得回憶的事物，因為在那些低潮時刻，你的保護性外殼會被拿掉，你學會了謙卑，一個問題在你眼前攤開，你聽見了服務他人的召喚。

05 曠野

人對受苦季節的一般反應是努力走出來。解決症狀。喝幾杯酒。放幾張悲傷歌曲的唱片。然後繼續向前走。

其實，你受苦時，正確的做法是直挺挺的迎接苦難。等待。看看它要教你些什麼。你要明白，受苦只是個任務，若處理得當，再加上別人的幫助，它會擴大你的人生，而不是縮減你的人生。谷底是脫胎換骨的時機，把舊的自己拋棄，讓新的自己誕生。你沒有捷徑可走。只有詩人自古以來描述的永恆不變的三個步驟：從受苦、到智慧、到服務。舊的自我死去，在空虛中洗滌，在新世界復甦。從山谷的痛苦，到沙漠的淨化，再到山頂的洞察。

你要如何展開這個三階段的旅程？所幸，前人已經思考這個問題長達數千年，並且留下一些模式給我們。

例如，摩西一開始並不太清楚自己的人生目標是什麼。他生長於法老王的宮廷（非常好！），但他的心中存在著道德良知。他痛恨埃及人對猶太人的壓迫，並曾殺死一個虐待奴隸的埃及侍衛。他的小小叛逆為他帶來了麻煩，因為那是臨時起意的任意妄為。摩西被迫逃離埃及，就連族裡的猶太人都認為他的處境很落魄。摩西獨自跑到曠野，在「荒涼的沙漠」放牧羊群。

按照拉比的傳統，在這種時候總是會有一隻小羊突然脫離羊群，於是摩西追在後面想把牠捉回來。一般來說，迷途的羊是很容易抓住的，因為羊跑不快，而且通常不會跑遠。但這次的情況異於平常。那隻羊跑起來快得像隻瞪羚。摩西飛奔入曠野深處，仍追不上那隻羊，而且離摩西愈來愈遠。最後，牠停在泉水邊喝水，摩西終於抓住了牠。

當然，那隻羊其實是摩西自己。摩西連真正的自己都不認識。正如蘇菲派（Sufi）格言所說：「我是藏起來的寶藏。」摩西必須深入曠野，甚至進入杳無人跡的地方，追逐一隻迷途羔羊，最後才找到了自己。

在你對人生感到困惑的時候，最聰明的方法是遵循歷代先人的做法：振作起來，走入曠野。只要去一個陌生的地方，就能有許多斬獲。在那裡，你要靠嘗試和摸索，找出新的存在方式。離開中心，進入邊陲，會帶來巨大的好處。『你開始度過一段不尋常的時期，』盧雲寫道。

你發現自己受到召喚，走向孤獨、禱告、隱祕，以及單純。你明白，目前你必須限縮活動、少打電話，寫信時小心翼翼……自己可能必須遠離朋友、忙碌的工作、報紙，以及有趣的書本，這個念頭不再令你害怕……很顯然，你的內在有些東西正在死去，而有些正在新生。你必須保持留意、冷靜，並適當的遵從你的直覺。

在曠野中，生命中的紛擾全然消失，只剩下寂靜。你需要靠自律、單純和敏銳的注意力來適應這裡的地形。當你獨自一人待在曠野中，已滲入你性格中所有討好他人的習性，已不再重要。「若有個『天賦之子』置身於荒野中，發現所有可證明自我價值的方法都被剝奪了，他會怎麼樣？」連恩在《與聖人背包旅行》如此提問。「若他什麼事也做不了，若沒有觀眾為他的表現喝采，若他雖然沒有遭到敵視，卻必須面對冷淡不語的漠視，他該怎麼辦？」他的世界徹底崩解。渴望他人肯定的靈魂在那樣的沙漠裡又飢又渴。那種情況會將成天追逐成就的人，縮減成渺小的平凡人。唯有在那個時候，他才有被愛的能力。」

獨自一人在曠野裡會改變你對時間的感覺。正常的生活是以正常的時間感進行——通勤、洗碗的時間感。但曠野會將時間變永恆；一切幾乎不會變動。曠野裡的生活步調，是按照希臘人所謂的「主觀的時間」（kairos time）進行，它的流逝或許比較慢，但永遠能帶來更豐富的內涵。同步時間是一刻接著一刻發生，但主觀的時間是質性的，適時或是尚未成熟、豐富或是無聊、振奮或是平淡——精采的時刻或是虛度的時刻。當你在曠野待上數週之後，你會開始以主觀的時間感來生活。在曠野中與自己親密對話的靈魂，過的也是主觀的時間——緩慢且寧靜，卻濃密且扎實，就像紅木的成長。

曠野生活的精實感使你能夠更親近自己。有時候會讓痛苦浮現，包括過去的失敗與悲傷形成的辛辣記憶，還有父母和祖父母造成的傷口，還有你為了反抗那些傷口做出的不良行徑：忍不住要發飆，或是極度害怕被拋棄，或是一遇到壓力就沉默和退縮的習性。

「你的痛苦很深沉，且不會輕易離去。」盧雲還說。「但那些痛苦也是你獨有的，因為它與你最早的人生經驗有關。你的使命是把那些痛苦帶回家。只要成年的你一直否認那些傷痛存在，你的痛苦就會不斷傷害你，還有你周遭的人。」俗諺說，沒有經過轉化的苦痛，會傳遞給他人。

傾聽你的生命

置身於曠野的人，會學習接受並重新審視自己的生命。「若要我為我曾說過的話做個精簡的總結，不論是以小說家或傳教士的身分所說的話，我的結論會是：傾聽你的生命。」布赫納（Frederick Buechner）寫道。「看見它深不可測的神祕本質。不論是無聊和痛苦，或是興奮和歡喜：用你的五官摸索出生命神聖隱藏的核心，因為歸根究柢，所有的時刻都是關鍵時刻，生命本身就是恩典。」

教育家巴默爾（Parker Palmer）呼應了這個主題：「在我二十出頭的時候，人生陷入一片黑暗，我以為我的失敗是絕無僅有，且無藥可救，當時我還沒有意識到，其實我只是踏上了人類共同的旅程。」

對巴默爾而言，重點在於傾聽。「試圖過著和別人一樣的人生，或是依循沒有意義的規範而生活，是注定要失敗的，甚至會造成巨大的傷害。」你無法透過掌控的舉動找到你的志業。「志業並非來自意願，而是來自傾聽。我必須傾聽我的生命想告訴我的事，並試著去了解它的目的，那和我自己一廂情願的希望生命會如何發展大不相同。」

我有個朋友名叫魏納（Pete Wehner），他是個很棒的傾聽者。當我向他敘述某個問題後，他會問我幾個問題。當他問了四、五個問題後，我會期待他開始提供他的意見和建議。但令我意外的是，他會繼續追問六或八個問題，最後才會提供建議或忠告。真正的傾聽，不論對象是別人還是自己，都需要提出比預期更多的問題，到達巨細靡遺的程度。

傾聽生命要告訴我們的事，需要發揮耐心。多數人往往急著採取評判的態度，來面對人生中大多數的事物。當我們遇到事情時，我們天生傾向立刻做出判斷。問題是，一旦為某件事、甚至是自己定了調，就再也看不見它的完整面貌。曠野教導我們否定的能力，停留在不確定的狀態、不急著做出結論的能力。

傾聽生命要告訴我們的事，需要不斷提出問題。到目前為止，我有哪些部分做得很好？哪些做得不好？如果沒有得到回報或獎賞，我會怎麼做？我會戴上別人期待我戴的面具，或是我認為別人希望我戴的面具嗎？

當你置身曠野，更好版本的自己往往會浮現。「當我進入曠野冒險，我意外的發現，我非常享受獨處的感覺。」連恩寫道。「和我一同旅行的夥伴一點也不擔心自己的表現好不好，他脫下他想讓別人看見的美好形象。在貝爾山頂的針櫟樹蔭下，我在日記本上率性的書寫。我開心得像隻雲雀。當我獨自在曠野中，我想成為最真實的自己。」這只是重要啟示的開端。

「我們的內心深處藏著心理學家告誡我們的暴力和恐懼，」作家迪勒在《教石頭說話》（*Teaching a Stone to Talk*）中寫道，「但是如果你騎著這些怪獸向深處去，如果你和牠們一同越過世界的盡頭，你會發現科學無法定位或命名的基底、讓一切浮上表面的海洋或母體，或是以太，它賦予良善為善的力量，賦予邪惡為惡的力量，一個統一場域：我們複雜且莫名的對彼此的關懷。」

這是本書的轉折點。多數人在生活表層建造了堅硬的保護殼，藉此掩蓋恐懼和不安全感，以贏得肯定和成功。當你進到自己的核心，你會發現一個更原始的國度，裡面有想要關懷和連結的深切渴望。你可以把這個你內心深處的核心稱作神聖世界或基底。那是你的心與靈棲息的地方。

我的好友考克斯（Catherine Bly Cox），在她第一個女兒出生後對我說：「我發現我對我女兒的愛遠遠超出母愛。」我很喜歡這個感想，因為它直指一個更深入的層面。有些東西驅使我們追求物質享樂，有些演化力量驅動我們繁衍後代，讓基因延續下去。有些生命的層次屬於經濟、政治和演化心理學的範疇。但這些層面無法說明沙特爾大教堂或是〈歡樂頌〉的動人之處，也無法解釋監獄裡的曼德拉、戰情室裡的林肯，或是媽媽抱著寶寶的心情。它無法解釋每個人都感受過的強烈且完整的愛。

我們在曠野就是為了觸及這個層次，它將會驅策我們登上第二座山。當你觸及這些更深的源頭，你會開始把自我視為你的僕人，而不再是你的主人。多年來，你的自我一直希望你成為某一種人，也就是盧雲所謂的「自我理想」，以便贏得最多人的認可。自我希望你追求某個讓你看起來聰明、有吸引力且令人稱羨的角色。為了迎合那個自我理想，你很可能已經花了很多時間在這上面。

賀里斯說：「你的自我喜歡確定，不喜歡不確定；喜歡可預測的事，不喜歡意料之外的事；喜歡清楚，不喜歡模糊。你的自我總是希望你摀住耳朵，不要聽見你內心的輕聲低語。」李・哈迪（Lee Hardy）說，自我希望你選擇某種職業與人生，以便施展魔法，讓眾人對你產生好印象。

在這個深刻的層次，你察覺到一種不同的人生，那是你的自我無法理解的人生。你的內心有個東西察覺到C・S・路易斯所說的：「我們沒聞過的花香，沒聽過的回聲，從未造訪過的國家捎來的消息。」

我們處於宣告拋棄行動的第一階段——擺脫舊的自我，讓新的自我誕生。在這個時候，你才明白你遠比你的自我理想更美好。在這個時候，你才真正發現了心與靈。

06 心與靈

不久前，我在書中讀到一段文字，講到有個人買了一棟房子，這房子的車道附近有一叢竹子。他不想留這些竹子，於是把竹子砍倒，把根斬斷，還把根剁成碎片。他向下深挖了好幾英尺，盡可能把根清除乾淨，並在殘根上潑灑除草劑。他用碎石子把洞填滿，為了保險起見，還在上面鋪了一層水泥。兩年後，他發現，有一株小小的竹子綠苗穿過水泥，探出頭來。那棵竹子不受壓抑，無法止住向上生長的動力。

人的內在也有類似的東西，那就是渴望。我們的文化經常教導我們，人類是會思考的動物。有時候，學校和公司把我們當成只有分析性頭腦的生物。但是當我們置身谷底，會對自己的本性和真正需要的東西，有更真實、更深刻的看法。置身谷底時，我們對於什麼是生命中最重要的事的看法，也隨之轉變。我們開始意識到，理性思考的頭腦其實是意識中第三重要的部分。而最重要的部分是我們充滿渴望的心。

奧古斯丁派學者史密斯（James K. A. Smith）寫道：「人類生性一直在動，不斷在追求一些事物。我們就像是存在主義鯊魚：我們必須一直動，才能活命。」我們的內在深處不斷有渴望湧出。我們的渴望，而不是我們知道的事物，定義了我們。

看看在學校裡玩耍的孩子吧。他們用盡了全身的力氣唱歌、跳舞，他們全神貫注，想把每件事做對。他們體內有一股生猛的生命力，夢想成為明星、想討老師的歡心、想改變世界，或只是單純想當個很棒的人。

這個世界可能會不斷壓抑這些孩子的渴望，但是這些綠芽仍然會頑強的向上頂。殘酷的大人和破碎的關係會盡一切可能折斷這些綠芽，無聊的課業會讓他們的心智變得呆滯，貧困會讓他們餓肚子。但即使是成長環境最惡劣的孩子，有九成的孩子心中的綠芽依然存在，不斷渴求、夢想、向上挺進。

情感是我們的嚮導。我們的情感會賦予事物價值，並告訴我們什麼東西值得追求。熱情並不是理性的相反；它是理性的基底，而且通常蘊藏著分析性大腦無法推演出的智慧。我們內心最大的渴望，是讓自己因為某個事物或某個人達到忘我的境界，這也是所有的愛的基底。試想一下：你看過的所有電影，主題幾乎都是關於主角經歷了與某個東西合而為一、為它奉獻生命的強烈感受，那個東西可能是使命、理念、家庭、國家，或是摯愛的人。例如在「北非諜影」中，主角瑞克原本有顆冷漠的心，但愛喚醒了他的心。在電影的最後，他又變成了一個完整的人，全心投入生命，內心充滿使命和渴望。

人類最深的渴望，是和我們所愛的人合而為一，形成「我和你」的羈絆。整個人全心全意的臣服，純然的結合，超越恐懼的親密關係。貝尼雷在《柯雷利上尉的曼陀鈴》（*Captain Corelli's Mandolin*，電影「戰地情人」原著小說），描述了心的旅程最後也最美的一站。一個老人對女兒談到他對亡妻的愛，他說：「當戀愛的感覺燃燒殆盡，就只剩下愛，這是一門藝術，也是個幸運的意外。你的母親和我擁有過這種愛。我們的根在地底下朝著對方生長，當所有美麗的花朵從我們的枝幹掉落後，我們發現，我們已經變成一棵樹，不再是兩棵樹。」

這就是獲得滿足的心。

靈魂

意識的另一個更重要部分是靈魂。我並不是要你相信或不信神。我是個作家，不是傳教士，這不屬於我的領域。但我希望你能相信，你有靈魂。你的意識有某個部分是沒有形狀、大小、重量或是顏色的。

這個部分的你，具有無窮的價值和尊嚴。這種尊嚴不會隨著年紀增加或減少，也不會根據你的個頭和力量大小而變大或變小。富有和成功的人所擁有的尊嚴，不會比貧困或是沒那麼成功的人還多或少。

靈魂是你的意識中擁有道德價值和承擔道德責任的部分。河流對自己的流向沒有道德上的責任，老虎對於牠吃掉的獵物也沒有道德上的責任。但由於你擁有靈魂，所以你對於你所做與沒做的事，都有道德責任。哲學家哈里森（Gerald K. Harrison）說，因為你的內在有這個本質，所以你的行動不是被讚美，就是被責備。因為你的內在存有道德責任，別人會根據你的為人、你的思想，以及你的行動來評斷你。

由於每個人都有靈魂，因此每個人都必須以某種程度的尊重和善意對待他人。由於每個人都有靈魂，因此當尊嚴遭到侮辱、忽視或抹煞，我們自然而然會感到憤慨。奴役他人之所以是錯誤的，是因為它侮辱了人類靈魂的基本尊嚴。強暴不只是攻擊某個物理分子的集合體，它是對人類靈魂的侮辱，也是令人髮指的事。哲學家史克魯頓（Roger Scruton）教導我們，掩蓋另一個人的靈魂的事，都是令人髮指的事。

靈魂是你的道德意識和倫理觀的苗床。C．S．路易斯觀察到，從來沒有一個國家的人，會因為在戰場臨陣脫逃，或是因為矇騙對自己好的人，而受到仰慕。我們似乎受到道德情操的吸引，就像動物受到磁場的指引一樣。它是我們本性的一部分。「有兩樣東西會使我們的讚嘆與敬畏與日俱增，我們花愈多心思反思，答案就愈清楚：天上的繁星和我們內在的道德法則。」康德如是說。

一般來說，靈魂的工作是不斷渴望。若心的渴望是與某個人或理念合而為一，那麼靈魂的渴望就是正直，與善合而為一。蘇格拉底說，生命的目的是使我們的靈魂變得完美——實踐靈魂渴望的善。我所見過的每個人，都希望擁有良善和有意義的人生。感受不到人生目的和意義的人，常常會感到孤寂。就連罪犯與反社會人格者，也會將他們的惡行合理化成好事，或至少是可以被原諒的事，因為沒有人能忍受當個徹頭徹尾的壞人。

我們都有靈魂，因此我們的內心會不時上演道德劇，有時我們會意識到這個情況，有時不會。當我們做了好事，我們會覺得心情為之一振，當我們做了壞事，我們會試圖找出這些行為的道德正當性。史坦貝克在《伊甸園東》描述得很好：

人類被善與惡的網子包住，不論是生活、思緒、飢渴與抱負、貪婪與殘酷，以及良善與寬厚。我認為這是我們唯一的故事，而它發生在理性與感性的所有層面。美德與罪惡是我們第一意識的經緯，也將成為最後意識的肌理……生命的塵土與碎屑被拂去之後，人類只剩下一個嚴肅而清楚的問題：我的人生是善還是惡？我做得好嗎？還是做得不好？

當你觀察世界歷史或最近的時事，你會發現，許多事件之所以發生，是出於我們想要擁有道德正當性的需求、想要當個正直的人並關懷他人的需求，以及我們想把罪責推給別人以取得道德優越感的需求（這是非常令人遺憾的事）。道德驅動力可以解釋這世上為何會有良善，但是當它因為想要追求道德優越感的欲望而遭到扭曲時，就會驅使罪惡發生。

靈魂有個奇異的特性，它雖然擁有強大的力量與韌性，但同時喜歡隱匿蹤跡。你可以生活多年而沒有真正覺察到它的渴求。你享受著人生的樂趣，拓展事業，年復一年過著無憂無慮的日子，而你的靈魂在遠處觀望。

但終究有一天，它會找上門來。它就像是藏匿在深山樹林中的花豹。有很長一段時間，你或許會忘了它的存在。你忙著處理生活中的日常活動，而花豹在遠遠的山上。但你時不時會從眼角瞥見那隻在遠處的花豹，躍過樹叢，緊緊跟隨著你。

偶爾，在你得閒的某些時刻，你會隱約或明確的覺察它的存在。那種感覺可能會令你非常痛苦，在某個失眠的夜裡，當你的思緒像詩人描繪的「像是裝滿了刀子的抽屜」。你的靈魂感到煩憂，使你睡不著覺。

那隻花豹也可能在你與親朋好友歡聚的時刻來訪——在某個完美的夏日週末，你坐在野餐桌的這頭看著孩子的笑顏，心頭湧現無限感恩。在那些時刻，你覺得你必須做些什麼，才有資格享有如此這般的幸福，而你的靈魂承載了盈滿的喜樂。

然後，人生中會出現這樣的時刻，或許在你接近中年或老年的時候，那隻花豹從山丘上跑下來，坐在你的門框裡。牠盯著你看，你無處可逃。牠要求你提出你的正當性。你行了哪些善？你為何來到人世間？你把自己變成了哪一種人？在那一刻，你無法用藉口搪塞過去。每個人都得摘下面具。

幸運的墜落

當你在谷底，若你夠幸運，你會學會將自己視為一個完整的人。你會明白，你擁有的不只是想讓世界刮目相看的腦袋和天賦，還有心與靈，而且心與靈才是你最重要的部分。現在，你為自己的餘生所做的每件事，都可能只是在證明這個事實。

當你問人，是什麼體驗使他們變成現在的模樣，他們絕對不會說：「我其實是個膚淺而且自私的混蛋，直到我在夏威夷度過了一個神奇的假期，才變了一個人。」大家通常談到的是自己受苦、掙扎的時刻。記者蒙格瑞奇（Malcolm Muggeridge）說得很直白，或許有點太直白了：「說實話，我這七十五年來學到的每一件事，能夠真正彰顯與啟發我活在世上的意義的每一件事，都是從痛苦中學到的，而不是從幸福學來的，不論是出於主動或是被動。」

轉化之所以會發生在谷底，是因為一直以來相當有用且令人愉快的某個東西必須先死去，那個東西就是自我意識，我們在第一座山上為自己建構的那個令人稱羨且理性的生存之道。世人發展出這個自我意識，是為了完成自己在第一座山的任務：在這個世界出人頭地、找到一份工作、留下印記、建立身分認同。但我們的內在有個更深層的自己，如果自我意識不消失，我們就看不見那個部分的自己。

霍桑是透過幾乎讓他送命的一場大病，才擺脫自我理想的糾纏。「我生的病是連結兩種存在方式的通道，」他寫道，「那是一條又低又矮且一片漆黑的通道，我用四肢爬過那個通道，才拋開了被守舊的因襲主義主宰的人生，進入一個自由的世界。就這點來說，那就像是死了一次。其實能死過一次也挺好的。否則，我就無法擺脫愚蠢、浮誇、偏見、舊習，以及其他世俗的塵埃，那些塵埃不可避免的落在沿著寬廣公路前行的群眾身上。」

唯有舊的自己鬆手，我們的心與靈才有機會接管全局。舊的渴望被拋棄，更大的渴望就此成形。臨床心理學家馬妮菲（Daphne de Marneffe）認為這個變化「向內深化，向外開展」。當你進入你的內心深處，你會發現那裡有熱烈的想望，唯有當你付出愛與服務他人，你才能滿足那些想望。詩人里爾克說：「然後我才明白，我的心中還有一個永恆廣闊的第二人生。」

自我意識退位，心與靈掌控全局之後，人就準備好要展開第二座山的人生了。只不過，他們並不是將這個過程描述為向上爬，大多數人將它視為一種墜落。他們放下了某些東西，然後向下墜落，而且大多數人需要靠大地震把我們推入那個幸運的墜落。我們此時的工作是被某個至高無上的東西征服，那就是相信生命，臣服於召喚，那召喚會接住向下墜落的我們，並為我們指引一條道路。

你不需要掌控什麼，也不需要讓全世界的人驚豔。你已經具備你在第一座山獲得的技能，以及在谷底學得的智慧，現在是冒險的時候了。「播種的時候已經結束；現在是收割的時候了。」神學家巴特（Karl Barth）寫道。「跑步已經結束；現在跳躍的時候到了。準備已經完成；現在是大顯身手的時候了。」

一八四九年，年紀輕輕的杜斯妥也夫斯基在同一個時間體驗了谷底和重生的滋味。他和一群革命分子被關在聖彼得堡的監獄裡，他們全都是死囚。他們身穿壽衣，行軍進入廣場。行刑隊就定位，鼓聲響起。死亡即將降臨。就在那一刻，按照預先安排好的計畫，一位信使策馬疾馳抵達現場。沙皇出於仁慈暫緩了行刑，但原本的刑罰並沒有免除，他們還要服苦役。

有個人放聲大哭，高喊「沙皇萬歲！」另一個人嚇得當場發瘋。杜斯妥也夫斯基被帶回牢房，心頭突然湧現一股喜悅之情。「在我的記憶裡，我從來不曾如此快樂，」他回憶道，「我走回我的牢房……一路唱著歌，放開了嗓門的唱，能撿回一條命我實在太高興了！」

他立刻寫了一封信給他的哥哥：「直到此時，我才知道我有多愛你，我親愛的哥哥！」從前令他煩憂的小問題全都消失了。「當我回顧過去的人生，一想到我浪費了多少時間在毫無意義的事情上，有多少時間因為徒勞無功的事、罪過、懶散、不曾好好活著而流失了，以及我多麼不珍惜時間，我犯了多少心與靈的罪，這一切令我心痛不已。」

他覺得自己獲得了一條新的生命。「從來不曾有如此豐沛且健康的靈性生命，在我體內沸騰著……我的人生將從此不同，我將以新的形式重生……生命是個禮物。生命就是幸福，每一分每一秒都可能是幸福的永恆時刻……生命無所不在，生命就在我們體內，無須外求。」

我們大多數人不會像杜斯妥也夫斯基一樣，行軍到行刑隊面前，然後突然獲得赦免。多數人是透過一個又一個受苦時期，通常是在曠野中，逐漸明白杜斯妥也夫斯基領悟到的事。那個領悟就是，我們以為最重要的事——成就、肯定、聰明才智，其實並不是那麼重要，而我們過去不重視的心與靈，才是最重要的東西。

或許有些人可以在累積成功的過程中，或是因為得到真愛，而學到這些教訓。但多數人經歷的過程並不是如此：我們都會經歷一段追逐膚淺事物的階段，但卻一直無法感到滿足。然後我們會遇到困境，使我們看見了自己的心與靈。心與靈教導我們，不能靠自己的力量獲得我們最渴望的東西。唯有透過服務，才能獲得滿足和喜樂。直到那個時候，才能真正擁有愛人的能力。直到那個時候，才能展開人生的第二段旅程。

07 做出承諾的人生

開始爬第二座山的人，默不作聲的向這個時代「我可以自由做自己」的主流文化宣戰。如果你還記得，這個崇尚個人主義的文化，其實是對一九五〇年代令人窒息的文化的反叛，當時的文化一味要求世人遵從體制。因此，第二座山的道德觀，其實是向叛逆宣戰。

個人主義表示，追求個人的幸福吧，但在第二座山的人說，不，我要追求的是意義和遵循道德的喜樂。個人主義表示，頌揚獨立吧，但第二座山的英雄說，我要頌揚的是相互依存；我要把握每一個機會，去依賴我關心的人、並讓我關心的人依賴我。個人主義讚揚自主權；第二座山讚揚人際關係。個人主義使用積極主動的語言——說教、取得掌控權，它絕不使用被動的語言。但第二座山的叛逆尋求的是傾聽與回應，以親密對話的語言展開溝通。

個人主義在被事業選擇和世俗成就主宰的務實世界如魚得水。第二座山的道德觀說，不對，這是個令人目眩神迷的世界，這裡有無數道德和情感的戲碼上演。個人主義的主張和假設是自利（self-interest）。第二座山的道德觀說，聚焦於私人利益的世界觀，無法涵蓋人類生命的所有面向；我們可以出於愛，做出自利的人無法理解的崇高行為，我們也有能力做出自利無法解釋的殘忍行為。個人主義說，人活著就是為了不斷的買東西和賣東西。但你說，不對，人活著是為了付出。人性最良善的一面就是餽贈禮物。

個人主義者說，你必須先愛自己，才有能力愛別人。但第二座山的道德觀說，你必須先被愛，才能懂得愛；你必須看見自己主動去愛別人，你才會知道自己值得被愛。第一座山的人做出個人的選擇，並對所有的選項保持開放的態度。第二座山是做出允諾的地方，這裡的人要做出承諾、定下來，以及奉獻自己，還要放下自我，並做出承諾，就像《聖經》裡媳婦路得對婆婆拿俄米的承諾：「你往哪裡去，我也往那裡去；你在哪裡過夜，我也在那裡過夜。你的國就是我的國，你的神就是我的神。你在哪裡死，我也在那裡死，也葬在那裡。」

我曾在前言提到，我們多數人會在一生當中做出四個重大的承諾：志業、配偶與家人、人生觀或信仰，以及社群。我們通常把這四個承諾視為不同的四件事。選擇婚姻伴侶似乎和選擇人生觀或信仰不同。只有婚姻涉及正式的儀式與交換誓言。但做出這四個承諾的過程其實很相似：都需要發誓奉獻自己、投入時間和精力、願意放棄其他的選項，以及放膽躍下比表面上看起來更陡峭、更顛簸的滑雪坡道。

我們為什麼願意做出承諾？起點是你的心和靈受到了感動。你愛上某個東西——某個人、某個理念，或是某個觀念。假如你的愛夠深，你就願意把大部分的人生奉獻給這個對象。

對大多數人來說，這種愛是慢慢浮現的。我們需要先花點時間弄清楚，這個人或理念是否值得我們投入忠誠、照料和熱情。我們在心的周圍打造了好幾扇門，一次只讓某個人或某個理念進入其中一扇門。假如你願意為你上的大學、夏令營或你的家鄉奉獻一生，你很可能要先在那個地方住上一段時間，讓那個地方在你的心裡生根，使那份愛變得又深又穩固。

我談過幾次戀愛，每次都是先和對方當了很久的朋友，才進入戀愛關係。或許是因為這個緣故，一見鍾情的故事總是令我非常著迷。在一二七四年的佛羅倫斯，少年但丁遇見了名叫碧翠絲的少女，對她一見傾心。他寫下了一段接近解剖學的動人文字，刻劃了一個人臣服於愛的心境：

住在心中密室裡的心靈開始不斷顫抖，它顫抖得如此厲害，我可以感受到它的痛苦，它對我說：「一個比我的力量更強大的神出現了，祂即將主宰我。」在那一刻，掌管所有感官之靈的本性之靈深深震動，它對視靈說：「你的福報出現了。」在那一刻，受到所有養分滋養的本性之靈開始哭泣，悲嘆道：「從此刻起，我將深受痛苦的折磨！」

對碧翠絲一見鍾情的但丁立刻知道，這個主宰他的熾熱戀情會為他帶來多少煩憂。但他仍然義無反顧的投入這段戀情。這種愛的對象可能是某個人，也可能是某個政治理念，或是某個觀念，或是神。這種愛會以出乎意料的方式改變一切，並製造許多困擾。

一旦陷入熱戀，並承認那份愛，靈魂會產生一股強烈的衝動，想對那份愛做出允諾。一旦愛上某個人，我們會很想衝動的說：「我會永遠愛你。」這是因為愛的本質就是奉獻。希爾德布蘭夫婦（Dietrich and Alice von Hildebrand）曾寫道：「若有一個男人說：『我現在愛你，但我不知道這份愛能維持多久。』那不是真正的愛，他甚至沒有覺察到愛的本質是什麼。忠誠是愛的重要本質，每個人，至少是陷入熱戀的人，必須至死不渝的奉獻。這適用於每一種愛，包括父母對子女的愛、子女對父母的愛、朋友之間的愛，以及對配偶的愛。愈深的愛就愈忠貞。」

承諾是我們出於愛而做的允諾。承諾是允諾去做一件事，而且不求回報，純粹出於愛。美滿的婚姻、對政治理念的承諾，或是製作音樂，或許可以帶來心靈上的回報，但那並不是我們這麼做的原因。若你把一對真正相愛的夫婦拉到一邊，對他們說，他們兩人並不相配，所以他們應該放棄這段婚姻。你說服他們的成功機率微乎其微。他們寧可在患難中互相陪伴，也不願在安穩中獨自度日。

堅定的承諾幾乎會讓你覺得自己別無選擇，那是因為某個人、某個理念、某個研究領域已經成為你身分認同的一部分。你已經來到雙重否定的階段。「我不做不行。」在某個時間點，你意識到：我是音樂人。我是猶太人。我是科學家。我是海軍陸戰隊隊員。我是美國人。我愛她。我是他的摯愛。

就這點來說，承諾與契約不同。訂契約的人會衡量利弊得失。進入契約關係的人並不會改變自己，只是找到了符合自己當下利益的某個約定。反過來說，承諾會改變你的為人，或是將你融入一段新的關係裡。你不再只是個男人或女人，你們是夫婦。你不再只是個成人，你是一位老師或護理師。薩克斯拉比（Jonathan Sacks）為我們釐清了其中的差別：「契約是一種交易。盟約是一種關係。或是換個說法：契約的重點在於利益。盟約的重點在於身分認同；它指的是你和我聚在一起形成了『我們』。因此，契約令人獲益，盟約使人轉化。」

給出承諾的人以言語允諾對方，並把一部分的自己交給對方。「承諾」（commitment）一詞源自拉丁文mittere，意思是「發送」。做出承諾的人把自己送出去，賦予對方某種權利。他創造了一個更高層次的存在。當你進入婚姻關係，你的財產仍然是你的，但它不只屬於你，同時也屬於你的配偶。或者更恰當的說法是，它屬於你和你的配偶共同創造的結合體——一個更高層次的新東西。

承諾充滿了熱情與愛，並且會改變身分認同，但承諾的定義不只如此。當然，承諾不只是愛與允諾，它是在法律規範下的愛與允諾。在兌現承諾的過程中，雙方都明白感覺隨時可能改變，於是他們將未來的自己與某個特定的義務綁在一起。一對夫妻雖然彼此相愛，但他們仍然會把自己和法律上的公開承諾、而且通常和宗教有關的婚姻承諾綁在一起，以便將來雙方吵架的時候，可以藉此約束自己。有好奇心的人或許會選擇看書來滿足求知欲，但他們也可能決定去上大學，確保自己至少用幾年的時間，遵照嚴謹的課程安排在某個領域鑽研。重視靈性的人或許會體驗到超越經驗，但他們也明白，對大多數人來說，唯有當靈性實踐在制度化宗教形成的（令人抓狂的）社群中，它才能持久且深化。宗教把神的愛融入節日、故事、慣例和儀式中，並把這些做法變成穩固且持久的存在。沃爾普拉比（David Wolpe）寫道：「靈性是一種情感；宗教是一種義務。靈性可以撫慰我們；宗教使我們採取行動。靈性自給自足；宗教對這個世界感到不滿意。」

因此，承諾最完整的定義是：愛上某樣事物，並在它的周圍建立行為結構，以便在這份愛出現狀況時做出因應。正統派猶太人愛他們的神，但他們仍然實行潔食（kosher）規定，以避免逾矩。不過，我們也不必太死板。做出承諾的人攬在自己身上的枷鎖，並不會令他們感到痛苦，多數時候他們甘之如飴。我的第一個孩子出生時，一位朋友寫了封 email 給我：「歡迎來到躲不掉的現實世界。」工作截止日可以耽誤，社交活動也可以延期，但如果你的孩子要喝奶，或是你必須去巴士站接他回家，你就活在躲不掉的現實裡。父母總愛抱怨養育子女的重擔苦不堪言，但你什麼時候遇過後悔生了小孩的父母？情感濃密的人生是靠承諾和義務打造出來的。充實的人生就是從開放選項走向甜蜜負擔的過程。

承諾可以給我們什麼

承諾雖然出自付出的精神，其實也可以帶給我們許多益處。以下列出幾點：

承諾給我們身分認同：我們向初次見面的人介紹自己時，往往會以我們的承諾為話題。而我們一聊起這個話題，眼睛就會閃閃發亮。我們的人生因為這些承諾，而變得堅定且一貫。如同漢娜．鄂蘭所說：「若是沒有兌現承諾的約束，我們就永遠無法創造一定程度的身分認同與連貫性，形成所謂的有故事的『人』；每個人終將帶著孤獨的心，漫無目的的遊蕩，在黑暗中找不到方向，總是陷入情緒的波動、矛盾與模糊性之中。」身分認同不會單獨形成，它總是和某個東西同時形成。

承諾為我們的人生帶來意義：二〇〇七年，蓋洛普在全球進行調查，問眾人是否覺得自己過著有意義的人生。結果發現，賴比瑞亞大多數的人民覺得自己的人生具有意義，而人生意義感最低的國家是荷蘭。這並非因為賴比瑞亞人的生活比較輕鬆愉快，事實恰好相反。但賴比瑞亞人具有社會學家弗羅斯（Paul Froese）所說的「存在緊迫性」（existential urgency）。動盪不安的生活使他們被迫要對彼此做出攸關生死的承諾，只為了活下去。他們願意為彼此的生死冒險。這種攸關生死的承諾為他們的生命注入意義。這是養尊處優的吊詭之處。生活富足時，我們只想追求短暫的享樂，但這種生活卻把人與人之間的距離愈拉愈遠。我們用大筆財富買下有大院子的大房子，結果卻使人的隔閡愈來愈大，覺得愈來愈孤獨。當處於危機中，人被迫要緊緊互相依靠，這種狀態反而滿足了人最深的需求。

承諾使我們邁向更高層次的自由：我們的文化對自由的定義是「沒有限制」。那是免於束縛的自由。但還有一種更高層次的自由，那就是選擇做某件事的自由。這是一種完整的能力，通常涉及約束與限制。假如你想真正興之所至、自由自在的彈奏鋼琴，你就必須把自己綁在鋼琴前，年復一年的苦練琴藝。你必須用美德約束自己，才不會淪為惡習的奴隸——想喝酒的欲望、想得到他人肯定的欲望、想整天賴在床上的欲望。

凱勒（Tim Keller）牧師說，真正的自由「並不是沒有約束，而是找到對的約束。」我們在無意識中對自由的定義，決定了大部分的人生是怎麼過的。在第二座山，你賦予自己的束縛將會賜予你自由。

承諾幫助我們培養道德品格：我的大兒子是難產出生的，離開母體時全身瘀青，亞培格量表分數很低，一出生立刻被送到加護病房。那真是令人煎熬的時刻。我還記得，在第一天的半夜，我心想，假如他只活了三十分鐘，而我和他的母親卻要因此悲傷一輩子，這樣值得嗎？沒有小孩之前，我可能會覺得當然不值得。一個只出生三十分鐘、還沒有意識的小生命，卻要兩個大人用一輩子的悲傷來交換，這怎麼會值得呢？這一點也不合算。然而，所有父母都願意這麼做。他出生後，我的想法改變了。立刻明白新生命無比尊貴，當然值得我們用悲傷來交換，即使那生命如此短暫。孩子一出世，你對他的承諾會自然湧現，那強烈的感受是你完全想像不到的。那承諾會使你開始自律的為他人服務。

父母愛上孩子時，那份愛會激發強大的能量，可以不眠不休照顧孩子。那份愛驅使他們對自己的摯愛立下誓言；父母會在心中起誓，只要孩子需要他，他永遠都在。要實踐那些誓言，必須做出某些犧牲；雖然很想自己一個人出去跑步，但父母會選擇推嬰兒車出去散步。經過一段時間之後，那些行為變成了習慣，而那些習慣形成了性情。到了孩子三歲時，把孩子的需求放在第一位，已經成為多數家長的第二天性。

慢慢的，持續的付出使你把自己很重要的某一部分，變得比從前更願意付出、更加與人為善，也更樂於行善。漸漸的，大愛取代了小愛：與其打高爾夫球，我寧可用週末陪我的孩子玩球。根據我的經驗，只有在把注意力放在更高尚的渴望，人才能夠扼止不好的欲望。當你為了兌現承諾全力以赴，利他和利己的區別會開始慢慢消失。當你為孩子付出時，會覺得你好像也是在為自己的某個部分付出。將為善的習慣變成性情的一部分，就是擁有好品格的意涵。

就這點來說，道德的形成並非個人的事，而是從關係衍生而來的。品格不是坐在家裡思考對和錯的區別，或是你的意志力有多強大，就能培養出來的。品格源自我們的承諾。如果你想在某人身上灌注品格，那就教他如何做承諾吧——孩童時期教他做短暫的承諾，青少年時期教他做短期的承諾，成年期教他做永久的承諾。承諾是形塑道德觀的學校。

當熾熱的承諾定義了你的人生，那就表示你已經在第二座山上了。

08 第二座山

凱西．弗萊契（Kathy Fletcher）和大衛．辛普森（David Simpson）有個兒子名叫森提，他在華盛頓特區就讀公立學校。他有個朋友名叫詹姆士，詹姆士有時會餓著肚子入眠。於是森提有時會邀請詹姆士到家裡過夜。詹姆士有個朋友，而那個朋友又有個朋友，以此類推。現在，假如你在任何一個星期四晚上到凱西和大衛的家，你會看到大約有二十六個孩子圍坐在餐桌一起吃飯。而且通常有四、五個孩子會住在凱西和大衛的家，或是住在附近鄰居的家。每年夏天，凱西和大衛會召集一個車隊，帶著四十個孩子出城去，到鱈魚角度假。

凱西和大衛一開始只是回應了周遭出現的需求，現在，他們已經成為一個不斷擴大的大家庭中的靈魂人物。

我與凱西和大衛有個共同的朋友，這位朋友在二〇一四年初邀請我到凱西和大衛的家吃晚餐。當我走進他們家時，有個又高又迷人的年輕人來迎接我，他名叫艾德，細細的髮辮垂落在他的臉上，半遮住他那雙充滿感情的眼睛。我伸出手想和他握手，但艾德說：「我們這裡的人不握手，我們用擁抱來打招呼。」我不是那種生性熱情、可以自然和陌生人擁抱的人，但從那時候開始，我也養成了和人擁抱的習慣，至今已經五年。

我們通常會在週四圍坐在餐桌旁一起吃飯，但事實上，我們聚集在這裡是為了撫慰更深的飢渴。菜色一直都是一樣的，辣雞肉配紫米飯。吃飯時不能用手機（凱西說「要活在此時此刻」）。飯吃到一半時，大家會開始輪流說一些自己覺得感恩的事、某些不為人知的私事，或是生活中所發生的事。我們經常為彼此慶祝——有人拿到普通教育發展證書（GED）、有人找到了工作，或是有人從美髮學校畢業了。大家也會聊到比較複雜的話題。有個十七歲女孩未婚懷孕。另一個年輕女性有腎衰竭的狀況，但低收入戶健康保險不補助腎臟移植的費用。有個年輕人宣布他是雙性戀者，另一個人承認自己有憂鬱症。有一天，有個新面孔出現在餐桌上，她二十一歲，她說打從十一歲起，她就不曾坐在餐桌前吃過飯了。

我們的對話大多是對彼此的肯定；大家的生活已經夠苦了，現在只想聽別人肯定自己的價值，以及確認自己被人愛、被人需要。我們通常只是輕鬆的說些笑話，然後一起哈哈大笑。孩子們會坐在椅子上唱歌。有一天，我帶我女兒一起去吃飯。當我們離開時，她對我說：「那是我這輩子去過最有溫情的地方。」

吃完飯後，我們會移動到鋼琴邊，某個人會開始彈奏愛黛兒的某一首歌，然後大家一起唱。不過在這裡，餐桌是親密人際關係的關鍵。我們透過這個工具和彼此搏感情、連結、做出承諾。我現在知道，絕對不要低估餐桌的威力。在那個舞台上，我們向彼此討愛和示愛，就像花朵總是面向著太陽一樣。「謝謝你看見了我心中的光。」有一天晚上，有位年輕女性對凱西這麼說。在華府工作的大人從那個迴避情感的世界逃到這裡，才得以脫下盔甲。在街頭流浪的孩子來到這裡，叫凱西和大衛「媽媽」和「爸爸」，凱西和大衛是他們選擇的父母。

圍繞著餐桌的孩子都經歷過典型的美國貧困創傷，有些人無家可歸，有些人不斷換寄養家庭。他們都遭遇過男性的虐待，有些是被父親或其他男性親屬虐待、拋棄或不當管教。但他們現在已經被愛包圍了。

有一天，創立「學校裡的社群」（Communities in Schools）的米利肯（Bill Millikan）來和我們一起吃晚餐。他已經七十多歲了。他說：「我在這個領域已經工作了五十年，我從來沒見過任何計畫扭轉任何人的人生，只有人與人的關係才能扭轉人生。」

那正是圍繞這張餐桌所發生的事。如果你是三十五歲以上的白人，你不會知道對二十五歲以下的黑人藝術家來說（包括詩人、畫家、DJ、歌手或是其他藝術家），華盛頓特區是個天堂。來這裡吃晚餐的孩子對這個地下藝術世界非常有共鳴。我們這些大人只需要當觀眾，欣賞他們展現才華就好。這些孩子送給我們的禮物，就是對社交距離的零容忍。

情感的火花點燃的過程是世上最神祕的東西。沒有人能真正解釋，某個社群裡洋溢著溫暖的愛，而另一個社群卻冷冰冰，這其中的化學作用是怎麼回事。但在這個社群裡，我們每個人都產生了神奇的轉化。大衛辭掉了工作，現在全職打點這些孩子的事情。凱西忙著跑遍全美國，策劃藝術計畫，但她經常回家，而且還有另一個全職志業在等著她。

多年來，大人一直告訴這些孩子，他們可以去上大學。於是當他們年紀到了，跑去告訴凱西和大衛，說已經申請到學校，現在換成我們這些大人要為學費傷腦筋了。凱西和大衛創立了一個非營利組織，叫作「全都是我們的孩子」（All Our Kids, AOK）。我們非常投入這個組織，向彼此伸出援手，這全都是因為凱西和大衛對需求做出了最單純的回應。凱西成長於一個天主教大家庭，因此她很習慣周遭有一大堆有愛心的大人。有人問她，要照顧這麼多年輕人，她是怎麼辦到的？她露出困惑的表情回答：「為什麼辦不到？」

你可以想像，凱西和大衛經常為了這些孩子疲於奔命。或許你現在同時要照顧兩、三個孩子，那麼請你想像一下，同時照顧四十個孩子是什麼情況。這個孩子把手機弄丟了，那個孩子的自行車撞爛了，有時候還會發生真正的危機。二〇一八年，凱西和大衛必須和時間賽跑，因為低收入戶健康保險拒絕支付腎臟移植的醫療費用。每個人都動員起來，設法讓保險公司改變決定，結果我們成功了。幸運的是，我們找到了一位器官捐贈者；大衛把一顆腎捐給了瑪德琳。

如此的盡心盡力終究是值得的。凱西和大衛現在被數十個孩子的愛緊緊圍繞著。他們有時候會自問，還有沒有其他更好的方式可以幫助這些孩子，但是他們從來不問自己，自己做的事情有沒有價值。因為他們知道答案。當你愛上了綺沙里、詹姆士、科雷可、塔魯克和沙亞之後，你就知道這個問題根本不成立。這些年輕人充滿了無限的深度和潛力。你別無選擇，只想好好把握與他們相處的機會。

對我來說，ＡＯＫ展現了第二座山的人生樣貌。那是一種為了愛、關懷與承諾而存在的人生。我們的文化所犯的大部分錯誤，要靠它來挽救。

織造者

由於我在亞斯本研究所的專案「織造：社會構造專案」的關係，我現在經常與像凱西和大衛這樣的人相處。這個專案背後的第一個理念是，社交孤立是許多社會問題的根源。第二個理念是，全美國有許多人打造了健康的社群，而我們要向這些人取經。

我們在全美國巡迴，遇見了許多正在重建社會資本與療癒他人生命的人。這些人無所不在，美國處處是療癒者。即使來到偏鄉，要找到三十五個完全符合這個模式的人，一點也不困難。

像是阿布奎基的巴克（Jade Bock），她在年幼失去了父親，現在她努力幫助其他孩子走過悲傷。還有住在休士頓的魯澤克，她主持了一個課後輔導計畫，每天花無數的時間陪孩子一起玩。她堅定的相信，和孩子玩的每分每秒，都是我們最沒有心機的時刻。她說：「我的人生支離破碎，我的生命裡需要有別人，我才活得下去。」還有在俄亥俄州東南部經營業餘拳擊練習場的瓊斯（Sam Jones）。他免費指導年輕人練習拳擊。表面上，他教的是拳擊技巧，但實際上，他教的是人生課題。

二〇一八一整年，我大概遇見了一千五百位像這樣的人。他們與凱西和大衛一樣，擁有一份對志業的確信，幾乎沒有例外。他們的收入少得可憐，而且常覺得被忽視；他們付出的關懷通常得不到我們社會的位階制度的承認。但他們能為別人的生命注入光亮，並感到喜樂，他們也明白自己來到世上的意義。「這份工作應該沒有退休的一天，」墨菲（Sharon Murphy）說，她在華盛頓主持解決難民居住問題的「瑪麗小屋」（Mary House）。「我熱愛我所做的事。這類工作是一種存在的方式。」

這聽起來似乎相當有利他精神。但別忘了，如同哲學家麥金泰爾指出，「利他主義」這個概念直到十八世紀才開始出現。當眾人認定人性的本質是自我中心與自私，那麼就同時必須發明一個詞，來描述那些不被私欲主宰的人。然而在十八世紀之前，我們所謂的利他主義（為人與人的關係而活），其實一直是人自然的生活方式，並沒有什麼值得稱道或特別了不起的地方。

第二座山有各種類型的人，這些人用堅定的承諾定義了他們的生命，他們遍布在商業、教育、藝術和軍隊等領域。不過由於「織造」的關係，我最熟悉的是非營利組織的人。他們跨越了個人主義與孤立的文化，他們的日常活動都與他們的人生終極目標有關。

和這些人相處是一種學習。我想要描述他們的樣貌，讓你感受一下第二座山的人生是什麼樣子，以及那裡的人有哪些共同的價值觀。

他們的山谷

我透過「織造」認識的人，大多都走過人生的谷底，有些人的谷底是辛酸的童年，有些人的則是出走體驗（walkout experience）。他們在一般的企業工作，但是那裡的文化和他們的道德本性相牴觸，於是他們決定出走。有個人原本在北卡羅來納州的ＩＢＭ擁有一份高薪工作，但他感受到一個召喚，要復興故鄉的文化，他的故鄉位於某個阿帕拉契小鎮。於是他回到家鄉開了一間私人釀酒廠和一家店，提供大家一個聚會場所。「我工作的單位很顯然有種族歧視的傾向，」一位北卡羅來納州的公務員說，「於是我當面質疑他們的做法。」她後來決定離職，展開她想過的新人生。

有些人在谷底的經歷極為悲慘。住在俄亥俄州的布魯克（Cara Brook）在三年內完成大學學業，但她畢業後，卻被診斷出一種罕見的癌症，全美國每年的罹病者少於十人。做了一年的化療之後，她決定要改變人生。她說，就像被大炮射上天空一樣。她決定要用僅剩的時間改變這個世界，於是她開始為了振興俄亥俄州的阿帕拉契地區進行募款。住在華盛頓的巴克斯特（Darius Baxter）九歲時，父親和一個脫衣舞者外遇，並被她設計殺害。巴克斯特曾在喬治城打過美式足球，現在，他為附近的鄰里成立了一個少年足球營，讓喪父的孩子有個成年男性陪伴他們成長。

住在俄亥俄州的莎拉．阿德金斯（Sarah Adkins）是個藥劑師。她和丈夫崔伊生了兩個男孩，山姆森和索羅門。但是近幾年來，崔伊的憂鬱症和焦慮症發作的頻率愈來愈高，他辭掉了工作，而且性情變得暴躁又執著。莎拉和崔伊努力克服這個狀況，並且尋求治療。崔伊的病情一度出現曙光。

而後，在二〇一〇年秋季的某個週末，莎拉和母親與妹妹一同出門旅行，那是她們早就計劃好的古董尋寶小旅行。兩個孩子當時分別是八歲和六歲。崔伊說他會帶兩個兒子去湖邊的朋友家玩。莎拉在週六打了幾通電話給崔伊，但他沒接電話，她以為他們出去遊船或是從事其他的活動。她在週日下午五點左右回到家，意外看到信件仍然散落在大門外的地板上，包括她為孩子買的玩具。她進門之後大喊：「媽咪回來囉！」但沒有人回應她。然後她發現有一張床墊靠在通往地下室的門上。她猜孩子們在和她玩捉迷藏，於是她帶著笑意走下樓梯。當她走到階梯的最底端時，她看到崔伊趴在一個櫃子上，接著看到躺在沙發上的山姆森，他身上布滿了深褐色的東西。她的腦袋一時之間轉不過來，不知道發生了什麼事。她觸摸山姆森的額頭，發現他的身體已經冰涼。她的腦海突然出現一個明亮的畫面，她看到了山姆森在天上和天父在一起。那畫面只持續了一秒鐘。她立刻跑上樓去找索羅門。他躺在他的床上。直到今天，她仍然無法談論她拉開被子後看到了什麼景象。索羅門也遭到射殺，身體已經冰冷。

莎拉打電話報警。「他殺了我的寶貝！我可愛的寶貝。他們死了！」她在電話裡哭著這麼說。接線員要她為兩個孩子做心肺復甦術，但莎拉告訴對方他們的身體已經冰冷。崔伊留下一張字條：「我要保護兩個孩子不受到混亂、可疑組織、罪惡、絕望、關係成癮（co-dependence）和不安全感的傷害。我要終結這個痛苦的循環。」

有數千人聲援莎拉。莎拉回父母家住了三個月，和他們睡同一張床。有人每天為她送餐，持續了六個月。莎拉花了很多年的時間才走出傷痛。她開玩笑說，她現在仍然活在危險邊緣。她的心思飄移不定。如果你和她相處，會看到至悲和至喜的不同表情在她的臉上閃過。她有輕微的狂躁跡象，彷彿一切都超出負荷，在失控邊緣。

她家被政府判定是生化危險區，她花了三萬五千美元才將房子清理乾淨。莎拉體會到，有些貧困女性面臨孩子遭到射殺或家裡發生暴力事件時，卻付不出喪葬費和其他費用的困境。她們必須自己把地毯上的血跡清洗乾淨。於是她創立了一個基金會，幫助婦女負擔喪葬和清潔費用。現在，她在俄亥俄大學與俄亥俄州立大學任教，也在一家提供免費醫療服務的診所工作，目前正在籌備另一家新的診所。遭遇到人生中最難以承受的苦痛，使人生從此轉向的例子不少，莎拉只是其中之一。

莎拉現在已經走出傷痛，心中充滿了服務他人的強烈渴望。

「這個經驗讓我成長，因為我很憤怒，」她說，「我決意要改變世界，藉此反擊他對我做的事。你看，我的人生沒有因為他而結束。我對他的回應就是：不論你想對我做什麼，去你的，我絕不會讓你得逞。」她的動機一方面出於對丈夫的反擊，一方面出於對眼前受苦的人的大愛。

道德動機

這是你會在第二座山上的人身上發現的事：動機的轉變。他們的欲望轉化了。如果你想稍微做個歸納，你可以說，人的欲望大致分為六個層次：

1. **物質滿足**：享受美食、好車、豪宅。
2. **自我滿足**：功成名就。贏得勝利和認可。
3. **智性滿足**：學習新事物，了解自己周遭的世界。
4. **世代傳承性**（generativity）：我們透過回報他人的恩惠和服務社群，所得到的滿足感。
5. **圓滿的愛**：付出和得到愛。靈魂結合的狂喜。
6. **超越**：知道自己遵循理想而活所帶給我們的感受。

社會科學和大部分的現代思維著重於前兩種欲望。我們往往認為自利（物質獲得和地位肯定）是人生的主要渴求，而服務他人只是可有可無的裝飾品。這是因為數百年來，我們的社會思考是由男性主導。在那些年代，男性負責在外面打拚，女性留在家裡照顧家庭。男人沒有看見他們終生研究的政經制度是靠什麼在支撐。但是當你實際環顧四周，父母照顧孩子、鄰居互相扶助、同事彼此協助、人與人在咖啡館相遇，你會發現，社會中的親切關懷一點也不罕見。它是社會的基底。

這些社群營造者主要是受到第四到第六層次的欲望所驅使——情感、靈性和道德動機：渴望與他人建立親密的關係、渴望改變世界、渴望喜歡自己。獲得歸屬感和寬厚待人的渴望，驅使他們向前。

他們展現了一種輕快的悲傷（bright sadness）。這個詞是我從方濟會修士羅爾（Richard Rohr）的傑作《踏上生命的第二旅程》看到的，那本書的主旨在於尋找中年以後人生的意義。羅爾說，當你服務那些需要幫助的人，你會近距離目睹痛苦和不公義的事。你愈接近智慧，看見愈多自己的陰影和別人的陰影，就越發明白我們多麼需要彼此。希望會與務實的覺察融合在一起。「人生的下半場會有一種莊嚴，」羅爾寫道，「但現在被一種更有深度的輕盈或是『還好』（okayness）提升了。熟齡歲月的特徵是輕快的悲傷和清醒的幸福，如果你覺得這句話還算有道理的話。」

我曾問過《紐約時報》的讀者，他們是否已經找到人生的目標。有數千名讀者回覆我，告訴我他們的個人經驗。其中一位讀者的回覆特別引起我的注意，他提到了羅爾對輕快悲傷與「還好」的概念。住在澳洲布里斯本的桑特（Greg Sunter）寫道：

四年前，與我結縭二十一年的太太因腦瘤過世。從確診到過世，時間不到半年。時間的短促令我震撼，但幾乎同樣震撼的是，這件事促使我進行的反思和心靈功課，所促成的個人成長與覺醒——太太的死帶給我的驚人個人成長，幾乎使我產生罪惡感。

巴默爾在《隱藏的整全》（*A Hidden Wholeness*）提到人的心碎有兩種：第一種是想像一顆心支離破碎，散落四處；第二種是想像一顆心被打開，生出新的能力，更能承受自己和全世界的苦痛與喜樂、絕望與希望。從我太太過世到現在，一顆心被打開的意象一直是我人生的動力，它成了我人生的目標。

我的朋友歐迪迪（Kennedy Odede）在肯亞長大。在他三歲時，最疼愛他的祖母因為被患有狂犬病的狗咬到而過世。他的繼父有酗酒的習慣，而且經常打他。他最好的朋友在八歲時死於瘧疾。他曾加入幫派、吸食強力膠和汽油、參與犯罪行為，有幾次險些送命。他被一位天主教神父收容，但遭到神父性侵。儘管如此，他是我所認識最快樂的人之一。

我曾問他，為何這些困境可以將他變得如此喜樂。他說，當他母親還在他身邊時，她給了他無條件的愛。歐迪迪在奈洛比的基貝拉貧民區創立了「社群的閃亮希望」（Shining Hope for Communities, SHOFCO），志在對抗都市貧困，並且設立一所女子學校。他告訴我：「SHOFCO拯救了我的人生，並且在最糟的事情發生時，讓我保持正向樂觀。它使我覺得自己不是一個被動的受害者，我有行動力和力量，可以去改變我的社群裡發生的事。我想，創立SHOFCO同時賦予我一股『ubuntu』（覺得與普遍人性連結）的力量。」貧民窟的生活雖然殘酷，但仍然透出了一道光亮。

這些人是某個地方的人（somewheres），而不是任何地方的人（anywheres），他們是當地人，而不是四海為家的人。他們會在某個地方扎根。海明格（Sarah Hemminger）在巴爾的摩創立了一個師徒計畫。她每天上班都會戴一條項鍊，墜飾上有一個巴爾的摩的地圖，因為她把熱情獻給了那塊土地。一開始，俄亥俄州的「揚斯敦菲爾古德」（Phil Good of Youngstown）是在城鎮廣場舉著「守護揚斯敦」的牌子，他致力於振興產業空洞化的家鄉。一位休士頓的教育家告訴我們：「我回到休士頓時，我對這個地方許下了承諾。休士頓是我成長的地方，我卻因為全球化而和這個地方失去了連結。」

他們通常是刺蝟，而不是狐狸。狐狸知道的事很多，而且能從不同觀點看世界。但刺蝟只知道一件事，並把全部的人生投注在上面。全心投入的社群織造者通常屬於後者。

他們承擔責任。在他們的成長過程中，有人灌輸給他們一些理想，關於負責的人生是什麼樣貌，以及他們應該做的事情是什麼。有些人走在路上只是走馬看花，但這些社群營造者看見的是一個個真實的人和他們的需求。他們自然而然的做出了回應。這些人如果不這麼做，他們就不再是自己。有位女性在華盛頓特區幫助受虐婦女，她告訴我們：「我做這件事，是因為我不把它當成是工作。我這麼做，是因為我的母親和祖母教導我，我們有責任回應他人的需求。」他們淡然的做這些事，就像一般人洗碗盤一樣自然。水槽裡如果有碗盤，當然要清洗。「我所做的事就像孩子的笑聲一樣單純平凡。」德蕾莎修女曾這麼說。

他們通常用「激進款待」（radical hospitality）來形容自己的人生觀，因為他們的目標是，沒有人應該被排除在他們的款待之外。一個在華盛頓某個青少年活動中心工作的年輕人對我們說：「一旦你意識到這些都是有血有肉的生命，你就必須冒著生命危險拯救這些生命。在生命面前，你無法轉身而去。」

因此他們深陷其中。就像凱西和大衛一樣，他們並不是向外尋找需要幫助的人，或是需要解決的問題，那些事自然而然就來到他們面前。在拉丁美洲青少年活動中心工作的培洛塔（Franklin Peralta）說：「我沒有選擇這份工作，是它選擇了我。」這句話是許多社群營造者都說過的話。

吊詭的是，當人在尋找自我，通常會有一種放下和臣服的感覺。你遇到了一個需要幫助的人。一開始，你只承諾盡量幫一點忙。一週一個小時，這沒什麼。但是當你認識了這些人，並開始關心他們，你就被承諾套牢了。然後，你會自動的去做該做的事。此時，你只是放下主導權。你不再自問，我要什麼？而開始問，生命要我做什麼？並做出回應。

「唯有當你深入某些東西，唯有當你受到吸引、感到興奮、開始感興趣、投入其中，生命才會有意義。」哲學家沃爾夫（Susan Wolf）寫道。請留意她所用的詞彙：「受到吸引」、「感到興奮」、「投入其中」。他們說的是某種更深層次的反應，而不是自己主動做出有意識的選擇。這就是這些社群營造者使用的詞彙。

史丹佛大學的寇比（Anne Colby）與戴蒙在《有些人真的在乎》（*Some Do Care*）一書中研究這類社群織造者，他們發現，做出奉獻自己的決定其實沒有牽涉太多道德反省，也沒有太多內心交戰，或是計算利弊得失。「相反的，我們看到了毫不猶豫的行動意願、拒絕恐懼和懷疑，以及單純的道德回應。風險被忽略了，後果也不列入考慮。」

幾年前，休士頓的古德森（Barbara Goodson）開始免費為街友剪髮。一開始，每個月只有幾個人來找她剪髮。接下來，她開始幫剛出獄的更生人和受虐婦女剪髮。很快的，她每個月要幫數百人剪頭髮。「我的動機是什麼？」她自問。「讓每個客人變得更有尊嚴。」

最近有個朋友告訴我，他在佛羅里達遇見一位交通導護。我的朋友站在街角，問那位導護是否在社群中從事任何志工工作。她回答：「沒有，我沒有時間。」但我的朋友發現，事實上她當時就是在小學外面擔任交通導護，保護孩子的安全。幾分鐘後，我朋友又發現，她晚一點要送餐點給生病的鄰居。她說的愈多，我的朋友就發現愈多她對別人的付出。但她完全不認為那是志工工作，那只是平常在做的事。

我們通常認為給予是在某些特殊場合才需要做的事，像是聖誕節和生日。但德國神學家潘霍華（Dietrich Bonhoeffer）認為，給予是人與人之間的主要關係，而不是次要關係。它是家人之間、朋友之間、同事之間、社群成員之間會做的事。它是把孤立與自我中心轉化成連結與關懷的基本渴望，一種透過給予而覺醒的人格。

當我和社群營造者相處時，常聽到「堅持」（abide）這個詞。他們用這個詞來指稱一種不誇大、不戲劇性的給予，只是年復一年的陪伴他人，用平凡或不那麼平凡的方式服務他人。這種給予為生活創造了一種穩定感，那是在生命的處境出現起伏跌宕時的自我延續。在《有些人真的在乎》中，寇比和戴蒙引述一位脫貧行動主義者的完美說法：「我也知道我是奮戰的一部分。我不是奮戰本身。我也不帶領奮戰。我只是在那裡。我在那裡已經很長一段時間，而且會一直待在那裡。我沒有不切實際的期待，因此我永遠不覺得累。」

深刻的關係

我所遇見的織造者極度重視關係。他們想與他人建立深刻的關係，一方面為了滿足他們對連結的渴望，一方面因為他們相信，改變是透過深化的關係而發生的。

他們為街友、貧困的人或是受創傷的人提供的服務，彌補了社會福利制度的不足。社會福利提供的是服務，而非關懷。這些制度將人視為「個案」或「客戶」。社會福利制度有存在的必要，因為它可以給予民眾財務上的安定與支持，但卻無法促成轉化性的改變。社群研究專家布洛克（Peter Block）說：「和任何一個弱勢者聊天，他通常會告訴你他曾享受過各種社會福利。他們確實得到很好的服務，但真正重要的問題是，他們生活有哪個部分產生了根本的改變。」

關係是改變的動力。回想一下對你影響最大的那個人。可能是父母、老師，或是人生導師。但不會是以數字指標呈現的明確且可衡量結果的組織，也不會是想創造可擴大施行的變革制度的人。影響你最深的那個人，做的只是一些本質為善的事，讓你覺得自己得到了解、關懷、信任，以及無條件的愛，他們從不擅自推想，這段關係將如何改變你的人生走向。

我的妻子安·史奈德（Anne Snyder）在《品格的結構》（*The Fabric of Character*）中，提到了鹽湖城的彼岸學院（the Other Side Academy）。這個組織收容重罪犯人，安排他們住在團體家屋（group home），並在一間搬家公司工作，讓他們在出獄後有機會扭轉人生。所有成員要定期聚會，參加所謂的「遊戲」——挑出彼此的道德瑕疵，連最小的失誤都不放過。創辦人說，當事實與愛同時存在，人與人的連結就會發生。沒有愛的事實是苛刻；沒有事實的愛是濫情。但如果你能以愛為前提，對某人直言不諱，那麼你就能建立互信關係。這裡的成員會監督彼此是否遵守組織規範，於是規範就此樹立。而這個社群則是透過以愛為出發點的究責織造而成。

織造者經常談到，起而行比坐而言更重要。他們常說自己是「搞定骯髒事」的人（Get Shit Done, GSD）。他們出版個人傳記，裡面講述的全是他們的行動。但他們也極度重視傾聽與對話。他們所做的事，有很大部分是創造一個空間，讓人可以在那裡進行深刻的對話。有一天，參與休士頓課後輔導計畫「家庭點」的一個十歲男孩拿了一張紙條給魯澤克，他說他在地上撿到了這張字條。字條上寫滿了言詞激烈的髒話，像是「賤人」、「混蛋」和「去你的」。魯澤克問他，這張憤怒的字條是誰寫的。他說他不知道。

那天晚上，工作人員調閱保全監視錄影帶，發現寫紙條的人就是把紙條拿來的那個男孩。隔天他們把男孩找來，問起這件事。那男孩一開始矢口否認。按照常理，工作人員會因為男孩寫了充滿仇恨的文字而懲罰他。但他們沒有衝動行事，而是和男孩一起坐下來，和他聊這件事。男孩後來終於哭出來並說：「那張字條是寫給一個傷害了我的人。」

結果他們發現，不久前，有兩名持槍男子闖進男孩的家，威脅要殺了他。他的鄰居聽到了男孩母親的瘋狂電話鈴聲，於是出手相助，一直猛敲他家的門，直到警察抵達為止。但男孩與他的母親已經受到精神創傷。男孩寫那張紙條只是為了發洩情緒。

魯澤克事後回想，假如他們不假思索的懲罰了那男孩，會發生什麼結果？而事實上，男孩的舉動其實是在求救。那個男孩會因此得到什麼結論？這件事對他的未來又會產生什麼影響？我們從這個故事得到的啟示是，你必須進行一定程度的對話，你必須發揮一定程度的耐心傾聽，才不會造成遺憾。

社群營造者相信「激進相互性」（radical mutuality）。他們不相信有人每件事都井井有條，而有人永遠把事情搞砸。在他們看來，沒有人是完美的，每個人都有缺點。誠如奧登所說，我們的人生功課是「用你那顆不完美的心，愛你的不完美鄰居」。

「施捨」是最傷人的詞彙。每個人都是平等的，我們都需要彼此。社會企業家海明格甚至在她的組織裡禁用「導師」這個詞，因為它暗示了照顧年輕人的成人有比較高的位階。我們永遠要回歸一個重點，那就是你眼前這個人的尊嚴。

我最常聽見他們說的詞彙是「全人」（the whole person）。過去數十年來，我們的體制總是習慣把人類化整為零。學校只看見孩子的大腦，於是拚命灌輸知識給他們。醫院只看見患者的受損器官；醫生並不是真的認識他們的手術對象。但社群營造者認為，我們必須採取全人觀。孩子來上學時，並不會把健康問題、安全問題、情緒創傷、營養需求、對人生目標和意義的需求留在家裡。不論你在哪個行業工作，你都必須一次看見你眼前的全人，並與這個全人連結。

歸根究柢，我們要回歸慈愛（loving-kindness）的精神。每當我和織造者談話，經常會想起拜爾斯道夫（John E. Biersdorf）《有目的的療癒》（*Healing of Purpose*）說過的一段話，這段話是朋友告訴我的：

> 慈悲要透過溫柔表達。當我想起展現靈性生活深度的典範人物，總是深深感受到他們的溫柔。他們的眼神傳達出與天使孤軍奮戰的痕跡、照顧他人所付出的代價、野心和自我的死去，以

及人世間沒什麼難以割捨的平靜。他們之所以溫柔，是因為他們曾經誠實的面對人生的考驗，並從失敗學習到，個人的生存一點也不重要。他們的關懷之所以溫柔，是因為他們已經沒有自我擴張的念頭；他們無欲無求。他們的脆弱使他們能將心比心，對他人的需求極度敏感，並展現真正無私的愛。

伊迪．賀樂孫

最後，我想用一個人物總結第二座山的人的樣貌。這位女性因為奇特的人生處境，以戲劇化的速度從第一座山跳到了第二座山。由於她有寫日記的習慣，我們才得以窺見她的內心世界，得知她如何從自我中心的幼稚，轉變為無私的成熟。

她的名字叫伊迪．賀樂孫（Etty Hillesum），出生於一九一四年一月十五日，在荷蘭東部的小城德文特（Deventer）度過少女時期。她的父親是個靦腆的學究型男性，在當地一所學校擔任校長，但是他基本上將自己從這個世界抽離，活在崇高但虛無縹緲的書本世界裡。根據傳記作家伍德豪斯（Patrick Woodhouse）的說法，她的母親總是在索討愛：「混亂、外向又吵鬧，容易情緒崩潰。」

伊迪有兩個聰明但性情難以捉摸的弟弟。他們家經常有戲劇性的事情發生，雜亂無章，充滿劇烈的情緒波動。賀樂孫在日記中將她的成長環境描述成高雅文化與情感封閉的綜合體：

我想，我的父母總是有種無能為力的感覺，當生活的難度愈來愈高，他們因為不知所措而變得難以做出任何決定。他們給我們這些小孩太多行動自由，使得我們無所適從。那是因為他們從來沒有為自己建立穩固的根基。他們之所以幾乎不約束我們，是因為他們自己也迷失了方向。

賀樂孫長大後，成了一個缺乏方向和安全感的女性。即將三十歲時，她在日記中將自己描述成「一個懦弱且無足輕重的人，隨波逐流，載浮載沉。」她感到「支離破碎……憂鬱……巨大的不確定感……缺乏自信。反感。驚慌。」

她沒有可倚賴的生命結構讓生活安定下來。名義上她雖然是個猶太人，但她的生活沒有展現出這個跡象。在理智層面，她不認為世上有不變的真理，也欠缺堅定的信念。「我聰明的大腦告訴我，世上沒有絕對的事，一切都是相對的，不斷在變化，永不靜止。」她夢想有個男人會出現，指點她人生的方向。她在日記裡寫道：「我真正想要的是一個終身伴侶，並與他一起建立一些東西。但我只經歷過戀愛冒險和短暫的關係，這一切令我痛苦萬分。」

納粹在賀樂孫二十六歲時入侵荷蘭。一開始，納粹的占領只是她人生的背景，並沒有進入她孤芳自賞的自我世界。她幾乎只寫在她內心世界上演的戲碼。在這個時期，賀樂孫開始去看一位名叫史拜爾（Julius Spier）的心理治療師。史拜爾既有智慧，又怪異得令人發毛。他曾在榮格門下學習，同時專精手相學。他認為光是靠和患者談話是不夠的；由於身心是一體的，所以他堅持要與患者摔角。他的患者大多為年輕女性。

賀樂孫第一次和史拜爾摔角時，就把他摔了個四腳朝天。「我內心的所有壓力、深藏的力量全都獲得了釋放，」她寫道，「他躺在那裡，他後來對我這麼說，他的身體和心理都倒下了。從來沒有人能辦到。」

賀樂孫與史拜爾陷入熱戀，兩人發展出一段奇異的關係，涵蓋了智性、性慾與治療。「你是我的摯愛……無價的私人心理大學，」她對他寫道，「我有好多東西想再次和你討論，有好多東西想向你學習。」

史拜爾儘管有很多缺點和怪癖，但他至少給了賀樂孫一個連貫一致的世界觀，以及對當代心理學的初步了解。她可以接受或拒絕他的觀點，但至少她的眼前有一些東西可以抓住或推開。史拜爾要她開始寫日記，以及陶冶靈性。當他在一九四二年秋天死於癌症時，賀樂孫對他的評價是，他是「見證我的靈魂誕生」的人。

約莫在史拜爾過世前後，賀樂孫寫日記的語氣變了。她不再那麼執著於自我分析，而是開始向外看，用更直接的方式體驗世界。「思考只會讓你走入死胡同，」她在日記中寫道，「它對學術研究或許是一種文雅高尚的輔助，但你無法透過思考解決情感問題，你需要一種截然不同的東西。你必須採取被動，只要傾聽就好。重建與片刻的永恆相會的機會。」

有一天，她在家裡的石造露台曬太陽，欣賞著眼前的栗子樹，同時聽著鳥叫。她的直覺反應是用文字捕捉這個景象，來說明她感受到的欣喜之情。

換言之，我想將大自然和所有一切納入我的體內。我覺得有義務要解釋這件事。我現在讓一切自然的發生在我身上，就是這麼簡單……當我坐在那裡曬太陽，我無意識的低下了頭，彷彿要接納更多對生命的嶄新感受。我突然間能夠明白，為什麼有人會突然跪下來，並在大自然中得到平靜，十指交握的雙手靠在臉上。

她寫道，她大部分的人生都活在期待之中，彷彿她沒有真正活著，只是在做準備。但她內心的某個東西轉變了。她現在感受到一種急迫性，想要為某個偉大的理想奉獻自己。她禱告：「哦，神啊，請用雙手接納我，讓我成為祢的工具。」

賀樂孫並沒有任何宗教信仰，但她開始禱告。一開始，她稱自己為「見習跪拜者」，因為禱告的動作感覺起來非常脆弱而且不自在。一段時間之後，她開始覺得自己的身體天生就是要用來禱告的。「有時候，當我沉浸在深深的感激之情，會覺得自己非下跪不可……當我寫下這段文字時，仍然覺得有些不好意思，彷彿我在書寫一些極其私密的事情。」

她的禱詞如下：

再也不要：我要這個，我要那個，而是：生命偉大而美好，迷人且永恆。假如你眼中只有自己，並四處犯錯，你就錯失了生命的巨大永恆力量。在這些時刻（我非常感激能經歷這些時刻），我所有的個人野心消失了，我對知識和了解的渴望也靜止了，永恆的小小碎片透過一個奮力的拍翅，降臨在我身上。

一九四二年春天，納粹展開第一批猶太人大圍捕，強迫猶太人戴上黃色「大衛之星」的識別標記。每天早晨都有新消息，包括有更多猶太人被捕，猶太家庭遭到搜捕並送走，許多男性被解雇，生活無以為繼，以及關於集中營和毒氣室的傳言。

一開始，賀樂孫只是設法躲避這場風暴。她曾在住家附近散步，計算有多少人受難：這家人的父親被捕了，那家人的兩個兒子被抓了。許多人被送往東部，但是從來沒有人回來。「威脅愈來愈巨大，恐懼一天天升高，」她寫道，「我用禱告，在我的四周築起一道黑暗的防護牆，躲在裡面，就像躲進修道院的狹小單人房一樣。」

但她漸漸開始感受到召喚，要採取積極的行動來解救族人。「我們族人的毀滅與滅絕近在眼前，」她在一九四二年七月三日的日記裡如此寫道，「我們再也不能心存幻想了。他們意圖要徹底毀滅我們，我們必須接受這個事實並做出應對。」

用殘酷的行動來反擊納粹主義的殘酷暴行似乎很合理。許多人回顧那段歷史時，都希望有更多猶太人做出反抗、有更多人以暴制暴。但隨著種族滅絕行動的擴散，賀樂孫卻沒有做出那樣的反應。「我現在認為，如果我們想改變世上的任何事物，就必須先改變自己。對我來說，這似乎是這場戰爭給我的唯一教訓。」

如果納粹試圖要消滅世上的愛，她就要堅決的捍衛愛。當世界變得愈來愈冷酷無情，她就愈要展現大愛。

於是，她開始竭盡所能的照顧族人，協助被搜捕的少女。她決定不去仇視迫害者，不透過仇恨釋放她的恐懼。她提醒自己，絕對不要憎恨他人的惡毒，而是要先憎恨自己內心的邪惡。

對於來日無多的人來說，再微小的樂趣都令人開心。隨著納粹開始染指賀樂孫居住的地區，每一件漂亮的上衣、每一種香味的香皂都帶給她欣喜。她正視自己的死亡，並認為自己死期將至，同時發現，拋開對死亡的逃避心態並接受這個事實，可以幫助她擴大與豐富人生。

賀樂孫大可以帶著家人躲藏起來。有兩萬五千名荷蘭猶太人選擇這麼做，約有一萬八千人最後存活下來。（安妮・法蘭克顯然是個例外。）有人懇求她也躲起來，但她拒絕了。她的傳記作家伍德豪斯認為，她這麼做的理由有三個。第一是她的歸屬感。她認為自己與所有猶太人是命運共同體，所以必須與族人共進退。假如其他人必須去集中營，她沒有意願獨自苟活。第二，她認為躲藏是恐懼的表現，她不想過著充滿恐懼的人生。第三，她開始感受到承諾和志業的召喚。她開始了解自己的天賦，並認為她的天賦可以用來服務等待被驅逐出境的猶太同胞。

賀樂孫開始在猶太委員會工作。猶太委員會是納粹設立的組織，負責照顧猶太族群。納粹下達命令後，由猶太人組成的委員會可以決定要如何執行命令。成立這個組織的猶太人誤以為，他們這麼做可以緩和種族滅絕的發生。

一九四三年六月，賀樂孫自願到韋斯特博克中轉營工作，那裡有十萬名荷蘭猶太人，等著被送往東部的奧斯威辛與其他集中營。賀樂孫在這個時期的文字紀錄是她的家書，而不是日記，因此她的語氣比較不那麼私密。不過，那也是因為她開始提升自己。「不知怎麼的，我內心對於這裡發生的一切以及正在發生的事，並沒有一種真實感。彷彿我已經是過來人，現在正在幫忙建立一個新的社會。」

她的家書描述的大多是她在集中營裡照顧的人，包括困惑與失落的老人，以及不明就裡的孩子。她特別為原本名利雙收的人感到難過：「他們的地位、名望和財產在一夕之間崩解，現在僅存最後的些許人性。」

有時候她會在懲罰營房工作，為被判苦役的人與他們的家人傳遞訊息。其他的時間，她的工作是巡視營區，做該做的事，照顧生病的人，幫人發送電報回家。她可以在四個醫療營房自由出入，於是她經常在那裡探視病人。其他的被收容人在家書裡，將她描述成容光煥發且溫暖親切的人。她此時的文字散發出平靜和堅毅的特質，在她承擔崇高的道德使命之前，這些特質並不存在。有些人在面對苦難時會開始崩潰或變得絕望，但賀樂孫卻變得更加成熟與深沉。「人類的生命中有許多奇蹟，」她給朋友的信中如此寫道，「我的是一長串發生在內心的奇蹟。」

集中營的生活節奏由火車班次決定。每週會有一列火車抵達，帶一定數量的囚犯去受死。每次火車抵達之前，營區會公布被判死刑的名單。賀樂孫的家書裡提到了許多被宣判要搭上死亡列車的人。她提到「長了雀斑、臉色慘白的同事蹲在一個垂死婦女的床邊，這位婦女剛剛服毒，而且是她的母親。」

她這個階段的家書經常呈現了她內心充滿希望的片段。

> 這裡的情況慘絕人寰，然而，當白天悄悄沉入我身後的黑夜，我經常半走半跳的沿著有刺的鐵絲網散步……我情不自禁，很自然就這麼做了，像是某種自然力量的驅使——感覺到生命是如此的壯麗雄偉，有一天我們將會建立一個嶄新的世界。

一九四三年九月六日，賀樂孫赫然發現，她的名字出現在轉運名單上，名單上還有她的父母與弟弟米斯查。她的母親曾寫一封信給親衛隊的首領，請求他赦免她的兒子。那封信似乎產生了反效果，使得他們全被判了死刑。

賀樂孫的友人維里許豪爾（Jopie Vleeschhouwer）後來說，賀樂孫一開始顯得極為震驚，但一個小時之後就回復正常了。她開始蒐集路上所需的糧食。維里許豪爾對她的離去如此描述：「帶著微笑、興高采烈的和人聊天，對每個她遇見的人說親切溫柔的話，妙語如珠，或許還帶了淡淡的悲傷，但她仍然是你所認識的伊迪。」

她剛上火車就寫了一張明信片給朋友，車廂雖然被木板封起來，她仍然設法透過縫隙將明信片丟出車外。那張明信片被附近的農人撿起，並寄回阿姆斯特丹。明信片上寫著：「克莉絲汀，我隨手翻開《聖經》，看到了這句話：『耶和華是我的高台。』我在擠滿了人的車廂裡，坐在我的帆布背包上。父親、母親和米斯查就在幾節車廂之外……我們唱著歌離開營區，父親和母親的神情堅定而平靜，米斯查也是。」

一九四三年十一月三十日，賀樂孫在奧斯威辛離開人世。

整合

很少人能像賀樂孫一樣，經歷如此完整的個人轉化。很少人能像社群織造者一樣，過著那般無私的生活。但他們的人生可做為榜樣，理由有很多，其中一個理由是他們展現了一個重點：人生的任務之一是綜合整理。意指蒐集自己的所有碎片，將它們統整起來，使你能朝著單一的願景以連貫一致的方式前進。

有些人從來不曾統合自己；他們過著零落散漫的生活。有些人統合了自己，但做得還不夠，於是他們的人生朝著較低層次的欲望發展。賀樂孫達到了很高層次的統合。當外在的生命處境變得愈來愈悲慘，她的內在狀態就變得愈加寧靜。

賀樂孫並不是透過不斷自我挖掘的內在過程來統合自己，而是透過徹底奉獻自我的外在過程而達到的。謝爾登（William H. Sheldon）博士寫道：「幸福本質上是一種全心全意、單一方向、毫無保留或遺憾的向某個目標前進的狀態。」

在實務上，我們透過做出承諾來獲得幸福——對於我們真正關心的事物做出最大的承諾，然後全心全意的實現這些承諾。第二座山人生的核心挑戰在於回答這些問題：我該如何選擇我的承諾？我如何決定什麼才是對的承諾？承諾選定後，我要如何實現那些承諾？我要如何融合我的各個承諾，使它們形成一個聚焦、一致且喜樂的人生？

本書的下一個部分將會解答這類疑問。它的宗旨是成為實用（但兼顧靈性！）的指導手冊，幫助你展開做出承諾的人生、為志業服務的人生，以及如何面對婚姻、信念與社群。第二座山的人生是一場靈性冒險，但它透過日復一日的實踐來實現。

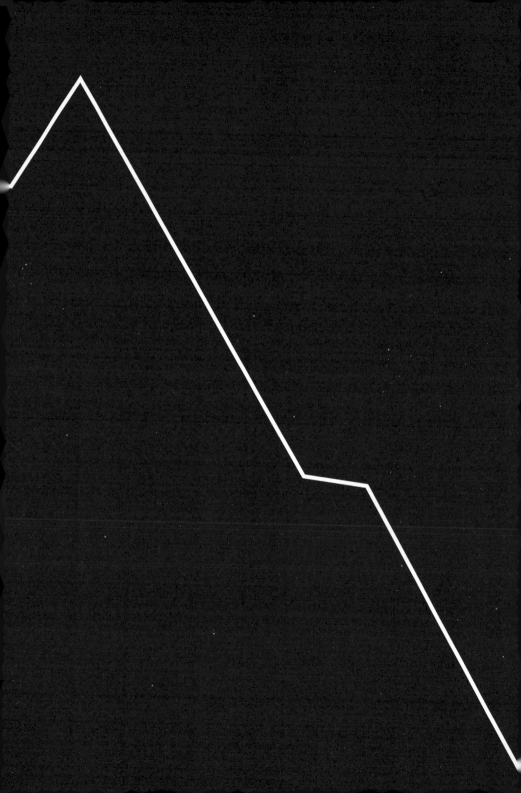

四個承諾

第二部

志業

09 志業的樣貌

一九四六年，喬治．歐威爾發表了一篇精采的論說文，標題是「我為何寫作」，內容與他做為小說家和評論家的志業有關。他在文中試圖戳破許多用虛偽做作的方式討論寫作的文章。歐威爾的作品總是離不開顯而易見的罪惡感。在這篇文章中，他帶著一貫的罪惡感揭露了他卑劣的自私動機（或許順便嚇嚇你）。

他說，他寫作是出於四個基本的原因。第一，純粹的利己主義，想展現自己的聰明才智，想成為話題人物。第二，出於對美學的熱愛，透過他的文采獲得樂趣。但歐威爾非常誠實。他也承認，他還有更高層次的動機。第三，「歷史衝動」，了解的渴望。如實看見事物的真實面貌以及發現真相的渴望。第四，他的政治目的，想把這個世界推往某個方向，改變世人對於他們應該爭取什麼樣的社會的既有看法。

對於自己的人生目標，歐威爾在很早的時候就隱約有所覺察，但他沒有理會。在很小的時候，他就立志要當作家。但是他從學校畢業後，卻到印度去擔任大英帝國殖民政府的警察。然後他回到家鄉，什麼工作都嘗試過。雖然他一直逃避寫作，但他「心裡很清楚，我是在侮辱我的本性，我遲早會安頓下來，開始寫作。」

二十五歲時，他終於向命運屈服。他做了個決定，假如要當個作家，就必須做三件事。首先，他必須和窮人一起生活。他是個左翼分子，但他認為，其他的社會主義同志有一個問題，他們雖然聲稱是為解放窮人而努力，但他們和窮人其實沒有太多直接的接觸。於是歐威爾展開寫作生涯所做的第一件事，是到處流浪。根據當時的《流浪法》（*Vagrancy Act*），遊民不可以乞討或是搭建長期的帳篷。許多遊民會從一個村子換到另一個村子，在全英國流浪，今天在這個慈善之家住一晚，隔天再到附近城鎮的慈善之家住一晚。結束流浪的日子後，歐威爾到一家法國飯店兼餐館當洗碗工，一天工作十三個小時。這些經歷讓他親身體驗了勞動階級的真實生活，使他原本對威權的憎恨變得更加強烈。

接下來，他需要發明一種新的寫作方式。他要以文學形式寫非小說。他成為用寓言故事傳達政治觀點的大師，他可以用射殺大象這件事，來象徵英國帝國主義的所有錯誤。寫作過程並沒有帶給他內心的喜樂。「寫書是一個可怕又耗神的掙扎，像是生一場很久的重病一樣。」他寫道。「若不是受到既無法抗拒、又無法了解的心魔所驅使，沒有人會做這種事。」但這種痛苦具有淨化作用。就和T．S．艾略特一樣，歐威爾相信，作家要不斷的消滅自己的性格，才能寫出優秀的作品。他寫道，作家要努力「抹去自己的性格，好的文章就像是一扇窗。」寫作涉及自我壓抑，才能讓讀者直接接觸到作品所描述的東西。

最後歐威爾決定，為了實踐他的召喚，他必須以毫不留情的誠實態度對待他人，即使是同一陣線的同志也不例外。一九三〇年代，西班牙內戰暴發，法西斯主義與共產主義交戰，歐威爾跑去加入沒有勝算的人民陣線陣營。他學會不帶幻想的看見現實。如同卡繆所說，他學會「對的一方仍然可能被打敗，武力可以擊敗心靈，勇氣有時候不會帶來預期的結果。」

但歐威爾並沒有因此變得憤世嫉俗。西班牙、德國和蘇俄的極權主義為歐威爾帶來的道德挑戰，他終其一生都無法擺脫。從此以後，他開始寫作，因為他想要揭露謊言，或是呼籲世人注意到某些事實。「自一九三六年以來，在我所有主題嚴肅的作品中，每一行字都直接或間接反對極權主義，支持民主社會主義。」

歐威爾從西班牙返鄉後，從此變了一個人。他聽見了召喚中的召喚，在那個純粹的時刻，你知道你為何來到這世上，而且你將不計一切代價達成那使命。歐威爾的一位友人說：「彷彿一輩子一直有一把火在他的體內悶燒，而這把火突然變成了烈焰。」歐威爾開始對所有的不公不義充滿憤怒，他的熱情中帶著冷靜。任何謊言都會讓他義憤填膺，但他對人卻非常和善。他全心全意對抗法西斯主義，但也總是能冷靜的面對與他支持的陣營有關的不快事實。

他有時候也不太好相處。他為人冷淡、乏味、易怒、有主見、好鬥、靦腆又武斷。當他的人生將盡，臥病在床寫《一九八四》時，他的志業給了他純潔的渴望與統合的目標。蕭伯納曾寫道，歐威爾的志業動用「大批欲望，並整合成一支目標與原則的軍隊。」世人開始意識到他是那個時代的聖人。

我之所以提起歐威爾的人生經歷，是因為我認為它點出尋找志業過程的幾個共通點。

大家都知道，尋找志業和尋找職業大不相同。當你處於求職心態，你的額葉皮質會主導一切。你列出自己的才能。你擅長什麼？哪些能力在就業市場是有價值的？然後你接受好的教育，投資於自己的能力。你不斷磨練專業技能，然後調查就業市場，看看有哪些機會。你設法為你所投資的時間和精力找到最高的回報。你有策略的訂出對的軌道，朝著功成名就的目標一路向上爬。最後你得到了成功的回報：尊敬、自信，以及安全無虞的財務保障。

若你處於追求志業的心態，你不會活在意識的自我層面，選擇高薪或是讓生活舒適便利的工作。你會來到生命的基底。有些活動或不公義的事召喚著你最深的本性，要求你積極做出回應。榮格把志業稱作「讓一個人脫離族群以及既有道路的不理性因素……找到志業的人聽見了內在的聲音：他受到了召喚。」

第一次的召喚通常與美學有關。迪勒曾問一位友人，他怎麼知道自己注定要當個畫家。「我喜歡油彩的味道。」那位友人如此回答。那並不是什麼關於命運的偉大召喚，只是油彩在畫布上散發的香氣而已。有些人就是喜歡做黑手，或是玩數字，或是做糕點，或是在群眾面前演說。

但是還有一些人，他們的召喚來自過去的處境。每個人都處於某個時間和空間，我們的處境會把一些具體的問題丟到我們面前，要求我們回答。哈維爾（Václav Havel）面對的是共產主義的暴政。史坦能（Gloria Steinem）面對的是來自男性主宰的社會的壓迫。這只是兩個比較知名的例子，然而有無數人找到了他們的志業，努力對抗集體主義、種族歧視、性別歧視，以及其他的不公義。

心理分析師弗蘭克（Viktor Frankl）十三歲時，一位老師告訴他，人生只不過是物質燃燒的過程而已。弗蘭克立刻反問他：「老師，如果這是真的，那麼人生的意義是什麼？」弗蘭克從小就對這個問題非常著迷，他曾與佛洛伊德通過信。當他成為治療師之後不久，就在維也納設立自殺防制中心，並且創造一些方法，使處於自我毀滅邊緣的人能夠找到人生的意義。

然後二次大戰暴發。弗蘭克被關進了納粹集中營。他發現與生涯有關的問題：「我想從人生得到什麼？我如何讓自己快樂？」並不是我們該問的問題。我們真正該問的問題是，生命要我做些什麼？弗蘭克明白，待在集中營裡的心理醫生有責任去研究受苦以及設法減少痛苦。「重點不在於我們希望透過生命得到什麼，而在於生命希望我們付出什麼。」他意識到。「我們不該再追尋人生的意義，而是要設法回答生命時時刻刻向我們提出的問題。我們不能以高談闊論或沉思來回答，而是要以對的行動和對的方向來回答。歸根究柢，人生就是要負起責任，為問題找到對的答案，並且完成生命不斷為我們每個人設定的任務。」召喚來自一個問題：我的責任是什麼？弗蘭克在集中營裡擔任心理治療師，提醒絕望的被收容人，這個世界對他們仍有所求；他們仍然有責任和目標要追求。

志業必然有考驗階段，也就是成本高於獲益的時候，每個人都必須經歷這個階段，才能觸及更高層次的熱情。在這些時刻，若你處於職業心態，就很可能會放棄。但找到志業的人會覺得，自己其實沒有選擇的餘地，因為放棄就等於違背自己的本性。因此，即使事情似乎沒什麼道理可言，他們仍然會繼續向前挺進。史丹佛大學教授寇比與戴蒙寫道：「當議題與一個人的身分認同不是那麼直接相關，他有可能會覺得：『我應該多做一些事去幫助有需要的人，但我目前真的辦不到』或是『我實在是抽不出時間。』但是當議題衝擊一個人的本質，他就無法轉身離去了。」

歐威爾的故事值得留意的第二個部分是，他在年少時就對自己的志業有一種預感，然而他卻對這個預感棄之不顧。或許他忘了它，或許他找不到謀生的方法。他必須經歷一段流浪期，然後才回歸一直召喚著他的志業。

這個情況其實相當普遍。許多人曾受到召喚，但他們不了解這召喚的意義，或是將它遺忘了，或是偏離了軌道。一直要到後來，當他們回顧自己的人生時，他們才平鋪直敘的說，自己挑選了一條較少人走的路。

以文章談論志業的人，常會引用華茲華斯的詩，這首詩表述尋找志業是一件直接且愉悅的事。華茲華斯上大學的時期，有一天，他在徹夜跳舞之後，在清晨步行回鷹岬（Hawkshead）的家。走了三公里之後，天開始亮了。迎接他的是一個「我所見過最燦爛」的清晨。他寫道，海洋似乎在遠方歡笑。群山像雲朵一樣鮮明。一切萬物是純粹的喜悅：「晨露、霧氣，以及鳥兒的啼轉，勞動者下田去工作。」眼前的美令他臣服，帶給他的心靈深深的感動。突然間，他的內心有個開關被開啟了：

我心盈滿；我無須發誓，但誓言
已然存在；未知的羈絆
已形成，我必奉獻心靈
否則將犯下大罪。我心懷感恩的幸福
繼續前行，那幸福仍餘留在我心中

華茲華斯的心盈滿。他沒有允諾任何事，但「誓言已然存在」。在那一刻，他發現他注定要成為詩人，奉獻他的心靈，終其一生捕捉當下的感受。他明白，若不實現那誓言，他將會「犯下大罪」。他過去一直拒絕接受他的天性和命運。

引用這段詩句的人通常沒有提到，那段詩是半虛構的。華茲華斯後來回顧人生時，重述這個清楚的時刻。但在那個時刻發生的當下，他的描述並不是那麼清晰。二十多歲時，華茲華斯試著尋找人生的目標。他鄙視大學裡大多數的事，渾渾噩噩度日，幾乎沒寫什麼詩。他試著當個神職人員，但也沒忘了飲酒跳舞。他想過要當律師，花了四個月在倫敦流浪，一事無成。他在法國旅行，見證法國大革命，生了一個孩子，然後拋棄孩子的母親，夢想創辦一本雜誌，想成為政治記者，試著在愛爾蘭找一份家教工作。換句話說，華茲華斯必須先經歷一段浪蕩時期，然後才慢慢進入生活的常軌，安頓下來，就和我們大多數人一樣。

在兩個意想不到的幸運機緣發生之後，華茲華斯的人生開始聚焦。一位交情不算深厚的友人卡爾瓦特（Raisley Calvert）看見了他的才華，在當時幾乎沒有人賞識他。卡爾瓦特改寫遺囑，讓華茲華斯可以在他死後得到九百英鎊。卡爾瓦特是一種少見的社會型守護者：這個人能看見別人的天賦，督促他朝著他的志業發展，提供務實的協助，幫助他達成目標。

卡爾瓦特還幫了華茲華斯另一個忙。當卡爾瓦特在二十一歲過世時，他的遺產給了華茲華斯經濟上的緩衝。不久後，另一個友人提供了一棟鄉間宅邸給華茲華斯和他的妹妹住，交換條件是請華茲華斯擔任他兒子的家教。兩個幸運的機緣為華茲華斯帶來了一筆遺產，以及可以免費使用的豪宅。其他的部分大家都知道，我就不用再提了。

志業的召喚非常神聖，它帶給人一種神祕的感覺，像是來自深淵的召喚。但是在現實生活中，它其實以非常混亂的方式現身，使人覺得它一點也不神聖，只有困惑與失敗。在接下來的幾章，我將試著描述我們找到志業以及讓志業茁壯的方式。

10 揭曉時刻

威爾森（E. O. Wilson）七歲時，他的父母宣布離婚。那年夏天，他們把威爾森送到佛羅里達州北部的天堂海灘，和他不認識的一家人一起住。威爾森每天會和這家人一起吃早餐，然後獨自跑到海灘去搜尋寶物，吃過午餐後再跑去海邊閒晃，直到晚飯時間。

他在海邊找到的生物令他深深著迷。他看到海裡的螃蟹和針魚，蟾魚和鼠海豚。有一天，他第一次見到水母。「這種生物實在太驚人了。牠完全超出我的想像。」他在數十年後如此寫道。還有一天，他坐在碼頭，兩隻腳在海水裡擺動。結果有一隻巨大的魟魚從他的腳底下靜靜游過去，那是他見過最大的海底生物。「我當時非常震撼，而且很想再看一次這個巨大的生物。如果可以，我想親手抓住牠，仔細慢慢研究。」

在孩子的眼中，所有的東西看起來都比較大。「我估計我七歲時看到的動物，大概比我現在看到的尺寸大一倍。」威爾森後來寫道。那些安靜的生物使威爾森看呆了，但他還窺見了其他的東西——一個值得冒險與探索、隱藏在水底的新世界。他的家庭支離破碎，而且遠在數百公里之外。但在這裡的他充滿好奇心，而且有一種歸屬感，這種感覺持續了一輩子。就在那年夏天，一個博物學家誕生了。

「一個孩子來到深水的邊緣，一顆腦袋等著發現驚奇的事物。」數十年後，威爾森在回憶錄《大自然的獵人：博物學家威爾森》如此寫道。「在關鍵時期獲得親身體驗，而不是系統性的知識，才有可能養成一位博物學家……寧可讓孩子花很多時間，就只是尋找和做夢。」

這就是威爾森的揭曉時刻，當某個東西點燃了你的興趣，或是對你下了魔咒，引起了你的渴望，而這個渴望預示了你的人生後來發生的許多事，包括喜悅與挑戰。我們不會記得人生中大多數的日子，但每隔一段時間，一股新的熱情會悄悄孕育。某個東西帶給你驚喜，而你從此對那個美妙的東西深深著迷。威爾森在七歲時遇見了大自然，並用接下來的七十年研究自然，成為世界頂尖的科學家。

當你聽成人談論他們的揭曉時刻，他們常提到他們失去了某些東西，但也找到了另一些東西。威爾森失去了父母組成的家，但在大自然裡找到了另一個永遠歡迎他的家。我認識一個人，他的父親很愛喝酒，而這家人總是為錢發愁。這個人後來愛上了經營商店與做生意，最後成了億萬富翁。作家所羅門（Andrew Solomon）小時候聽聞大屠殺的事之後，覺得歐洲猶太人很可憐，遇到困難時卻沒有地方可去。「我下定決心，這輩子永遠要有地方可去。」他在一次說書活動中如此宣告，並從此展開了旅遊與旅遊寫作的人生。我的朋友勞森（April Lawson）說，我們在孩童時期都曾失去某樣東西，長大後，我們願意付出很大的代價，把那個東西找回來。

揭曉時刻另一個有趣之處，在於它總是充滿美感。當某個孩子找到一個令他心生景仰之情的東西，這個時刻就誕生了。他們如常的生活著，然後突然間，美感打中了他的心。某個景象或體驗使他們驚呆了——一條魟魚從他腳底下優雅的游過去。

對美妙的事物深感驚奇，直至一種震撼到無以復加的狀態。這個深受著迷的人再也聽不見平常在腦袋裡播放的自戀言論，並發現自己對某個比自己更崇高偉大的東西驚嘆不已。他的心中充滿了開放性、好奇與崇敬，當下有一種耳目一新的感受，使他渴望親近它，與它產生關聯。

對威爾森而言，海洋是個令人神魂顛倒的世界，等著他去探索。「美麗的事物雖然看似單純，」特納（Frederick Turner）觀察到，「總是帶給我們深得像無底洞的感覺，當我們不斷向下墜落，幾乎會造成一種純真狂野的目眩神迷。」

我有個兒子在五歲時，第一次體會了棒球場與場上球員的美妙；不久後，他開始沉醉在棒球世界裡。棒球變成他理解這個世界的方式。他透過棒球了解地理位置，學習數學。棒球變成了我們父子倆聊天的專用語言。我的女兒也是在差不多的年紀，發現冰上曲棍球場就像家一樣令她非常自在。至今，她仍然沒有離開冰上曲棍球，她現在是冰上曲棍球教練。我的另一個兒子則是在很小的時候就發現了哲學之美。儘管這個世界又大又令人困惑，但這些領域是他們的擅場，他們能學得很好，而且能理解裡面的一切。「有些最美好的回憶是一些美麗的地方，我們一到那裡，立刻感到如魚得水。」詩人奧多諾赫（John O'Donohue）寫道。

「美」的希臘文是 kalon，意思和「召喚」有關。美感會激起探索事物和活在其中的渴望。孩子會把偶像的海報貼在牆上，上美術課時會把偶像畫出來，筆記本的封面也少不了這些偶像的畫像。「我在尋找。我在奮鬥。我全心沉浸其中。」梵谷寫道，他的人生是為美痴狂的人生。

當愛因斯坦四、五歲時，有一天，他因為生病必須留在家裡。那天稍晚，他的父親帶了一個羅盤回來給他。羅盤的樣子，以及指針會隨著看不見的磁場而轉動，令他驚喜得發抖。「我還記得，至少我認為我還記得，那個經驗在我的心中留下難以磨滅的深刻印象。事物的背後必然深藏著某個東西。」他後來寫道。

他開始對隱藏的力量非常著迷：磁場、地心引力、慣性、加速度。一位傳記作家說：「音樂、自然與神在他的心中混合成一種複雜的感覺，一種道德上的統一，這種道德上的統一從來沒有從他的生命中消失。」

終其一生，愛因斯坦一直受到這種抽象的好奇心驅使。「若沒有無窮無盡的付出與奉獻，理論科學的先驅工作就無法完成。只有明白這件事的人，才能夠理解這份工作釋出的情感強度，雖然它離現實生活很遙遠。」愛因斯坦寫道。「科學家透過對和諧的自然法則的痴迷與驚奇，來表達他們的宗教情感。」

我顯然不是威爾森、梵谷或是愛因斯坦，但我也在七歲時體驗了我的揭曉時刻。當我正在讀柏靈頓熊的故事書時，我突然意識到（至少我認為我意識到）我想當個作家。從現在回顧過去，很容易可以找到許多跡象。我的父母都是學者，因此我家很重視書本和寫作。我祖父總是能寫出非常優美的信，他夢想有一天《紐約時報》會刊登他寫的信。柏靈頓熊的故事的一開始，是這隻小熊從祕魯來到倫敦。他孤伶伶的被困在火車站，直到某個有愛心的一家人收留他並照顧他。我想，我們小的時候多多少少都曾感到孤單，我們都很希望某個家庭能夠出現，收留我們。

現在距離我第一次讀那個開場片段，已經有五十年。在這五十年當中，我沒有寫東西或是為寫作而準備的日子，大概不到兩百天。我最近買了一支 Fitbit 運動手環。它告訴我，我在早上八點到十一點之間總是在睡覺。但我沒有在睡覺；我正在寫作。很顯然，當我寫作的時候，我的心處於休息狀態，因為我覺得我正在做我該做的事。

你自己的法則

我在本章描述了不少出現在孩提時期的揭曉時刻，當然，這些時刻不只發生在孩提時期。我們都認識某些人，他們在三十、五十或八十歲時，初次或再度發現了他們的志業。不過，成人期發現的志業，通常可以追溯到某個祖父母身上，當我們很小的時候，某個久遠的種子初次綻放花朵。尼采在《作為教育家的叔本華》提到，要發現你來到這世上的目的，你要回顧你的過去，列出你感到最充實、最滿足的時刻，然後看看你能否把這些點連成一條線。

尼采寫道：「讓年輕的靈魂透過下列問題勘測自己的生命：『到目前為止，你真正愛過什麼？什麼曾經使你的靈魂振奮？主宰了你的靈魂，使它感到喜悅的是什麼？』把這些尊貴的東西排成一列放在你面前，或許它們會根據本性與順序揭露某個法則：你自己的基本法則。」

事實上，揭曉時刻的微妙之處不在於擁有它，而在於意識到自己遇見了這個時刻。這個世界充滿了美好的事物與神奇的時刻。但有時候，我們會忽略了它的重要性，任它輕易流逝。我們往往在回顧過往時，才覺察到自己的揭曉時刻。你回顧過去並發現，「原來一切是從那裡開始的……誰會想得到事情會這樣發展。」

揭曉時刻最棒之處，在於它很早就暗示你，你的人生目標是什麼。第二棒的好處是，它為你排除了許多其他的東西。「不曾偷偷相信自己擁有所有的可能性，是最幸運的人。」作家柏西（Walker Percy）評論道。

威爾森的揭曉時刻還有一個小插曲，長遠來看，它也是一個幸運的機緣。七歲夏天的某一天，威爾森在天堂海灘釣魚，釣到了一尾兔齒鯛。但他不小心使勁一拉，把牠拉出了水面。那條魚飛起來打在他的臉上，背鰭的一根刺戳進了威爾森右眼的瞳孔。他覺得很痛，但他還想繼續釣魚，於是他忍著痛釣了一天的魚。那天晚上，他把受傷的事告訴照顧他的那家人，不過當時他的疼痛已經減輕，所以他們並沒有帶他去看醫生。接下來的幾個月，他的視力變得很模糊。在一次拙劣的手術之後，他的右眼徹底失明了。

威爾森勢必要成為一個博物學家，但他無法研究像鳥類這樣的動物，因為那需要立體視力才能看得清楚。他要研究的是小一點的生物，這樣他就可以用手指把牠撿起來，拿到正常的左眼前，仔細檢驗。幸運的是，就在同一年，威爾森有一次在佛羅里達州朋沙科拉的帕拉弗斯街散步，他看見了一群蟻獅湧出巢穴。當時他的心再次感受到了海洋帶給他的震撼。這是另一個隱藏的迷人世界。他決定要研究螞蟻，進行偉大的科學研究。

四十年後，威爾森恰好又來到朋沙科拉的同一條街，他看到了那群蟻獅的後代。他看得入迷，忍不住趴在地上盯著那群蟻獅看。一位老人經過旁邊，看到這個成年人趴在人行道上，出於擔心詢問威爾森需不需要幫忙。當然，威爾森只是重新回味了童年的熱情，然後繼續實踐他此生的召喚。

11 導師的工作

威爾森的職業生涯並不是靠他一個人建立起來的。他有好幾位導師。第一位是阿拉巴馬大學的教授威廉斯（Bert Williams）。威廉斯帶他去田野考察，借他解剖顯微鏡，邀請他到家裡作客，並且以身作則，讓威爾森親眼見證一位自然科學家的真實生活。

威廉斯是個稱職的導師。好的導師會帶領你走過生命中的各種重大決定，像是要申請哪所大學的研究所，或是該接受哪一份工作。好的導師會教你任何一項技藝中不明言的智慧。

書本或課堂講述可以告訴你如何做一件事。但就技藝而言，不論是廚藝、木工、科學或是領導力，都有某些知識是無法化為規則或方程式的，那是只有導師能教的實務知識。哲學家歐克秀（Michael Oakeshott）用中國古代的一個故事，來說明實務知識難以明言的特質。在故事裡，有個車輪工正在為齊桓公的豪華馬車製做車輪，齊桓公坐在上方的車廂裡看書。車輪工放下手中的木槌和鑿子，問齊桓公在看什麼書。

「我在讀聖賢之書。」齊桓公說。

「那些聖賢還活著嗎？」車輪工問。

「他們都死了。」齊桓公答。

「那你讀的只不過是過往的人留下的渣滓。」

齊桓公聽了之後大怒。這個車輪工好大的膽子，居然敢詆毀聖人和聖賢之書？「如果你能說出一番道理，我就饒你一命。如果說不出來，就等著被處死吧！」齊桓公厲聲說。

這位工匠說：「做為車輪工，我是這樣看事情的：當我製做車輪時，假如我慢慢的敲，輪子咬得深但不穩固；假如我敲得太快，輪子很穩，但咬不深。如果不用心敲，我的手就敲不出對的節奏，也就是不太快也不太慢。這個訣竅是無法言傳的。」

歐克秀寫道，書上教的技術性知識，包含了「可刻意學習的明訂規則」。反過來說，實務知識無法靠嘴巴教或看書學習得到，必須有人親自傳授和親身體會而得到。它只存在於實做之中。我們談論實務知識時，常用身體來比喻。我們會說某人對於某些事很有手感，像是用恰到好處的力道和節奏，敲下對的琴鍵的能力。我們會說某人對事情有直覺，也就是對事情的發展有預感，知道自己何時該毅然決然的處理問題，何時該暫時把問題放一放，隔一段時間再回來處理。我們會說某人有品味，指的是他能根據美感來分辨，哪些產品或簡報很棒，哪些還差了一點。

專家運用實務知識時，他其實不太動腦筋。他已經透過習慣擁有整套技能，因此可以不必太花腦力，就從事相關的其他活動。這類知識需要透過經驗獲得，而且藉由分享傳承下去。那是靠導師把你帶在身邊，觀摩他在各種情境下如何做事，而傳承下去的。這種教學具有私人、友善、分享、對話的屬性，重點在於學徒的領悟，而不是師父的講述。教科書可以教你生物學的原則，但導師會示範給你看，如何像生物學家一樣思考事情。這種習慣性的練習會重組你的內在。威廉·詹姆斯（William James）寫道：「教育最棒的地方，是把我們的神經系統變成我們的盟友，而非敵人。」

這些就是好的導師所做的事。威爾森非常幸運，後來又遇到了另一位優秀的導師，他把威爾森的技能，以及他自己的導師功力，提升到了另一個境界。

威爾森從阿拉巴馬大學畢業後，到哈佛就讀研究所。他在那裡遇見了達靈頓（Philip Darlington）。達靈頓專門研究甲蟲，也是一位生物地理學家。對於要如何採集樣本，達靈頓給了他一個非常務實的建議：「採集昆蟲樣本時不要走大路，你應該在森林裡走一直線，努力越過所有的障礙物。這很辛苦，但這是採集樣本最好的方法。」

更重要的是，達靈頓向威爾森展現了真正的志業是什麼樣貌。達靈頓在年輕時曾爬過聖瑪爾塔內華達山脈，沿路採集昆蟲。在海地，他穿越一千公尺的原始林，爬到海地最高山脈的頂峰。達靈頓三十九歲時，為了取得研究資料，在南美洲某個叢林的水塘裡，跳到水裡靠著一根浮木採集池水。結果有一隻巨鱷浮出水面咬住達靈頓，不斷旋轉，把他拖下池底。達靈頓奮力踢水，不斷抵抗，設法游上水面。他急忙爬上岸，但巨鱷再度展開攻擊。達靈頓再次被拖下水，然後再次掙脫了那隻巨鱷。巨鱷的利齒刺進了他的雙手，他的雙臂肌肉和韌帶都被咬爛，右臂的骨頭也被咬碎。當他重回文明世界，才察覺自己因為失血全身虛弱。

從鱷魚口中撿回一命，並不證明達靈頓的人格有什麼過人之處，威爾森曾不以為然的這麼想。但後來發生的事，讓威爾森留下了深刻的印象。達靈頓的右手打了好幾個月的石膏。因此他發明了一種方法，用還可以活動的左手來採集樣本。他把好幾根棍子牢牢插在地底，然後把樣本罐綁在棍子上，這樣他就可以單手把昆蟲丟進罐子裡了。

「老師是專業的業餘者，」評論家費德勒（Leslie Fiedler）曾寫道，「老師的言教比不上身教。」達靈頓透過身教告訴威爾森，博物學家的口子一點也不輕鬆，反而是非常辛苦的。他教導威爾森，追尋關於這個世界的知識，是重要的使命，歷史上有無數前輩曾從事這份工作。他也讓威爾森看見，對科學有一份熾熱的愛，是什麼模樣。誠如華茲華斯在《序曲》（*The Prelude*）中所寫：「我們愛上的，別人也會愛上，我們將教他們怎麼做。」

這正是大多數年輕人，或許是所有人，希望被教導的東西。大多數人在人生中想追求的（尤其在年少時），不是幸福，而是發自內心的熱情。我們想要經歷千辛萬苦，追求某個值得我們付出的重要目標。令我們終生難忘的導師都是嚴厲的導師（至少他們對自己非常嚴格，為我們豎立了典範），而不是和藹親切的導師。他們能在慷慨付出愛與要求高標準之間取得平衡，並且為他們認真看待的領域把關，對我們提出嚴格的要求。我們以為我們想過的是輕鬆舒服的日子，當然，我們偶爾也會過這樣的日子。然而，我們內心的某個部分渴求某種召喚，一種需要犧牲奉獻的召喚。

透過這種方式，導師每天所做的事，有很大部分是讓我們見識卓越長什麼樣子。懷德海寫道：「若不經常夢想偉大，就不會有道德教育。」或是如同教育家利文斯頓爵士（Richard Livingstone）所說：「人生旅途最不可或缺的食糧，是擁有適當的理想。要獲得這些理想非常簡單，只要在生活中加入世上最頂級的事物就好——最優秀的畫、最優秀的建築、最優秀的社會或政治制度，最優秀的人。要培養好品味，不論是對繪畫還是建築、文學還是品格、美酒還是雪茄，方法只有一個——深入了解最出色的代表物。」

除了讓我們親眼見識卓越，導師也教導我們謙卑。他們教導我們如何謙卑的臣服於我們所做的事。以自我為中心是人類的天性。我們總是在問，我做得怎麼樣？這個問題並沒有錯。但假如你總是在問這個問題，你會變得動彈不得。棒球投手若總是想著自己投得好不好，他就無法把球投好，因為他把焦點放在自己身上，而不是他所做的事情上。哲學家兼摩托車技師克勞佛（Matthew Crawford）寫道：「要學習任何一個困難的學科，不論是園藝、結構工程，還是俄語，我們要臣服於它的棘手之處。」

他引用梅鐸的話來說明這個觀點：「舉例來說，假如我要學俄語，我必須尊敬它的結構。這件事很困難，目標很遙遠，而且或許無法學得很好。我的工作是逐步揭露某個和我無關的東西。當我們夠專注，就能增進對現實的了解。對俄語的熱愛使我忘了自己，並開始追求某個我很陌生的東西，我的意識無法接管、吞噬、否認它，或是把它變成虛假的東西。」

導師也會教我們如何面對錯誤。當你的歷練愈來愈多，你就愈來愈善於辨識自己的錯誤，並知道如何透過經驗補救情況。導師幫助我們學會如何處理第二、第四、第十次草稿。同時在這個過程中，給我們自由，不怕失敗，帶著自信歡迎失敗，並且知道我們總是可以稍後再修改它。例如，好的寫作導師所做的一件事，是教導你不要怕寫不好。即使初稿很爛，但就是把它寫出來。你的自我不會有任何危險。

最後，導師教我們如何擁抱掙扎，因為掙扎是好事。

威廉．詹姆斯曾經造訪沙托克瓦（Chautauqua），那是紐約上城一個美麗村莊，專門用來舉辦夏日活動與音樂節。那裡充滿了平靜、昇華的氛圍，就像公共電視節目愛好者禱告時的氛圍一樣。詹姆斯一開始很喜歡那裡。「我去那裡是出於好奇，原本只想待一天，結果我待了一個星期。」詹姆斯回憶道。「那裡的一切是如此輕鬆迷人，彷彿是中產階級的天堂，沒有罪惡、沒有受害者、沒有任何髒汙、沒有一滴眼淚。」然而，當他離開那個村莊，回到現實世界後，他覺得鬆了一口氣。他說，沙托克瓦裡的井井有條「太溫馴，文化太平庸，這裡的美好沒有啟發性。」

詹姆斯總結，我們內心有某個部分似乎渴望面對困難，然後克服困難。我們同時需要光明與黑暗，危險與救贖。「但人類的情感需要的似乎是，看見奮鬥持續進行。在獲得成果的那一刻，那件事就變得不重要了。人的本性是，付出汗水和努力，把能力發揮到極限並感到痛苦不堪，活著經歷一切，然後在成功後轉身離去，追求另一個更罕見、更艱難的（挑戰）。當我們看見這種東西，才會受到啟發。」

詹姆斯認為，人類最高尚的部分是，人類有理想。當他為理想付出時，是他的人生最精采的時刻。他做出精闢的結論：「人生最充實的意義永遠是同一件永恆不變的事：一個不尋常的理想，與忠誠、勇氣和耐力的結合；再加上一點痛苦。」

當然，導師所做的最後一件事，就是把你推進這個世界，然後切斷與你的關係。我在進入職場的初期，遇見了一位導師，巴克利（William F. Buckley, Jr.）。我在他的雜誌社工作了十八個月，在那段期間，他讓我見識了什麼是卓越。然後他把我送出門，我從此不再與他有任何親近的接觸。後來擔任這份工作的人也經歷了同樣的過程，但有些人因此覺得很受傷。我離開後那幾年，一直很想念這位導師。但我至今依然認為，巴克利做了對的事。在某個時間點，你必須放手讓你的學徒（以及你的孩子）出去闖一闖。

到最後，每個人都會進入隨波逐流的階段；你被迫獨自面對人生的重大決定。或許你會體驗到最清晰的揭曉時刻。或許你會遇見最棒的導師。但你仍然需要做出困難的重大決定。我該從事這份工作，還是那份工作？我該把天分用在這個地方，還是那個地方？我該搬到這座城市，還是那座城市？

你要如何做出那個影響一生的重大決定？這是我們接下來要探討的問題。

12 吸血鬼問題

假設你有機會成為吸血鬼。只要被咬一口，你就會獲得永生、超能力，以及充滿魅力的精采人生。你將擁有各種新能力，也可以在夜間四處飛翔。你甚至不需要喝人血，只要設法找一些牛血就好。其他同類都說，這件事實在太棒了。他們很肯定的說，變成吸血鬼之後，他們體驗世界的方式改變了，開始用人類從來沒有想像過的方式體驗人生。

你願意變成吸血鬼嗎？你知道，一旦改變就永遠回不去了，那麼你還願意被咬一口，從此改變人生嗎？

這個選擇之所以困難，是因為你必須用人類的觀點，猜想變成吸血鬼的自己會不會喜歡新的生活。成為吸血鬼是哲學家保羅（L. A. Paul）所謂的「轉化性決定」，這種選擇會徹底改變你。

人生充滿了吸血鬼問題。婚姻會把你變成另一個人。生小孩會改變你和你想要的東西。移民到新的國家、改信別的宗教、去上醫學院、加入海軍陸戰隊、轉換職業跑道，以及決定要住在哪裡，也是如此。每當你對某件大事做出承諾，你就是做了一個轉化性決定。

所有決定都涉及一個難以預知的未來。轉化性決定之所以特別困難，是因為你不知道在變化無常的人生中，轉變後的自己會是什麼模樣，或是會有哪些欲望。現在看起來很順眼的東西，新的你或許會覺得討厭。你從未體驗過的喜樂與苦痛，可能會占據你未來的人生。要了解現在的自己真的很難，要知道未來那個轉化後的自己會是什麼模樣就更不可能了。你無法理性的把這個問題想清楚，因為你對轉化後的自己會有什麼渴望，一無所知。

此外，你知道這種決定會造成長遠的影響。每個決定都是在拋棄某個東西，或是拋棄無數的東西。你將永遠惦念著那條沒選擇的路，假如你選擇了另一條路，你的人生會是什麼模樣。你有可能會後悔終生。

你環顧四周，看到別人面對這類轉化性的決定，並犯下了悔不當初的大錯。超過三分之一的婚姻以離婚收場。我們都認識一種人，浪費了很多年的時間，從事無法帶給他們滿足感的職業。百分之八十三的企業併購沒有為股東創造任何價值，而這些併購是經過數個月、甚至是數年的分析之後，才做出的決定。關於人生的重大決定，保羅說：「你不該欺騙自己。實情是，你根本不知道自己被攪進了什麼事情裡。」

難怪有這麼多人如此害怕做承諾。難怪有些人被重大的決定嚇壞了，於是以夢遊狀態做出那些決定。人生的吊詭之處在於，比起人生中的大事，人在考慮小事時似乎更加認真。買車之前，他們會研究所有的評分報告，上網比價，諸如此類。但是要選擇志業時，卻像是滑行般的滑進某個決定。他們漸漸滑進某個職業，是因為有人把一份工作擺在他們面前。他們和某個對象結婚，只不過是因為他們和對方同居了一段時間。對許多人來說，人生的重大決定通常不是真正的決定，比較像是流沙，你只是站在原地順勢下沉而已。

德國神學家潘霍華曾經承認：「對於人生的所有決定，我其實不是非常清楚，我是根據什麼動機做出那些決定的，想想真的覺得不可思議。」

史上最偉大的兩位心理學家康納曼（Daniel Kahneman）與特沃斯基（Amos Tversky），一生都在研究決策這個主題。但假如你問他們，一開始為何會選擇研究心理學，他們恐怕也答不出來。特沃斯基曾說：「我們很難知道人在選擇人生道路時是怎麼做決定的，重大決定幾乎都是我們隨意做出來的。」

那你要怎麼做這些重大的決定？你要如何決定，要選擇哪個職業、和哪個人結婚、如何過退休生活？

有些人倚賴的是「你就是知道」模式。對的事情發生時，你會有感覺，你就是知道。傑克斯牧師（T. D. Jakes）說，人生就像是拿著一大把鑰匙，只有一個鎖是你人生的最佳版本。你試了好幾支鑰匙，最後拿到了一把你覺得不太一樣的鑰匙。你一將這支鑰匙插入鑰匙孔，甚至不需要轉動，你心中就產生一種感覺，你知道那是對的鑰匙。

這種方法中蘊含著某種智慧。有時候，沒有時間思考反而可以做出更好的決定。但光靠那樣的智慧是不夠的。你真的要把人生押在一時的感覺或是直覺上嗎？

首先，直覺是會變的。感覺通常是短暫的，有時候在幾天、甚至是幾分鐘之後，你就會覺得那個感覺來得有點莫名其妙。我最近在應徵一份工作，在與其他人選競爭的時候，我想出了各式各樣的理由告訴自己為什麼我會喜歡那份工作。那份工作主要是募款和行政工作。當我知道我沒有得到那份工作時，我大大的鬆了一口氣：我到底在想什麼？我年屆中年，而且很顯然的，我完全不了解自己到底是誰。

其次，我們的直覺經常會讓我們脫離正軌。康納曼、特沃斯基以及許多行為經濟學家用無數的著作說明，我們的直覺會背叛我們——損失規避（loss aversion）、促發效應（priming effects）、月暈效應（the halo effect）、樂觀偏誤（optimism bias），諸如此類。我有些朋友花了六個月的時間，思考某個對象是他們此生的最愛，然後在接下來的四十年，想著這個人根本是個大災難。喬治·艾略特曾說：「不論是男人或女人，他們對於自己覺察的徵兆，犯了令人遺憾的錯誤，他們把模糊的不安想望，有時誤以為是才華、有時誤解為宗教，更常見的，是誤以為是偉大的愛。」

只有在做某些類型的決定時，才可以倚賴直覺。「直覺」是模式辨識的好聽說法。唯有在你擁有豐富經驗的領域，你才能信任它，因為在這種情況下，你的腦袋有餘裕去掌握不同的模式。但是當你要做出轉化性決定時，你跳進的是一個未知的領域。你對那裡的模式毫無所悉。直覺無法告訴你任何事情，它只能做出猜測。

關於理性的神話

比較理想的方法，尤其在美國文化中，是後退一步，試著做出「理性」的決定。把情感放在一邊，採取一種抽離的科學觀點。找個讓你能和自己保持一段距離的工程方法、設計模型，或是某個技術。抓起一個橫線本，列出優缺點的對比清單。

從理性、科學的角度切入，你可以把決策過程分成幾個明確的階段。決策專家寫的書列出了幾個清楚的決策階段：準備（界定問題；決定你的目標），調查（列出你可能找到的工作，或是可以幫助你達成這個目標的人），評估（做一個圖表，從一分到十分，根據每個選項的特點打分數），質疑（提出駁斥的問題；以建設性的反對意見挑戰既有前提），抉擇（統計得分；建立一個表格，幫助你想像每個選項的可能結果）。

若你遵照這種制式的方法，一定能找到一個適用的架構。例如，假如你正在考慮要不要辭掉工作，就用10－10－10原則。你在十分鐘、十個月，以及十年之後，對這個決定會有什麼感覺？這可以幫助你在長遠後果的脈絡下，思考短期的情緒陣痛。

如果你要買房子，先去看十八個物件，但不要急著做決定。等你看到比前面十八個更好的物件時，你再出價。這麼做可以確保你在做決定之前，先在市場上採集了足夠的樣本。

理性決策方法存在的目的，是為了扭轉我們的認知偏誤。例如，人傾向採取「狹隘框架」

（narrow frame），管理專家希思兄弟（Chip and Dan Heath）指出，人傾向於把每個開放式問題變成「是否」或「二擇一」問題。他們會無意識的把決策想成是在兩個選項之間做抉擇。我是否該選擇這份工作？我是否該和蘇分手？在大多數的關鍵決策時刻，「是否」觀點往往把許多選項排除在外。希思兄弟認為，每當你發現自己在心裡碎唸「是否」時，最好把視野放大，找出更多選項。或許問題不在於要不要和蘇分手；而是找到一個新方法，改善你們之間的關係。

心魔

理性決策的過程看似很簡單。只可惜，當你要做出人生的重大承諾時，光靠它是不夠的。第一個問題在本章的一開頭就提到了。你可能對於轉化後的自己想要什麼一無所知，因此你無法靠著清點證據，用理性把這個問題想清楚。第二個問題是，當你要對重大承諾做出決定時，你其實是在對你的終極道德目的與人生意義做出決定。

關於這一類終極問題，邏輯是幫不上忙的。當你的決定有清楚的結果，當你參與的遊戲有清楚定義的規則，邏輯是很好用的工具。如果你要買烤吐司機，你要的是一個可以加熱麵包的機器。但做出承諾不是這種類型的決定。當你要做與承諾有關的決定，你要先為你的人生目的下定義，而這屬於終極系列問題。「我心目中的至善（ultimate good）是什麼？」和「我要怎麼在大富翁遊戲中獲勝？」是不同類型的問題。

若你想請職涯諮詢大師幫助你找到你的志業，許多人會請你思考的核心問題是：「我有什麼天分？」職涯諮詢最關注的事情是，幫助人界定自己的強項，然後幫助他們找出方法善用這些強項。這個思維暗示，選擇職涯軌道時，天分比興趣更重要。假如你對藝術真的很有興趣，但你其實沒有創作天分，你最後可能會在一家你一點也不在乎的公司裡，從事最底層、最無趣的設計工作。當你要選擇志業時，要自問：「我想把天分用在哪裡？」

若你覺得找一份可以謀生的工作就好，那可能是對的問題。但如果你想找到自己的志業，你該問的問題不是「我擅長什麼？」而是更難回答的問題：「什麼事可以給我動力？我對什麼事情的熱愛，足以讓我願意在未來數十年不斷精進自己的技能？什麼渴望可以直指我的核心本質？」選擇志業時，認為天分比興趣更重要，其實是個錯誤的觀念。興趣可以讓天分產生加乘效果，而且在大多數的時候，它比天分更重要。尋找志業時，你需要探索的關鍵領域是你的心與靈，你的長期動機。知識到處都是，動機卻相當稀有。

葛林（Robert Greene）的《喚醒你心中的大師》直指事實的核心：「你對你所做的事情是否有情感承諾，將會直接反映在你的工作上。假如你對你的工作心不在焉，它會呈現在一點也不亮眼的成果，以及你的散漫態度上。」

希臘人有個觀念叫作「著魔」，這個概念後來被歌德發揚光大。心魔是一種召喚、一種執著、一種持久且有時瘋狂的能量。心魔是累積在無意識層面的神祕能量，它的起因可能是我們在童年時期無法完全理解的某些神祕事件，或者是某些創傷經驗，或是某個我們想用下半輩子重新找回的摯愛、喜樂或想望。心魔，就是某個我們非常執著的興趣，當我們待在某一類地方，從事某個活動，就會感到格外的安心自在——站在教室前方、幫助病人從床上起身、在飯店裡親切的接待客人。

當你看見某個人將自己的能力發揮得淋漓盡致，那是因為他觸及了自己的心魔、傷口、渴求、無法解決的拉鋸。這個情況在作家和學者身上尤其明顯。他們通常對某個核心議題非常執著，並用一輩子的時間來處理這個議題。例如，波依斯（W. Thomas Boyce）是兒童精神科的知名學者。他因為提出蘭花與蒲公英理論而出名。有些孩子對刺激的反應非常劇烈（蘭花），他們的未來發展不是大好就是大壞，一切取決於他們所處的環境。另一些孩子的反應比較沒那麼大（蒲公英）；即使是不良環境也不會阻礙他們的發展。

這個學術性的興趣並非偶然產生，他在《蘭花與蒲公英》（*The Orchid and the Dandelion*）中如此寫道。他有個聰明、美麗又有魅力的姊姊名叫瑪麗。她小時候總是做一些大膽魯莽的事。有一次，她在午睡時間把一整盒葡萄乾一顆顆塞進鼻孔裡。（父母只好帶她去看醫生。）但是隨著她逐漸長大，童年時期的混亂也變得愈來愈明顯。瑪麗後來取得史丹佛的學士學位和哈佛的碩士學位。但是她的心理問題卻愈來愈嚴重。最後，她在五十三歲的生日前夕，結束了自己的生命。波依斯一輩子都在為這個姊姊擔心，並執著於一個核心對比：兩個孩子，同一個家庭，同樣的成長環境；一個極度敏感而且充滿悲劇性，另一個則不然。這個核心情感張力驅動了波依斯大部分的工作。

當你看見一個正在進行文藝復興的城市，像是十五和十六世紀的佛羅倫斯，那代表當時的文化中深植的價值觀受到了劇烈的衝擊，使得人需要努力解決那個張力。以佛羅倫斯人來說，古典與基督教道德生態的衝突引發了巨大的能量。佛羅倫斯人試著用千百種方式來撫平那衝突。

當個人或社群觸及了自己的心魔，當這心魔遭遇了無法解決的張力，就可能激發驚人的創造力，就像核彈爆炸一樣。當個人或文化對心魔置之不理，一切就會變得缺乏獨創性且多愁善感。與心魔失聯的個人或文化，同時也和他們的生命失去了連結。看看佛羅倫斯在一個世紀後的藝術表現，就是最好的證明。

濃密草叢

尋找志業時，你要找的是你的心魔。你要試著向下墜落（本書的主題），一路穿越自我中心的欲望，重重掉落在你內在的基底，而你的欲望以神祕的方式在那裡形成。你要試著尋找可激起道德、靈性與關係能量的張力或問題。那代表你要進入心與靈的無意識地帶，那是理性無法滲入的地方。你要試著觸及深藏在意識覺知層下方濃密草叢裡的某個東西。

有人算過，人類大腦每秒可以接收一千一百萬位元的資訊，我們的意識只能覺察四十位元的資訊，其他的資訊都落在了那個濃密草叢裡。維吉尼亞大學教授威爾森（Timothy Wilson）指出，意識就像是冰山上的一顆雪球。換句話說，我們的行為大多不是出自有意識的合理化解釋，而是出自我們的無意識世界。

詩人阿諾德（Matthew Arnold）雖然沒機會接觸現代認知科學的知識，但仍精準的描述了這個情況：

> 河流表面下，有著我們說我們感覺到的
> 光與影——河流之下，有著
> 我們認為我們感覺到的光——那裡
> 有無聲的強勁水流，又暗又深
> 那是我們的感覺的主河流

當你養育小孩，你會發現他們的心魔大多數時候是清醒的。他們可以直接進入這些最深的領域。道德意識是我們的第一個意識。但成人後，我們傾向掩蓋內在基底，與心魔失聯，任憑它睡著。有時候，我們因為過度分析每件事而與心魔失聯。我從小就愛看電影。在我大二那年，我幾乎每天晚上會去看一部經典老片。然後，我成了一位電影評論家。我會坐在放映室裡，手裡拿著筆記本。我不是在看電影，而是在分析電影。筆記本成了我和電影劇情之間的牆。我已經沒有能力分辨，哪些是我喜歡的電影，哪些是我不喜歡的電影。太過偏向分析性思考，使我失去了做出內心真實反應的能力。

有時候，我們過度傾向於人生的經濟觀，導致我們與心魔失去連結。有一個有趣的現象，當你完全從經濟觀點看待人生，你的道德觀點就會被取而代之。例如，幾年前，以色列海法有一家六天制幼兒園發現了一個問題。家長經常超過時間才來接小孩，使得老師必須多待一個小時左右，等到所有的孩子都被接走。為了解決這個問題，日托中心開始對這些遲到的父母罰款，結果卻產生了反效果。遲到的家長變成了兩倍之多。以前，準時接小孩是對老師的體貼，一種道德責任。後來，它變成了一個經濟交易；你幫我照顧小孩，我付錢給你。在前者，人切入的觀點是對與錯，體貼或不體貼。在後者，成本效益的計算開始運作了。什麼對我才是最好？一輩子只從經濟觀點過日子的人，往往把通往濃密草叢和心魔的路掩蓋起來了。物質層面的東西才是真的，非物質層面的東西都不存在。

有時候，是中產階級生活的總和，掩蓋了我們內心深處的那個地方。我們只是過日子，每天做著乏味的雜事，像是購物和通勤，死板的想法和制式的情緒像是一層薄膜，遮蓋了一切。最後，你開始習慣你在自己周圍建立的緩衝牆，你覺得平淡的人生比充滿渴求的人生更安全。這樣的結果並不算美好，沒有人能比C．S．路易斯更能捕捉其精髓：

> 安全的投資並不存在。愛就是展現脆弱。當你愛上任何人事物，你的心一定會充滿糾結，而且可能會心碎。想要你的心完好無缺，就不可以把心交給任何人，連動物也不行。用嗜好與昂貴的收藏品將你的心層層包裹，嚴禁與他人有任何牽扯，把它收在以自私為名的匣子或棺木裡。但在那個安全、黑暗、靜止、密不通風的匣子裡，你的心會起變化。它永遠不會受傷，並且變得無堅不摧、無法捉摸，也得不到救贖。
>
> 悲劇（或發生悲劇的風險）的另一面，是下地獄。在天堂之外，唯一可以保證你不受愛的所有威脅和煩惱打擾的地方，是地獄。

沒有人會故意埋葬自己的心，並麻痺心魔；它只是歷經數十年小心翼翼的職業生涯之後，自然發生的結果。

到最後，人與自己的渴望形同陌路。哲學家賈塞特（José Ortega y Gasset）認為，大多數人竭盡所能的逃避真實的自己，將心魔封口，拒絕聽見它說的話。我們把微弱的內在火花埋在更安全的其他噪音底下，接受一個空虛不真實的人生。

重新喚醒靈魂

關於志業，假如你真的想要做出明智的決定，你必須選擇一種可以讓你的心與靈每天保持清醒的生活方式。有些活動會掩埋心與靈，也就是太過分析性、經濟性、職業取向，以及貪圖物質享受的活動。有些活動可以喚醒我們的心，吸引我們的靈魂投入其中——音樂、戲劇、藝術、友誼、和孩子相處、被美圍繞，以及（有點格格不入）目睹不公義。每天清楚感受到體內充滿生猛欲望的人，能夠最明智的做出關於志業的決定。他們離開無趣的辦公室，到問題所在之處工作。他們能看見自己的欲望，與自己的欲望對質，並了解自己真正渴求的是什麼。

有時候，藝術家能喚醒心與靈。彌爾（James Mill）的目標是把兒子約翰教養成一個思考機器。他在約翰兩歲時就教他希臘文。在八到十二歲之間，約翰已經讀過了希羅多德、荷馬和色諾芬的所有作品；六篇柏拉圖的對話；維吉爾與奧維德的詩（拉丁文版），並且學習物理、化學、天文學以及數學。連節日也不能休息。一切都進行得很順利，約翰成了一個令人驚奇的天才，直到他在二十歲那年陷入重度憂鬱。

約翰這才明白，一味研讀資料和非小說作品對自己造成了什麼影響。他意識到：「分析的習慣往往會把感覺磨掉。」但某個東西拯救了他，不是頓悟，也不是什麼新的驚人洞察，而是詩。華茲華斯的詩：「華茲華斯的詩之所以能療癒我的心智狀態，是因為他的詩表達了不只有外在的美，還有感覺的狀態，以及思緒被感覺感染的狀態，出於美帶來的振奮感……我似乎從這些詩中汲取了內在的喜樂，同感與想像的樂趣，這些是全人類都能分享的，而且與掙扎或不完美無關，但是會因為人類的物質或社會狀況的改善，而變得更豐富。」

當約翰覺得自己的渴望失去熱度時，他陷入了憂鬱。當他發現自己擁有無限的靈性與道德渴望、而不是世俗欲望，才走出憂鬱。從此以後，他寫道：「培養情感成為我的倫理和哲學信念的一個重心。」

有時候，喚醒靈魂並幫助我們找到心魔的，是單純的欣喜之情。克蘭西（Tom Clancy）出版《獵殺紅色十月號》後不久，我受邀與克蘭西共進晚餐。他剛受到美國海軍的邀請，參觀了一些海軍戰艦，也看到了最新的武器系統。他的臉興奮得紅通通的，眼睛發亮。在晚餐的前半段，他喜不自勝的描述了那些最新的武器系統，像個孩子般興奮得坐不住，對我詳細解說所有的科技知識，而我對那些知識其實毫無感覺。我當時心想：哦，原來如此。除非你真心相信自己寫的東西是世界上最酷的東西，除非你發自內心流露出孩童般的熱情，否則你一定寫不出暢銷軍事小說。這是騙不了人的。

有時候，你見到了你真的非常欣賞的人，這個際遇引發了強烈的渴望，讓你想和這個人一樣。貝特森（Mary Catherine Bateson）在《構築人生》（*Composing a Life*）中提到一位名叫瓊安的女性，她正在大學就讀，準備當個體育老師。她很喜歡跳舞，但她不敢夢想當一名舞者，因為她的個子很高大，而舞者的體型都很嬌小。有一天，一位舞蹈老師來到她的學校，她的個頭和瓊安一樣高大，但腳步非常輕盈。「我一邊看著她跳舞，一邊心想，你的個子沒有比她高大，或許你還是有當舞者的條件。」瓊安寫道。「於是我開始認真學跳舞，一段時間之後，我開始得到稱讚，我是說，我跳得真的很好。大概是在那年的年底，我才真正想通了，於是我對自己說，我決定了！這就是我的路，我是個舞者。我就是知道。從此以後，我每天都像在天堂般開心。」

有時候，悲劇的震撼會使我們拋下錯誤的渴望，幫助我們看見自己真正的渴望。艾蜜莉．艾斯法哈尼．史密斯（Emily Esfahani Smith）在《意義：邁向美好而深刻的人生》中提到了一位名叫克莉絲汀的女性，她在成長過程中一直和母親非常親近。她在密西根大學讀工程系，打算將來當個工程師。在她大三那年，有一天，她的母親過馬路時被一輛卡車撞死了。「她被一個白痴害死了，一個不負責任而且愚蠢的人。」克莉絲汀說。「我從此覺得人生失去了希望；一切都不再有意義。她已經走了。怎麼會這樣？我一方面非常憤怒，一方面想要放下這件事，繼續過日子，向前看……我好恨人類。但在同時，日子還是得過下去。」

克莉絲汀後來放棄了工程師之路，成為一位糕點主廚。「經歷過那樣的事情後，你會開始思考人生，以及你是誰，你想要做什麼。我現在做的決定當中，有百分之九十五是受到母親過世這件事的影響。所以說，是啊，做糕點。」

有時候驅使我們的是，煎熬著我們良知的問題。如果你在一個普通的辦公室，做些組織裡的工作，你大概沒有機會親眼目睹牽涉廣泛的社會問題。但假如你是在印第安保護區裡的學校當老師，你會親眼目睹不公義。你的靈魂會受到煎熬，並且渴求能糾正錯誤。你的人生道路會變得非常清晰。

韋特海默（Fred Wertheimer）一生致力於改革政治競選的財務議題。他非常憎惡金錢使政治圈腐化這件事，但他對這個問題充滿熱情。他每天會寄給我一大堆 email，連結到與競選財務改革有關的新聞。我很想取消訂閱他的 email，因為他發的信總是把我的信箱塞爆。但我不想讓他覺得受傷，因為如果我告訴他，我不是那麼關心他在乎的問題，就相當於告訴他，我其實沒有那麼關心他的孩子。

關於追尋召喚的人，伯恩哈德（Thomas Bernhard）如此寫道：「你必須擁有探查的心態，探查錯誤、人性的錯誤，以及探查失敗。」

經過一段時間之後，解決問題的承諾，通常會蓋過一個人最初想解決問題的熱情。例如，許多人會遇到某個時間點，他們必須抉擇，到底要集中資源幫助少數人，讓他們得到多一點的照顧，還是廣泛的幫助多數人，讓更多人受惠。某位女性可能因為熱愛教學而進入教育界。但是在職業發展的中途，有人問她是否願意擔任校長或管理者，這份工作會迫使她離開她珍視的教學工作，轉而從事她沒有興趣的無聊行政工作，以及棘手的人事工作。

有些人會婉拒這個「升遷機會」。他們寧可從事第一線工作，而不是擔任管理者；寧可當老師，而不是當校長；寧可當作家，而不是當編輯。他們認為，人所謂的「影響力」或「擴大規模」的重要性，其實被高估了。然而，在我見過的例子中，大多數的人會選擇接受升遷。校長這份工作（或是編輯、管理者等）確實非常無趣，但可以帶來更多滿足感。人基於對某個活動的美學感動，而投入某個志業，但經過一段時間之後他們發現，能夠為某個機構解決某個問題時，可以帶給他們最大的滿足。他們找到了自己的志業。

在那樣的時刻，你會有一種篤定的感覺。那時，你不再問：「我這輩子該做什麼？」你會發現，當你某天早上醒來時，那個問題早已無影無蹤。

承擔責任的時刻

有許多人會對正在尋找志業的人給予忠告，在這些忠告當中，我認為最棒的是「嘗試所有的事」（say yes to everything）。抓住你遇到的每個機會，因為你不知道它會把你帶往什麼樣的人生發展。把行動變成你的最愛。把自己想成是一條期待被人抓住的魚，放膽去咬所有的釣餌吧。

單純的問題可以幫助你找到使你開心的事。我最喜歡談論哪個話題？如果答案是摩托車，或許你的志業是當個機械技師。我覺得哪裡最需要我？如果答案是成為軍人保家衛國，或許你的志業是成為執法人員。我願意忍受什麼樣的痛苦？假如你願意忍受被拒絕的悲慘下場，那麼你一定對劇場表演有相當大的熱情。還有，別忘了傑拉德提出的問題：如果你的心裡沒有任何懼怕，你會做什麼？恐懼是個很好的導航系統；它會告訴你，你真正的渴望在何處，即使那渴望是社會不贊同的事。

我有個朋友名叫史瓦尼克（Fred Swaniker），他一九七六年出生於加納，他的父親是一名律師兼地方法官，他小時候曾在非洲的四個國家居住過。他父親在他十多歲時過世。後來，他母親在波札那設立了一所學校，一開始只收到五名學生。他的母親讓史瓦尼克擔任校長。

高中畢業後，史瓦尼克申請到明尼蘇達馬卡萊斯特學院的獎學金。後來在麥肯錫顧問公司找到工作，還取得了史丹佛商學研究所的學位。然而，有個念頭一直縈繞在他的腦海：非洲有無數和他一樣的年輕人，但他們永遠得不到像他這樣的機會。

他想過回到非洲設立連鎖醫療診所。但在人生的這個關鍵時刻，他最後得到的結論是，阻礙非洲進步的最大原因，是那裡欠缺可提供優質訓練的領導力課程。於是他向矽谷的朋友募了一些資金，回到南非創立非洲領導力學院（African Leadership Academy），目標是在未來五十年訓練出六千名領導人才。非洲領導力學院招收來自非洲各地的優秀學生，提供他們免費的教育，還送他們到國外大學就讀，只要他們允諾完成學業後會回到非洲回饋家鄉。

二〇〇六年，史瓦尼克被提名角逐「綠色種子基金」（Echoing Green Fellowship），這個基金當年頒發獎金給全世界最有潛力的十六位社會企業家。在面談過程中，「綠色種子基金」要求史瓦尼克描述他「承擔責任的時刻」，也就是他意識到自己必須辭掉工作，回應生命召喚的時刻。史瓦尼克在部落格平台 Medium 曾寫道：「藉由回答這個問題，我清楚看見了我來到這世上的理由。」

史瓦尼克相信，這些承擔責任的時刻定義了我們。這些時刻「通常起因於我們對於社會上的不公義、不道德或是不公平的事，所產生的義憤。」但他還說，「對於這些承擔責任的時刻，你應該忽略其中的百分之九十九」，不論這會引發多麼強烈的罪惡感。這個世界上到處是問題，你注定要解決的問題，只有其中少數幾個。

當你為這樣的時刻糾結時，史瓦尼克的建議是，問自己三個最重要的問題：

第一，「這個問題夠大嗎？」有幸受過良好教育、身體健康、擁有令人稱羨的工作資歷的人，不應該只解決小問題。假如你是這個社會上的幸運兒，你應該解決大問題。

第二，「要促成這件事，是否非我不可？」回顧你經歷過的事情，這些經驗是否幫助你做好準備來完成這個使命？

第三，「我對這件事真的有熱情嗎？」這件事是否在你的腦海揮之不去？使你睡不著覺？

史瓦尼克建議，如果你對上述問題的答案不是堅定的「是」，你就應該放下這件事。史瓦尼克的人生完全符合這三個條件。他的成長階段在非洲的許多國家度過，所以他對非洲各國有廣泛的了解。他的母親是個老師，他也見證了自己的人生因為獎學金而改變，所以他非常適合進入教育領域。他毫無畏懼的挑了一個大問題——教育全非洲最優秀的學生，這是需要一輩子來完成的大工程。

但史瓦尼克大顯身手的時刻還在後面。非洲領導力學院開始運作後，他接著創立了「非洲領導力網絡」（African Leadership Network），這個社團裡大約有兩千名來自非洲各地、充滿潛力的年輕專業人士。但三十多歲的史瓦尼克看見了一個新的大問題：非洲的大學非常短缺。他覺得應該要有人創立一所非洲領導力大學（African Leadership University），目標是建立一個大學網絡，涵蓋分布在全非洲的二十五所新大學。每所學校要招收一萬名學生。五十年後，就能培育出三百萬個領導人才。

他慫恿朋友去辦大學，但沒有人點頭。不過，史瓦尼克不肯就此罷休。這是個大問題，他以滿腔的熱血關心這個問題，而且只有他具備了所有的條件。有多少人在十八歲就擔任校長，並且開發了一個涵蓋了五千所高中的短途運輸系統，以及創造了一個橫跨全非洲的年輕創業家領導力網絡？「當我把所有的線索串起來，我發現我過去十五年來的經驗，就是為了這件事而做準備。這些經驗提供我專業知識、技能和人脈，來執行這個規模更大的創舉。募一億美元的經驗給了我足夠的訓練，幫助我募集五十億美元。」

非洲領導力大學的第一所學校設在模里西斯，第二所設在盧安達，第三所即將在奈及利亞開始運作。非洲領導力大學在招生第一天就收到了六千份入學申請書，而入學名額只有一百八十名。大約還需要二十五至三十年，才能達到史瓦尼克設定的數目。

史瓦尼克的例子是個壯舉，他所創建的體制，遠超出多數人所做的事情的規模。儘管如此，他仍然是個很好的榜樣，他傾聽生命，探索渴望，自問：「我的周遭有哪些問題？我的人生為我做好了哪些準備？這兩件事要怎麼結合在一起？」

史瓦尼克的故事說明了選擇志業的最後兩個特點。第一，重點不在於創造職涯路徑。而是自問，什麼會觸及我最深的渴望？什麼活動可以給我最深刻的滿足感？第二，重點在於契合。選擇志業時，最重要的不是找到世界上最大或最引人矚目的問題，而是為吸引你的活動找到契合的社會需求。這個過程和我們先前提過的內在旅程相同：在你的內在向下墜落，然後向外擴展。找到你的自我想和他人連結的部分，那個地方是「你內心最深的歡愉和世界最深的飢渴交會之處」，小說家布赫納如是說。

13 專精

希特－蒙（William Least Heat-Moon）失去密蘇里大學的教學工作後，他決定給自己放個假，到全美國走透透。他只走老牌地圖出版公司蘭德麥納利發行的地圖上標示為藍色的鄉間小路。當他快到加州帽子溪（Hat Creek）的城鎮時，他遇見一位遛狗的老人。

「一個人如果有價值，就永遠不會失業，」老人若有所思的說道，「只不過有時候他會得不到報酬。我曾遇到沒得到報酬的時候，也曾順利拿到報酬。但那和工作沒有關係。一個人的工作是做他該做的事，因此他需要偶爾遇到一個大災難，讓他知道不幸的轉折並不是終點，因為巨大的打擊永遠無法阻止善人的工作。」

那是個很好用的分辨方法。職業是謀生的方法，但工作是一條獨特的道路，在這條路上，你被人需要，同時履行人生賦予你的責任。金恩博士曾提出忠告，你的工作應該要有長度——用一生的時間不斷精進；應該要有廣度——它應該觸及許多人；應該要有高度——它應該促使你為理想服務，滿足靈魂對公正的渴求。

我們都認識在觀光服務業工作的人，不論他們從事哪種類型的職務，都會展露殷勤款待的特質。作家連恩的工作是試著記錄與描述他有時候在大自然裡經歷的靈性昇華體驗。不過，當他參加晚餐派對時，他不能跟別人說他的工作是在森林裡遊蕩，追尋超然存在的體驗。「我的掩護身分是大學教授，」他寫道，「我用這種負責任的形象做為掩護，來從事其他更重要的事情。」身為大學教授，他呈現出「從事被歸類為可接受的體面活動。我設法讓雇主滿意我的表現，符合社會期待，簽名付帳。」但他真正的工作是在山上，追尋那虛無縹緲的永恆。

挖坑

找到志業的人不再有不確定性帶來的焦慮，但他仍然需要面對工作上的挑戰。不論你的志業帶給你多大的感動，所有的志業都有累人的一面。有時候，如果你想成為專業人士，你就得乖乖去挖那該死的坑。

所有貨真價實的工作都有測試門檻，也就是這個世界和命運用大石頭阻擋你去路的時候。所有貨真價實的工作都要有紀律。孔子說：「謙恭的人若沒有規矩引導，他就會白費力氣；謹慎的人若沒有規矩引導，他就會變得膽怯；大膽的人若沒有規矩引導，他就會變得魯莽；率直的人若沒有規矩引導，他就會變得無禮。」

所有貨真價實的工作，都需要堅決的投入刻意的練習，願意一遍又一遍做著無趣的事，只為了專精這個技能。富蘭克林為了訓練自己的寫作能力，把當時最知名的雜誌《旁觀者》上的散文改寫成詩，再把他的詩改寫回散文。接下來，他會分析他寫的散文和原始文章的差別在哪裡。

布萊德利（Bill Bradley）在學習打籃球時，給自己訂了時間表：每天下課後練習三個半小時，包括星期天；星期六則要練習八個小時。他在腳踝戴了四點五公斤的腳踝式加重器來鍛鍊肌肉。他最大的弱點是運球，於是他在眼鏡下方貼上紙片，讓自己在運球時看不到球。當他們全家人搭遊輪去歐洲旅行時，他在甲板下層找到了兩條又長又窄的走道，在那裡用快跑的方式運球，每天花無數時間練習。

刻意練習會將自動化流程變慢。當我們練習某個技巧時，大腦會把新的知識儲存在無意識裡（想想你學騎腳踏車的例子）。然而對大腦來說，還不錯就已經足夠了。因此，如果你想要達到專精的層次，就必須刻意放慢學習的步調，讓知識達到完美的境界之後才儲存在潛意識裡。

有些音樂學院會教主修鋼琴的學生刻意放慢彈奏速度，如果能聽出那是哪個作品的旋律，就代表彈奏得太快了。有些高爾夫球學院會要求學員放慢揮桿速度，用九十秒的時間揮一次桿（你可以試試看）。瑪莎．葛蘭姆把練舞室的鏡子用麻布蓋起來。假如舞者想要確認自己的動作對不對，他們必須專注於自己肢體動作，靠感覺來確認。

愈是仰賴創造力的活動，工作習慣就要愈有結構。在創作階段時，安吉羅（Maya Angelou）每天早上五點半起床，喝咖啡。六點半她會前往長期租下的飯店房間——一個很普通的房間，裡面只有一張床、一張桌子、一本《聖經》、一本字典、一副撲克牌，以及一瓶雪莉酒。她會在早上七點到達那裡，開始寫作，直到中午十二點半才離開。

齊佛（John Cheever）每天起床後，會穿上他唯一的一套西裝，搭電梯到公寓大樓的地下儲藏室。接著脫下西裝，只穿內褲開始寫作，直到中午。然後他穿上西裝，搭手扶梯到樓上吃午餐。

特洛勒普（Anthony Trollope）的例子比較極端。他每天早晨五點半會準時坐在書桌前，僕人會在同一時間端來一杯咖啡。他規定自己每十五分鐘要寫出兩百五十個字，持續兩個半小時，每天都是如此。他每天要寫兩千五百個字，一字不差。假如他完成的小說沒有達到那個字數，他會立刻開始再寫一個新的故事，來達成那個目標。

多福曼（H. A. Dorfman）是一位偉大的棒球心理學家。在他的傑作《投手的心靈密碼》中，多福曼說，假如你不想被飄忽不定的思緒牽著走，就需要遵守這種結構性的紀律。「自律是一種自由，」他寫道，「逃離懶散打瞌睡的自由，逃離他人的期待與要求的自由，逃離軟弱、恐懼和懷疑的自由。」

多福曼建議投手在每次比賽都採取相同的儀式習慣。從更衣室走到板凳的同一個位置，把水壺放在同一個地方，用同樣的方式做伸展操。他告訴投手要規劃好工作場所的物品配置。投手的世界只有兩個場所：投手丘上和投手丘外。站上投手丘的投手只能想兩件事：投哪一種球，以及把球投在哪個位置。假如他發現自己在想其他的事，就應該走下投手丘。

多福曼認為，思緒呈現直線思考時，腦袋才能聚焦。紀律就是把任務放在腦袋的中央位置。投手的個性不是重點，他的才華與焦慮也不是重點，他的任務才是重點。最厲害的人能夠和自己所做的事保持一段距離。他能對自己最熱愛的事保持冷靜的態度。

當你這麼做一段時間之後，你會開始了解自己的長處和極限，然後設計出屬於自己的一套方法。開始寫作幾年之後，我發現我的記性很差，我很難按照順序組織我的思緒。靈感經常在我沒有預料的時候隨機出現在我的腦海。因此，我總是把一本小筆記本放在我的後口袋，以便隨時把靈感記下來。當我研究某個主題時，我會蒐集一大堆印出來的資料。當我讀一本書時，我會把所有的重要段落影印下來。

後來我發現，原來我以地理方式來思考。我需要看到所有的筆記和文章段落擺在眼前，才能對我掌握的資料有感覺。於是我為自己發明了一套系統。我把所有的相關資料整理成一疊一疊的，放在書房或客廳的地毯上。每一疊資料相當於我的專欄或書的一個段落。我的報紙專欄只有八百五十字，但我需要用到十四疊資料。我的寫作過程不是坐在書桌前打字，而是在地毯上爬來爬去，把我的資料一疊疊擺好。然後我會拿起一疊資料，帶到大書桌，再把這疊代表一段文章的資料，以句子為單位分成許多小疊。然後，當我把我的想法打成文字後，我就把這疊資料丟掉，接著處理下一疊資料。寫作的重點其實是結構與流暢度的管理。假如沒有把結構弄對，就什麼也寫不出來。對我而言，在地板上的資料堆裡爬來爬去，是我工作時最快樂的時刻。

志業造就一個人

我們透過工作對同伴做出貢獻。凱勒牧師說：「愛你鄰人最好的方法，就是做好你的工作，不論你是停車收費員，或是軟體工程師或作家。但只有善盡職責的高品質工作才算數。」

志業可以幫助我們改掉自我中心的習慣，因為你必須把注意力放在工作上。

志業可以治癒我們的焦躁不安。專精於志業很像挖井，你每天做相同的事，日復一日，慢慢的，慢慢的，你就愈挖愈深，而且愈來愈會挖。「在寂靜、穩定、極度抽象中，讓他支持他自己，」愛默生寫道，「在觀察之上再加入觀察，忍耐被忽略，忍耐被責備；讓他等待他的時機，若他能真正從獨處得到滿足，那他就擁有足夠的快樂，這就是他看見真實的那一天。」

愛默生強調做出承諾的一個關鍵要素。承諾的一開始涉及選擇，選擇這個或那個志業。但百分之九十九點九的時候，它意味選擇我們已經選過的東西。就像所有的寫作其實只是重寫，所有的承諾其實是再度承諾，它是對你已經允諾要做的事，做出承諾。

畢比（Mike Beebe）在塗了瀝青的簡陋小木屋長大，他的母親是個青少年單親媽媽。他在阿肯色州就讀高中，於阿肯色州立大學取得學士學位，又從阿肯色大學取得法律學位。一九八二年他當選州議員，二〇〇七年成為州長。他是阿肯色州和全美國最受愛戴的州長之一。共和黨在二〇一〇年的選舉在美國各州把民主黨打趴，但代表民主黨的畢比橫掃阿肯色州的七十五個郡，順利連任成功。

他的祕訣是什麼？一個重要的因素是，他沒有進軍全國性大選的野心。阿肯色是他的家鄉，他只想把所有精力放在這個地方。紐約的一神普救派牧師京格里奇（Galen Guengerich）得知畢比的事蹟後，做出了一個恰當的結論。向前看並嘗試新事物有時候是對的，京格里奇評論道：

但我們也需要學習留在原地和保持真實的美德，再次選擇我們曾經選擇的東西。在我看來，那是我們上教堂的主要原因。

我們上教堂，不是為了每週獲得一點靈性的進展，不過有進展也是好事。我們主要是為了保持一貫，為了始終不變的那些東西：禮拜儀式的安慰，音樂的慰藉，看到熟悉面孔的安心，恆久存在的古老儀式與永恆象徵。我們來到這裡，是為了提醒自己，讓我們凝聚在一起的價值觀，以及使我們朝著正確方向前進的承諾。我們來到這裡，是為了再次選擇我們曾經選擇的東西。

假如你一路觀察眾人的職涯歷程，你會注意到，人在某些心理活動的表現會愈來愈好，但在其他心理活動的表現則愈來愈差。科學家說，人類的大腦在二十多歲時達到高峰，在那之後，腦細胞會不斷死去，記憶力會不斷衰退。但是我們從經驗得到的教訓會發揮彌補的作用。我們辨識模式的能力變得愈來愈強，而且不必花太多力氣就能做出決定。神經心理學家高德伯（Elkhonon

Goldberg）專門研究大腦的模式。他在職涯晚期提到了他自己的能力：「我的腦子裡發生了一些相當有趣的事，那是以前沒有發生過的事。最近，當我遇到看起來很有挑戰性的問題，不知怎麼的，絞盡腦汁的過程神奇的消失了，答案會毫不費力、不著痕跡的自動出現。隨著年齡的增長，我逐漸失去了高難度心智運作的能力，但我似乎獲得了一種新的能力，能在一瞬間毫不費力的產生洞見。」

達到專精程度的人看到的不再是個別的棋子，而是全局。他們能察覺真正在驅動比賽的力場。有些音樂家說，他可以看見音樂作品的完整結構，而不只是音符。

成為皇帝

「工人皇帝」史普林斯汀的人生是從毫無經驗到專精境界的完美寫照，說明了一個人把一生奉獻給志業的故事。在七歲時，史普林斯汀經歷了他的揭曉時刻。當時他正在看「蘇利文劇場」，突然看見貓王出現在節目中。貓王帶給他非常大的震撼。史普林斯汀在回憶錄中提到：「一種新人類、一種新的現代人，咬字不清的唱著激進和帶有性暗示的歌詞，還有……盡情享受人生！……貨真價實的那種。祝福生命、拆毀隔離之牆、改變人心、令人大開眼界，更自由、更解放的存在。」

年幼的史普林斯汀看著貓王，心裡湧現一股衝動，他想成為和貓王一樣的人。「所有的關係始於投射。」賀里斯評論道。史普林斯汀拉著母親到樂器行，幾乎沒有零用錢的他，租了一把吉他。他把吉他帶回家，練習了幾個星期，然後就放棄了。學吉他太辛苦了。

史普林斯汀來自那種典型的家庭：專門製造童年悲慘、一輩子接受心理分析，以及擁有驚人成就。他有個慈愛而溺愛他的母親，以及冷淡而疏遠的父親。他們家非常窮，房子破爛到幾乎快要倒塌。他們必須在廚房燒熱水，提到浴室，倒到浴缸裡，才有熱水可以洗澡。他童年時期的綽號是「眨眼仔」，因為他總是緊張的不斷眨眼睛。他是個生性害羞、舉止笨拙的青少年。

然後，他再度被雷電劈到。一九六四年，「披頭四」在「蘇利文劇場」表演，史普林斯汀再度感受到當年貓王帶來的召喚，以及相同的強烈好奇心。他跑到當地的平價雜貨店，來到最裡面的小小唱片區，找到了他後來所說的「史上最偉大的專輯」。那張專輯是《遇見披頭四》，唱片封面是一半在陰影中的四張臉。「那正是我想做的事。」

當我們事後談到這些時刻，往往會強調自己的低俗野心，而羞於談論自己的崇高理想，因為我們不想讓別人覺得我們很做作。當你問一些音樂人，他們為何進入音樂界，他們總是說，他們只是為了釣馬子、談戀愛，或是賺錢，但那些低俗動機通常只是表面上的說法，因為他們不想展現出對崇高理想的熱切與真心，那代表他們需要表達內心的情感，探索某些私人經驗。

給年輕人的一個最好的忠告是：盡快開始做你想做的事。如果你知道你想做什麼，現在就著手去做。不要想東想西，告訴自己這份工作或那個學位有助於你為終極人生目標做好準備，而因此有所耽擱。只要開始去做就好。史普林斯汀沒有其他的備案，也沒有三心二意，他只是單純的立刻開始做自己想做的事。

他買了一把破爛的二手吉他，自學彈奏。五個月後，他的手指都磨出了硬繭。他加入了樂團，在自己就讀的高中表演。但他彈得很爛，被踢出了樂團。

那天晚上，他拿出「滾石樂團」的專輯，仔細聽理查茲（Keith Richards）的吉他獨奏，一整夜試著模仿他的彈奏方式。史普林斯汀每個週末會到YMCA或參加高中舞會。他不是去跳舞，而是站在舞台旁邊，研究主奏吉他手的技巧。然後他會衝回家，回到房間試著彈出他看到的彈法。章伯斯（Oswald Chambers）曾寫過：「下苦功是品格的試金石。」

史普林斯汀加入了更多樂團，他二十歲時，已經在所有的小型場所表演過了，包括YMCA、比薩店、加油站的開幕活動、婚禮、猶太成人禮、消防員的集會，以及萬寶路精神病醫院（Marlboro Psychiatric Hospital）。他慢慢變得愈來愈厲害。他在紐澤西州的阿斯布里派克（Asbury Park）舉目無親，但那裡有一家酒吧，裡面有一套音響設備。任何音樂人都可以報名，上去表演半個小時。史普林斯汀走進那裡，他一個人也不認識，然後開始火力全開的演奏。他在自傳《生來奔跑》提到：「我看到觀眾坐直了身體，有些人移到了比較靠近的座位，開始認真聽我演奏。」接下來，他展開了「三十分鐘嗆辣的吉他大對決，然後我就離開了。」一個新的神槍手進城了。

史普林斯汀網羅了他能找到的頂尖樂手，同樣關閉了其他選項的同伴。他們積極的在紐澤西州巡迴表演，也到紐約的格林威治村，那個九十分鐘車程之外的地方，儼然是另一個世界。他們在那裡遭到了嚴酷事實的打擊：那裡大多數的樂團都比他們厲害。失敗（至少）有兩種。第一種失敗是，你很厲害，但其他人看不出你有多厲害。梅爾維爾的《白鯨記》在出版後的十八個月內只賣出兩千三百本，在出版後的五十年內，只賣出五千五百本。書評家把這本書批評得一文不值。有些藝術家的宿命是，創造一個新的品味，並且接受這個新品味的評斷。第二種失敗是，你之所以失敗，是因為你其實沒有你所想的那麼厲害，而其他人看穿了這個事實。

我們都想把自己的失敗想成是第一種。但有人說，世界上的失敗有百分之九十五屬於第二種。邁向專精之路的一項品格檢驗，就是明白這個事實。

別人的知識你可以學會，但別人的智慧你學不來。史普林斯汀早期的掙扎教導他，要把注意力放在志業中不好玩的部分，你必須克服那些東西，這條路才走得下去。他花愈來愈多時間思考要如何打造一個樂團。他開除了經紀人，也開除了一個偶有精采表現、但水準不穩定的鼓手。他一直在思考管理結構的事。他的樂團裡不能有民主，他要親自管理它。

我們大多認為，搖滾明星一定是工作得很兇、玩得也很兇的那種人。不過，專精與放蕩幾乎是沒有交集的平行線。專精技藝需要高度紀律，而且通常涉及某種形式的禁慾。史普林斯汀的早期職涯都在酒吧工作，但他在工作時從來不喝酒。他一輩子在唱和工廠有關的歌，但他從來不曾去過任何一間工廠。他有很多首歌和汽車有關，但他年輕時並不會開車。搖滾樂的主題是狂野和享樂，但史普林斯汀在演唱會結束後，永遠只做同一件事：一個人待在飯店房間裡，陪伴他的只有炸雞、薯條、一本書、電視和一張床。

他說，藝術帶有一點詐騙的成分，重點在於投射一個搖滾巨星的形象，雖然你的真實生活和搖滾巨星相去甚遠。

有些人可以透過社交活動進入社交心流。他們會和一大群朋友去吃飯或參加派對，或是一票人一起跳舞，自我意識過剩的情況就會消失。但許多藝術家難以在生活中自然的進入忘我的境界。他們覺得自己和別人離得很遠，而且希望能和別人以某種方式連結。正是這種社交與情感心流的欠缺，創造力才會被激發。詩人魏曼說：「藝術家會有自覺的永遠和生命保持一段距離，這可能會造成一個結果，那就是你會開始對於你過去一直沒有感覺到的東西，產生強烈的感受：生命中保留的情感，變成了作品的強大力量來源。」

一九七二年，二十二歲的史普林斯汀終於被世人看見了。他的前兩張專輯並沒有大賣，因此，他的事業前景取決於第三張專輯的成敗。那張專輯就是《生來奔跑》。史普林斯汀在同一週登上《時代》和《新聞週刊》的封面，在那個時代，這是別具意義的大事。

他在一夕之間成為巨星。很顯然，他的下一步是更上一層樓，擴展他的事業。當然，這是唱片公司和他周遭每個人希望看到的事。這是很自然的發展。如果你是新人，你的下一步是成為明星。如果你是明星，你的下一步是成為超級巨星。

接下來發生的事，是史普林斯汀登上專精境界的關鍵。他並沒有向外面的世界擴展，試圖征服全美國的版圖，而是回到家鄉，向內深耕。他的下一張專輯深入挖掘了他的族人的世界，一群住在紐澤西小鎮邊緣的人。他必須回歸他的音樂初衷，以反映他所描述的孤獨人物。

許多人在事業成功後會遇到這種時刻：未來的成功榮景試著拉你遠離你的真心，遠離一開始激發你從事這份工作的心魔。要斷然排除周遭的聲音，再次選擇你曾經選擇的東西，需要一股生猛的道德勇氣。表面上看起來你好像拋棄了成為巨星的大好機會，但其實你只是回歸了一開始使你成為明星的原點。

「我想在這個地方用音樂表達我的立場，同時搜尋我自己的疑問和答案，」史普林斯汀寫道，「我不想向外跑，我想要向內找。我不想消除、逃避、遺忘或拒絕。我想要了解。壓抑我父母人生的社會力量是什麼？他們的人生為何如此辛苦？」

這裡出現了一個矛盾：史普林斯汀成長於「我可以自由做自己」時代的全盛時期。搖滾樂是表達這種道德觀的代表物。史普林斯汀自己也唱著要逃離這裡，去追求徹底自由的歌。但在真實生活中，他從來不曾相信那個虛假的誘惑。他回歸更深的根，深入他沒有選擇餘地的責任。直至今日，他仍然住在離家鄉只有十分鐘車程的地方。

「我覺得無拘無束的個人權利與真正的自由有很大的差別。在我們之前出現的許多搖滾團體，其中許多人是我的偶像，誤把這兩者混為一談，結果造成了悲慘的結果。我覺得個人權利之於自由，就像手淫之於性愛；它並非壞事，但也絕不是本尊。」史普林斯汀覺得，他對於和他一起成長的那群人有責任，這些人很少人能上大學，大多數人一直生活在困頓中，於是他回到家鄉，在那裡扎根。

數十年後，我看到史普林斯汀在馬德里，在六萬五千名瘋狂尖叫的年輕人面前表演。他們T恤上印的文字，都來自史普林斯汀的歌曲，或是與他有關的傳說——九號公路（Highway 9）、他的發跡表演場所 Stone Pony、他的社群與ＩＧ帳號名稱 Greasy Lake。事實證明，他不需要向外尋找粉絲。當他創造了自己家鄉的獨特景色，粉絲自然會找上門來。這使我們體會了獨特性的強大威力。比起在廣大的折衷主義網絡中長大，從一個地方換到另一個地方，嘗遍各種風格，身分認同由鬆散的承諾或完全沒有任何承諾所形成，假如你的身分認同是由嚴苛的規定形成，假如你來自某個特殊的地方，假如你傳承了某個獨特的傳統，假如你關心的事物是透過某個特定的想像世界呈現出來，你將會更有深度，觀點也更清晰。

我有個學生名叫恩迪（Jon Endean）。他曾告訴我關於他在萊斯大學的社會學教授艾默生（Michael Emerson）的事蹟。艾默生是個白人，教的是種族正義。為了彰顯身分認同的力量，他為班上每個學生貼上一個標籤：「肯塔基男」、「炸醃黃瓜女」諸如此類。他稱自己為「普通男」（Common Guy）或「普通」（Common）。他帶領學生進行一系列活動，說明標籤如何形塑我們的人生。例如，他們製作了黑人與白人的線上交友個人檔案，觀察別人的反應有何不同。恩迪告訴我，「普通」是他所遇過最棒的老師，他對於種族角色、宗教與都市生活的研究，在相關領域裡都非常出色。

「普通」不只教種族正義。他和太太瓊妮只在黑人社區買房子。他們住過的房子都會跌價。「普通」和瓊妮把孩子送到附近的全黑人學校就讀。當「普通」和瓊妮的孩子五、六歲時，他們的自我認同是黑人。對他們而言，種族認同與膚色無關，而在於他們的朋友是什麼人。

萊斯大學的社會系有一筆研究基金，每年平均分配給每位老師。「普通」已經有終身職，所以他把他的研究費讓給比較資淺的老師，因為他覺得他們還在為爭取終身職而奮鬥，所以比他更需要這筆研究費。他後來放棄了萊斯大學的終身職，到芝加哥北帕克大學任教。他放棄了名校的榮譽職位，到一所偏僻的學校任教，因為他認為他可以用不同於萊斯大學的教學方式，來教北帕克的學生。

恩迪是在幾年前告訴我關於「普通」的事蹟。但這件事一直存留在我的腦海。這個人找到了絕對的承諾，以身作則成為典範：當志業徹底實踐後，它會把所有的事串起來，形成一個一致的人格，蓋過自我，為至善服務。

第三部

婚姻

14 美滿的婚姻

紀伯特（Jack Gilbert）一九二五年出生於匹茲堡。他高中輟學，從事勞力工作，到歐洲流浪，然後才成為詩人和老師。他的作品多以愛為主題，尤其是對於比他年輕二十一歲的妻子野上美智子的愛。美智子在三十六歲時死於癌症。她死後不久，紀伯特寫了這首〈已婚〉（*Married*）：

從喪禮回到公寓，
我在地上爬著，大哭，
四處搜尋妻子的髮絲。
兩個月的時間，從排水管、
吸塵器、冰箱底部，
以及衣櫃裡的衣服上找到幾根。
但是幾位日本婦人來訪後，
我就停了，因為再也分不出

哪些是她的。過了一年，
在替美智子種的酪梨換盆時，我發現
一根又長又黑的頭髮糾纏在泥土裡。

我以一首與死亡有關的詩展開以婚姻為主題的章節，因為婚姻並不像世人所說的那樣，而且有時是在失去後才最有感觸。美好的婚姻一點也不戲劇性。很難在小說或歌曲裡描繪它，因為定義婚姻的行為是瑣碎的、不變的，而且具有獨特性。婚姻是，知道她喜歡提早到機場。婚姻是，花時間鋪床，雖然你知道如果你不做，她也會做這件事。在更高的層次，婚姻意味給予愛、尊重和安全感，但在日復一日的生活中，你還要透過無止境的小舉動和體貼，讓她知道你了解她的心情、你珍惜她的陪伴，你的世界以她為中心。最後，你必須對自己做一件殘酷的事，在婚姻的聖壇前放下自我，為了兩個人的結合放棄一部分的自己，以及你的渴望。

婚姻是苦樂參半。裡面有只有你們兩個人才懂得的笑話，向親友一再訴說你們是在哪裡愛上彼此的，在晚餐派對上聽他的家人講述他的趣事，以及無法避免的，無止境的做計畫。

大家在婚禮上聽到的《哥林多前書》段落，確實為婚姻之愛下了很好的定義：「愛是恆久忍耐，又有恩慈。愛是不嫉妒；愛是不自誇，不張狂。不做害羞的事，不求自己的益處，不輕易發怒，不計算人的惡。不喜歡不義，只喜歡真理。凡事包容，凡事相信，凡事盼望，凡事忍耐。」

你的結婚對象是誰，是你此生最重要的決定。婚姻會影響你的人生，以及牽涉其中的一切。喬治·華盛頓的一生相當不平凡，但他仍然下了這個結論：「我一直認為，婚姻是人生命中最有趣的事，它是幸福或不幸的溫床。」

我有個朋友娶了一位和自己同齡，美麗又有能力的女性。七年後，經歷了痛苦的不孕治療後，他們終於懷了一個孩子，不過在生產時卻發生狀況。他的妻子羊水栓塞，大量失血。在最危急的時刻，醫生告訴他，他的妻子可能會死，死亡機率是百分之五十到八十。即使活下來，也很可能有嚴重的永久腦部損傷。我的朋友坐在休息室，慢慢接受這個事實：自己下半輩子可能要照顧一個認不出他的女人。「在那個時候你才意識到，你的結婚誓言做了什麼承諾。」這句話是他在那件事發生的幾年之後說的，他坐在妻子和女兒身旁，而她們經歷了奇蹟似的復原。

婚姻以革命的面貌現身。從原本的單身生活，突然變成兩人一起生活——那是一種入侵。然而，我們也會獲得獎賞。擁有長久幸福婚姻的人，就像是贏了人生頭彩。這些幸運兒可以過著幸福快樂的日子。這個夢想吸引著我們前仆後繼的投入婚姻的懷抱。「兩個人覺得他們將終生結合在一起，」喬治·艾略特在《亞當·畢德》寫道，「工作時彼此協助，悲傷時彼此安慰，痛苦時彼此照料。一方要離世時，兩人一同沉浸在難以訴諸言語的回憶裡。世上有比這更幸福的事嗎？」

熱情在年少時最盛，但婚姻在年老時最美。幸福婚姻的真正定義是，相處了數十年的夫妻成為一體。馬奎斯在《愛在瘟疫蔓延時》描述一對老夫妻，捕捉了其精髓：

結縭三十年之後，最終他們對彼此是如此了解，宛如被分割的單一個體，當他們揣測彼此的想法時，總感到不自在……那是他們對彼此的愛最適度的時候，不著急，也不過度，兩個人非常清楚他們奇蹟似的克服了多少困難，並心存感激。當然，人生仍然會給他們其他的考驗，但那已經不重要了：他們已經到了彼岸。

我們都遇過像那樣的夫妻，他們長得很像，笑起來也很像。我認識一對夫婦，吉姆與黛比・法洛斯（Jim and Deb Fallows），他們在我們的社交圈裡是出了名的幸福夫妻。他們散發出同一種智慧和同一種真誠的良善。有一次，一位作家和他們共進午餐，見證了如此喜樂的婚姻，他當下決定要向女友求婚。

沃勒斯坦（Judith Wallerstein）與布萊克斯利（Sandra Blakeslee）在《婚姻，可以很美滿》提出，大約有百分之十五的婚姻，夫妻對彼此的熱情不會消退。她們寫道，在這些婚姻裡的女性，父親通常比母親更願意照顧子女，而母親往往對孩子比較冷淡。這些女性把對父親的理想化概念轉移到丈夫身上。這些丈夫通常經歷了孤獨的童年，也曾失去一些東西。「這些一直沒有得到愛與親密關係的男人，帶著對此二者的強烈需求進入成年期。」

沃勒斯坦與布萊克斯利研究的一對夫妻是麥特與莎拉・透納（Matt and Sara Turner）。「我始終覺得很神奇，直到三十二年後的現在，我還是有這種感覺，」莎拉說，「我們初次見面時就感覺到那魔力。我們那時談過了這件事，直到現在還會談這件事。」

另一對夫妻是弗瑞德與瑪莉．費里尼（Fred and Marie Fellini）。「我一直在回想我們吵過最兇的一次架，」弗瑞德說，「但我想不起來。我們真的有吵架，我只是不記得我們在吵什麼。我們向對方發脾氣，然後事情就過去了。那些事現在一點也不重要了。」

這就是美滿婚姻的樣貌。婚姻是數十年的承諾，是兩個人成為一體的結合。

對美滿婚姻的攻擊

如果你看現代人談婚姻的文章，你會發現作者大多試圖把婚姻縮減到可管理（可能也更實際）的規模。熱情是一時的，因此現在的主流想法是，不要信任它。靈魂伴侶只是一種幻想；不要奢望你會找到真命天子。艾倫．狄波頓曾為《紐約時報》寫過一篇精采且大獲好評的文章：〈你將和錯誤的對象結婚的理由〉（Why You Will Marry the Wrong Person）。他在文中提到，我們不該尋找可以帶我們坐上魔毯飛上天的那個人。「我們要把浪漫的觀點丟掉，採取悲觀（偶爾樂觀）的看法，世界上的所有人都會令我們灰心、生氣、不快、發火，以及失望……空虛與自覺不完整的感覺永遠不會消失。」

許多現代著作以現實或反浪漫為主題。吉普妮斯（Laura Kipnis）寫了《反對愛情》。卜律克內（Pascal Bruckner）在二〇一三年寫了一本挑釁的《為愛結婚已經行不通了嗎？》（*Has Marriage for Love Failed?*）。戈利伯（Lori Gottlieb）二〇〇八年在《大西洋》雜誌發表了一篇引發熱議的文章，這篇文章後來發展成一本書《嫁給他！：還可以的男人就夠了》（*Marry Him!: The Case for Settling for Mr. Good Enough*）。不必為熱情和深厚連結的事擔心，她提出建議：「事實上，根據我的觀察，就長遠來說，接受『還可以』的對象可能會讓你過得比較快樂，因為有許多人帶著很高的期待結婚，最後只是愈來愈失望而已。」

對美滿婚姻的攻擊來自三方面。第一，在離婚相當普遍，而且通常會造成巨大影響的文化裡，許多人會採取自保至上的態度。不要把所有雞蛋放進婚姻這個籃子裡。不要奢求太多；只要打造一個不會破裂的合理婚姻就好。許多曾經因為離婚而受傷的人，會把自保看得比展現脆弱的一面更重要。

第二，許多人發現自己的婚姻其實沒有想像中那麼完美，於是他們轉而擁抱另一種婚姻的定義，讓自己可以湊合著過下去。套用沃勒斯坦與布萊克斯利的說法，他們是「夥伴婚姻」（companionate marriage）。這種夫妻可以處得來，也可以一起養育小孩。但他們之間的熱情已經枯萎。他們可能有或沒有性生活，就算有也很少。工作與教養子女成為他們生活中最重要的部分，而婚姻只排在第三、第四、或第五位。我最近和一位學術界的友人吃午飯，他說：「我沒有認識太多恩愛的夫妻，但我認識很多愛小孩的夫妻。」在這種婚姻裡，你學會按照一種與你的興趣或幹勁沒有太多關係的生活方式過日子。

有些人寧可選擇這種不太有戲劇性的婚姻。沃勒斯坦與布萊克斯利引述一位女性的說法：「我覺得這種關係之所以別具一格，是因為它不會耗掉我所有的精力，而我先前的男女關係總是使我筋疲力竭。我現在有更多自由的時間可以去找朋友，我的生活也變得更有樂趣。」

第三，個人主義主導的文化削弱了美滿婚姻的定義。西北大學社會學教授芬克爾（Eli Finkel）觀察到，現今的文化使我們對自我的需求遠高於其他需求。生命的目的是為了自我實現，表達你的自主權和個體性，按照馬斯洛的需求層次理論向上爬。芬克爾寫道：「表現型個人主義的特點是，堅定相信個體的特殊性；自我發現的旅程被視為一件高尚的事。」在個人主義主導的文化中，婚姻不是融合；而是聯盟。心理學家蘭克（Otto Rank）將關係重新定義為一種社會性連結，「一個個體幫助另一個個體發展與成長，不侵犯對方的性格。」

芬克爾寫道，自一九六五年以來，「我們一直活在自我表現婚姻的時代。美國人現在愈來愈冀望從婚姻得到自我發現、自信和個人成長。」按照知名心理學家羅傑斯（Carl Rogers）的說法，配偶成了「我在獨立但交織的成長之路的同伴」。

假如美滿婚姻的定義是「你泥中有我，我泥中有你」，那麼個人主義對愛的定義就是保有自主權但互相支持。假如盟約型婚姻把關係的需求置於個體的需求之上，那麼個人主義型婚姻就恰好相反。

阿倫森（Polina Aronson）年輕時從俄羅斯移民到美國，她發現美國的浪漫體制是建立在個人選擇之上。她從美國的雜誌發現，美國人頌揚的是「擁有獨立主權的精明挑選者，非常清楚他的需求，並根據自利原則行動」。阿倫森繼續說，或許這種選擇體制最大的問題來自「誤把絕對的自立自強當作是成熟。依附是小孩子的行為。需要他人的肯定是在『討拍』（neediness）。親密關係絕對不能挑戰『個人界線』。」

世人仍壓倒性的想要結婚。但社會學家發現，大家多半將婚姻視為頂石（capstone），而非基石（keystone）。以前的人會早早結婚，讓婚姻把他們磨鍊成自律、有條理的人，使他們能好好發展事業。現在，有更多人選擇先培養好自己的能力再結婚。社會腳本徹底被翻轉了。

頌揚美滿婚姻

個人主義型婚姻有一個問題，那就是它把人困在自我的牢籠裡。若你進入婚姻後試圖想得到自我實現，你一定會非常挫敗，因為婚姻（尤其是養育兒女）會不斷把你拉離自我的目標。

個人主義型婚姻的另一個問題是，它不讓我們有機會實現最深的渴求。我們的心渴求與別人融合在一起；唯有彼此臣服而不是一同擁有自主權，才能辦到。我們的靈魂渴望追逐理想，追求喜樂；唯有為了婚姻昇華自我，才能實現。

根據神話學大師坎伯的看法，在做出承諾的人生中，美滿的婚姻被視為一種英雄式的追尋，自我要為了親密關係而被犧牲。在承諾的道德觀裡，婚姻是人生的道德小宇宙，在這個小宇宙裡，每個人可以按照自由意志去承擔他人的責任，並依賴他人，以成就更偉大的事。在這樣的脈絡下，人不會因為愛自己而變得美好；他們因為愛別人、向他人許下誓言、承接他人的重擔，以及實踐誓言與背起那重擔，而變得美好。生命的尊嚴與莊嚴，都在這樣的臣服裡。

美滿的婚姻需要破釜沉舟的決心。「我們必須回歸徹底放棄的心態，把所有天生的謹慎與防衛丟到風裡，透過意志，把我們完全放在愛的雙手裡。我們不再墜入愛情，而是必須大步走入愛的懷抱。」梅麥克在《比翼雙飛》寫道。

人總是愛談「將就」，但事實上，婚姻是一場兩個人一同進行的充滿希望的革命，而且完全不知道終點會有什麼。它涉及一連串影響深遠的個人大改造，使你成為可以一起生活的那種人。梅麥克還說，不去覺察婚姻本身具備的危機本質，是一件危險的事，「情況會演變成有挑戰性且具建設性的有益危機，還是災難性的惡夢，很大部分取決於雙方是否有被改變的意願。」

婚姻是終極道德教育

沙夫茨伯里勛爵曾說，婚姻就像是寶石滾動研磨機。它把兩個人丟在一起，讓他們日復一日彼此碰撞，使他們透過一連串「友善的碰撞」，不斷磨掉彼此的銳角，直到兩個人都變得閃閃發亮。婚姻會製造各種情況，使你多多少少被迫變成一個沒那麼自私的人。

提姆與凱西．凱勒在《婚姻解密》描述了改進與提升的過程是如何發生的。首先，你和一個你很欣賞而且幾乎完美的人結婚。經過一段時間後，或許是一、兩個月，或許是一、兩年，你發現你原本非常欣賞的那個人，其實不完美、自私，而且有許多缺點。當你發現配偶的這一面時，你的配偶也發現了你的這一面。

在這種情況下，你的自然反應是承認：當然，你有一點自私，也有些小缺點，但對方的自私才是問題所在。夫妻雙方大約會在相同的時候做出這個結論。

接下來，你們就來到了分岔路口。有些夫妻決定他們不想經歷互揭瘡疤所導致的壓力和衝突。於是他們決定休戰，凱勒夫婦說。某些事以後就不要再提了。你同意不再點出配偶的某些缺點，只要她也同意這麼做。最後得到的結果就是休戰婚姻（truce-marriage），短期內它不會起大波瀾，但長期下來，情況仍然會逐漸惡化。

「假如你不想選擇休戰婚姻，就要下定決心把你自己的自私視為一個根本問題，並且比你的配偶更認真的看待這件事。為什麼？因為只有你完全了解你自己的自私，也只有你需要為它負起全部的責任。」凱勒夫婦寫道。「假如夫妻雙方都說，『我會把我的自我中心視為這個婚姻的主要問題』，你們就有可能擁有真正幸福的婚姻。」

狄波頓提到，在你結婚之前，你可能一直以為自己是個很好相處的人。但是結婚意味你自願接受最徹底的全面監看。當你結婚之後，你的一舉一動幾乎全天候被配偶看在眼裡。更糟的是，當你知道有人在看著你，你會被迫開始觀察自己。這種新產生的自我意識，會使你開始認識自己的另一面，以及你所做的所有蠢事，像是櫥櫃的門打開後不關起來，早上起床後不愛講話而且脾氣暴躁，總是逃避難以啟齒的對話，或是在覺得受傷時採取「被動攻擊型反應」，彷彿人生是一場精心設計的受害者遊戲，如果你能讓你的配偶因為傷害你而產生罪惡感，你就可以得到一塊櫻桃蛋糕。

婚姻涉及爭吵與復合，以及大大小小的背叛和道歉。「婚姻還有個很棒的問題，」凱勒夫婦寫道，「全世界只有這麼一個人，他會小心翼翼把你的心捧在他掌心，而你在這個世界上最渴望且需要得到的，是他的贊同與肯定。這個人同時也是這世界上被你的罪惡傷害得最深的人。」

當深愛著你的配偶想要幫助你變成更好的人，情況會變得更加棘手。你的配偶想要幫助你。但是我們不想要被幫助！我們想要獨立自主，自己照顧好自己的人生。當我們單身時，沒有人會給我們忠告，至少不是那種羞辱性的忠告，它會強迫我們承認，我們需要依賴別人。但婚姻附帶了一種羞辱，那就是你需要別人的幫助。

接受和給予忠告是婚姻的日常。要讓婚姻維持下去，你必須對你的配偶有足夠的了解，你愛她的方式，會帶出她美好的一面。成功的婚姻需要而且會激發一種我們在結婚前從來沒想過的愛。「我們可以打破婚姻，以進入婚姻。」紀伯特寫道。「唯有拆解心所知道的東西，我們才能發現我們的心。」

婚姻是否能夠幸福，取決於你能否喜樂的接受對方的勝利，也取決於你能否溫柔的糾正對方的缺點。「丈夫是我能盡情責罵的人，這是丈夫的特點。」喬治．艾略特寫道。我有一位朋友說，當你和配偶吵架時，你的內心會開始交戰。自我希望你說一些殘酷惡毒的話，讓你們的爭吵變得更激烈。你的心希望你說：「親愛的，我愛你。」自我會反駁說：「去你的，我很生氣。快反擊！」究竟要站在哪一邊，你必須做個決定。

正因為如此，婚姻在極致狀態下會運作得最順利。婚姻要你付出一切，也給予你一切。齊克果曾經描述，如何在愛的勝利旗幟之下爭吵。「我偷偷在胸前戴上我訂製的緞帶，一條愛的玫瑰項鍊。相信我，那上面的玫瑰永不凋謝。即使隨著歲月而發生改變，它仍永不枯萎；即使玫瑰不再是紅色，那只是因為它變成了白玫瑰，它仍然不會枯萎……我對她的了解非常透澈，她對我的了解也非常透澈，單獨存在的我們什麼也不是，我們是合而為一的存在。」

婚姻這件事，當我們全心投入時會比較安全，缺乏熱情時最是危險。若你做對了，你會在遠方看見眾人享有世界上最深刻、最踏實的喜樂。

15 親密關係的各個階段

兩個陌生人是怎麼來到決定要結婚的這個點？其實，他們是遵循親密關係的階段一路發展而來的。每個人的情況各不相同，但我們可以觀察到一些普遍的模式。我將在接下來的幾個章節，描述一對情侶如何經歷親密關係的各個階段。我不只想說明婚姻是如何發生的，也想指出親密關係如何跨越不同的領域。

一切從眼睛的掃視開始。你稍微看了某個人一眼，就像你每天要掃視過無數的東西一樣，但這一次，火花出其不意的被點燃了，你們對彼此產生了興趣。你心中的火種被意外的點著了。你看著那個令你心跳加速的人，他似乎相當陌生，但同時感覺很熟悉。愛從看見開始。愛是注意力的一項品質。在某些情況下，或許當對視的人稍微有點年紀，那一眼也會帶給他們一些預感，結合了「快看！我人生的喜樂出現了！」以及「哎呀，麻煩來了。」

多數時候，第一眼不會導致後續的發展，但有時候，它會產生天雷勾動地火的效果。我們都認識一些夫妻，他們是在酒吧或派對上相識的。某個人聽見房間另一頭傳來的笑聲。某個人看了對方三秒鐘，這是威力最強大的社交舉動。你和某個陌生人對到眼，然後你保持視線，只是凝視，和對方互望了三秒鐘。然後你們露出了微笑。你們之間交換了一個一閃而過的相互確認。

你永遠不知道自己的心何時會打開。二十年前，休士頓有個鋼琴演奏家即將搬到舊金山去和未婚夫同居。她出發之前，覺得應該去整理一下髮型。她走到一家從未去過的美髮沙龍，叫「巴黎練習曲」。她推門進去，看到一位男性正在為客人剪髮。有一件她很確定的事在她心中產生了。

她回到家裡的更衣室，換上一件長洋裝，並打電話給她母親。「我剛剛看見了我要嫁的人。」她說，然後抓了一瓶洗髮精就出門了。她回到那家美髮沙龍，坐在那個人前方的美髮椅上。他名叫大衛。他們隨便聊了一會兒，大衛終於問到了關於她的事。她說她是個鋼琴演奏家，即將搬到舊金山去找她的未婚夫。「不過，」她接著說，「如果你想和我結婚，我就不去了。」

他們之間出現了短暫的沉默。

大衛低頭看著他的剪刀，然後回答說：「現在是我這輩子最自由的時候。就這麼說定了。」

他們在那一刻互許終身，接下來才開始認識彼此，最後也結了婚。

「愛的進攻總是令人驚嘆，」詩人奧多諾赫在《美麗》（*Beauty*）寫道，「沒有任何情況可以免疫，沒有愛攻不破的場合或承諾。即使是徹底隔絕的生活方式，個性收斂，日日規律，所有的行為按照順序進行，都會驚慌的發現，一個意料之外的火花從天而降，開始悶燒，最後變成一發不可收拾的熊熊烈火。愛的力量總是會引發騷動；在隱藏起來的心的祕境，愛只是在淺眠中。」

我不知道你的情況，但對我來說，天雷勾動地火的對視從來不會發生在第一眼；它通常發生在第一百萬次的對望。出於某些我自己也不明白的原因，我必須先在無關戀愛的情境下和一個人熟識，然後我們之間才可能產生有意義的火花。我在八年級時認識了一個女孩，我們在同一個朋友圈混了五年。有一天晚上，就在高中畢業典禮之前，一群人圍著營火坐成一圈，她和我用一種新的眼神對望了一下，然後她把手滑入我的掌心，一個小小的火焰點燃了。三個月之後，這個火花演變成了兩個青少年的熾熱狂愛。

愛始於將注意力聚焦。愛的相反不是恨，而是冷漠。

好奇

親密關係的第二階段是好奇，想要了解的渴望。你的能量開始燃燒。你的思緒開始朝著某個目標移動。你希望這個人就和她看起來一樣棒。

好奇心有多個面向，都堪比親密和愛情的初期階段：

- **欣喜的探索**（joyous exploration）：想更了解對方；
- **一心一意**（absorption）：你眼裡只有這個人，看不見其他人；
- **延伸**（stretching）：如果有機會，想要和對方一起體驗不曾經歷過的事情；

・**被剝奪的敏感度**（deprivation sensitivity）：心理學家提出的，也就是當你沒有和對方在一起時，心裡產生的空虛感覺；

・**侵入性思維**（intrusive thinking）：對方時時刻刻都出現在你腦海裡。當你在火車站望向一片茫茫人海，你以為在人群中看見了她，但那只是某個和她有點像的人。當你跑步時，你會在腦海裡想像和她對話的情景：大膽的對話，你在運動時產生的念頭總是比較沒有顧忌。

如果你還是學生，你們會一起念書。你們或許不太聊天，你只是希望和對方在一起。C・S・路易斯說，在這個階段，你們的相互吸引或許甚至不涉及性的成分，你的腦子只是被好奇心占據了：在這種狀態下的男人其實沒有時間去想性需求，他的時間全都用來想一個人。她是你心儀的人這件事，其實遠比對方的性別更重要。他有很多欲望，但這個欲望可能不帶有性的色彩。假如你問他，他想要什麼，他的回答通常是：「繼續把所有時間用來想她。」

對話

你們會聊天。對話是親密關係的第三階段。這是一支雙人舞，你們向對方揭露關於自己的事。當一對情侶去吃飯或約會時，他們會秀出自己最好的一面，希望能因此讓對方留下好印象。

他們聊天時，他們的呼吸節奏會開始同步，說話的速度也會愈來愈接近。他們會無意識的接收對方的費洛蒙。（嗅覺可以傳遞大量訊息。）不用花太多時間，他們會開始露出微笑。人在無意識中，可以精準的分辨發自真心的笑和應付性質的笑。所謂的「杜鄉的微笑」（Duchenne-Smile）會牽動你眼睛周圍的肌肉，那些肌肉是我們無法控制的。因此，如果有人對你露出杜鄉的微笑，你會覺得彷彿置身於天堂。然後他們會大笑。一般都以為大笑是因為聽了笑話的反應，不過引發大笑的言談大約只有百分之十五涉及好笑的事。大笑反而是人用來搏感情的肢體語言。當某個社交歧異消除了，或是當人發現彼此對某個愉快情境有相同反應時，就會一起大笑。大笑是人形成共同理解的回報。

在開始對話的初期階段，兩個人會尋找彼此的相似之處。親密關係已經成立之後，兩個人會覺得彼此的共同點簡直是命中注定的徵兆。你不喜歡鵝肝？我也不喜歡！這簡直是奇蹟！你覺得一個要價六塊美金的杯子蛋糕太離譜了？我也是！我們簡直是靈魂伴侶！他們對話時，不時會驚呼：你也是？我以為只有我這樣！我們一樣耶！怎麼會這樣！

相似點的一大關鍵是你們的幽默感；你們常常覺得同一件事好笑。經過一段時間後，你們的對話愈來愈深入。兩個人開始調情，只有你們聽得懂的小笑話，以及眼神的飄移。然後，兩人開始分享人生的目標。他們開始用巧妙的方式，捉摸對方對婚姻以及生小孩的看法。開始探索弱點，這是個一步步慢慢揭露的過程。若要了解對方的脆弱之處，就非得這麼做不可，但它也是道德考驗的階段。你想知道，如果我暴露我的弱點，你會保護我嗎？如果我謹慎的持續這麼做，你願意了解我並配合我的步伐嗎？如果我暫時停下來，你願意尊重我的停頓並等我嗎？如果我揭露我內心最駭人的黑暗野獸，你願意支持我嗎？你會揭露你心中的野獸嗎？禮貌是道德的核心。

我們都曾在餐廳有過這樣的經驗：隔壁桌是一對約會中的情侶，而情況卻慘不忍睹。多數時候，女方為了培養親密關係和彼此的相似性，不斷為對話做球，但男方一心只想掌握主導權。他滔滔不絕的傾倒他以為的知識，他列舉的事蹟全在證明他有多厲害。她的眼神變得呆滯，但他完全沒有停下來的意思。這時你會很想抓起叉子刺進那男人的喉嚨，對他大吼：「拜託！問她一些問題吧！」

對話階段最大的問題是恐懼。當一方分享一些有情感意涵的事，另一方接收下來並分享自己的心事，如此才能培養親密關係。最令人害怕的情況是，你露出了你的軟肋，對方卻無情的踐踏，然後揚長而去。另一個恐懼是，你發現你給不了對方想要的未來。而更深且更強大的恐懼是，當你向對方暴露自己的內心世界，你會開始真正了解你自己。

「那些想要以獨立自主、靠自己的奮鬥成功、可以隨心所欲做選擇而感到自豪的人，當他們發現人生其實只是在不斷上演過去的模式，通常會因此學會謙卑。假如我的人生的主人不是我自己，那是誰呢？」賀里斯寫道。在我們內心的潛意識層面，有許多情結和傷口導致我們一再做出自我毀滅的事。你的性格是一本隱祕的歷史，它記錄了愛進入你的生命或是從你的生命中消失的時刻。你的父母愛你的方式，以及他們忽略你的方式，形塑了你的性格。每個人都有某種依附模式深藏在心底。有些人會故意引起危機，因為親密關係把他們嚇個半死。有些人會在兩個人愈來愈親近時，開始不斷退縮。

多數時候，揭露自己內心世界的雙人舞會在很淺的層次就叫停。有些人發現自己有個傾向，只想淺嘗無數次不涉及親密關係的感情。他們還不認識真正的自己，而且也不想認識。他們只想和內心世界離得遠遠的。「我的朋友告訴我，我有親密關係的問題，但他們根本算不上真正了解我。」喜劇演員桑德林（Garry Shandling）曾經這麼開玩笑說。

在西方文化中，大約有五分之一的成年人害怕親密關係、害怕做出承諾。他們預期會被拋棄，於是先發制人採取行動，確保那熟悉的悲劇再度發生。當你覺得你和對方愈來愈親近時，對方卻突然失蹤一段時間，這代表這個人非常害怕親密關係。他們不喜歡「男朋友」、「女朋友」或任何意味正式關係的稱呼。他們往往會躲在一堆問題後面，把對話焦點放在你身上，以避免揭露任何關於自己的事。他們往往會發表偏激的看法，或是愛說低俗的笑話，以把別人嚇跑。他們的態度總是積極正向。他們總是帶著好心情，使大家喜歡去找他們，但絕對不展現脆弱。

不過，出乎意料之外的，偶爾他們會願意讓對話繼續進行下去，而且愈來愈有深度。你一直預期對方會在一般人叫停的時候也停止對話，但是沒有，對方並沒有鬧失蹤。門一直是開著的，於是你一路向前進。恐懼的唯一解藥是採取直接的行動。於是你推開了下一扇門。

不斷把門推開

兩個人之間的對話需要以網球對打的形式進行。某一方深吸了一口氣，揭露了一點點「我就是這樣」的事。她分享了她最愛的電影，他也說出他最喜歡的電影。她分享了手機裡的音樂播放清單，他也投桃報李。他在半夜傳送了某個他最喜愛的影片給她，她也回送了一段影片。

接下來是，「這是我人生中的重要時刻」：一段段的往事，愈挖愈深，從童年到成年時期，慢慢的，開始鼓起勇氣提起過去的戀情和曾經失去的東西。

一個階段接著一個階段，風險變得愈來愈大。唯有雙方最後都揭露了自己存在的核心，愛才有可能發生。若要讓愛情的花朵綻放，他們就必須進入「我瘋起來就是這個樣子」。狄波頓說，我們都有瘋狂的一面。任何一段關係最深的部分是一個關鍵性的問題。這個問題不是「他瘋了嗎？」而是「你瘋起來是什麼樣子？你人生的哪個部分因為恐懼而無法向前？你用什麼方式自我毀滅？你從哪些人身上得不到愛？」

我太太和我真正開始了解對方，是透過 email。我們自我揭露的步調如此緩慢，簡直就像看著湖水蒸發。我們的每一封 email，都經過仔細的思考，不敢進展得太快。我點了「傳送」之後，就開始擔心自己會不會踩到了紅線。有一次，我寫了一些完全沒有危險性的信，只是聊了一些增進彼此了解的小事。把信傳送出去之後，我就搭飛機出國。一路上沒有網路可用，整個航程坐立難安，不確定自己的語氣是否太親暱了。我到現在還記得，下飛機後發現我打出的球被打回來了，那種如釋重負的感覺。在任何戀愛過程中，你要透過安全穩健的進展，來展現你是個可信賴的人。

你也要豎起你的耳朵。大家對一個人的評價，不只是根據他所說的話，還根據他的傾聽能力，因為當你以為你只是被動傾聽別人說話，你其實也在告訴別人一些關於你的事。

「良善的人會反映我們心中的良善，那正是我們喜歡這些人的原因。不夠成熟的人會把他們想要卻沒有獲得的人生，以及充滿困惑的人生反映在我們身上。」方濟會修士羅爾寫道。因此，心靈的相遇並不一定是溫柔的。當詩人休斯初次遇見普拉斯（Sylvia Plath）時，他大膽的親吻了她的脖子。她踮起腳，用力咬了一下他的臉頰，甚至把他的臉頰咬破皮。她的舉動彷彿在說，我懂你，我配得上你。

當你決定結婚時，最好選擇一個你想和他聊一輩子天的人。假如雙方無法流暢的對話，這個婚姻一定行不通。他們的電話一講就是好幾個小時。他們可以整天膩在一起，聊個不停。他們什麼事都可以說，什麼話題都可以聊。這是神學家布柏（Martin Buber）所謂的「純粹的關係」，也就是當對話的基本詞組從「我和它」（I-It）變成了「我和你」（I-Thou）。被另一個人了解就是這種感覺。

16 親密關係的各個階段 II

喬治．華盛頓不是個情感外放的人，但在一七九五年，他寫了一封信給他的繼孫女：「人類的組成有很大部分是不可燃的東西，但它可能一直處於休眠狀態，然後……當火炬點燃了它，它就瞬間在你內心熊熊燃燒。」

這是燃燒。就像你用放大鏡把陽光折射到一張薄薄的紙上一樣。那張薄薄的紙愈來愈熱，接下來開始變成棕色，然後瞬間燃燒起來，進入另一個狀態。

那個狀態中會有親吻。那個吻裡藏著第一個允諾：我會保護這段感情。親密關係的下一個階段開始了：燃燒。這份愛還沒有完全成形。這是親密關係中陽光最明媚、最無憂無慮的階段，盡情徜徉在愉悅的春光裡，緊迫的危機此時尚未出現。

在這個階段，戀人會一起從事許多活動，騎自行車、健行，或許來場籃球賽。約會時會去看電影，是因為此時激起的情緒不會太刻意，又具有感染力。假如你的心在看動作片或浪漫的「紅磨坊」時開始撲通撲通的跳，當你們走出戲院時，這份悸動會移轉到你們的約會經驗裡。你們一起去划皮艇，不知怎麼的，開始覺得與對方更親近了。

在這個階段，情侶展開了一輩子的解說慣例。派對、電影或用餐結束後，他們會找間酒吧或咖啡店，互相比較他們對剛才的體驗有何感想。他們單純坦率的接納對方的想法，就像孩子接受現實世界裡的一切。有個人說出了他觀察到的事，另一個人立刻表示贊同，並加入自己的看法。能夠自由自在的聊天，不需要擔心被誤解，是一件非常令人放鬆的事。小說家普利斯特里（J. B. Priestley）曾說，處於尚未熱戀、但可能陷入戀愛的狀態，同時知道對方有許多東西有待你來挖掘，這種聊天是最愉快的。

情侶在這個階段會表現出最好的一面；也會尋找線索，想知道對方有沒有愛心，可能是怎樣的父母。在盧梭的《愛彌兒》中，主角愛彌兒迷上一個年輕女子蘇菲。最初，他們只在家族用餐時隔著餐桌對望，沒說一句話。哲學家布魯姆（Allan Bloom）寫道，他們的交往過程「分成一系列的階段，熱切的愛彌兒在被蘇菲接納的狂喜，及被蘇菲拒絕的痛苦之間，一一走過這些階段。」

愛彌兒有時會和一位友人去拜訪蘇菲和她的家人。有天晚上，蘇菲一家人邀請他來作客，他也應允了，結果卻沒有出現。蘇菲一開始很傷心。愛彌兒為什麼沒有來？或許他死了。隔天清晨，愛彌兒和友人來到蘇菲的家。她的痛苦轉變成憤怒。他根本沒出事。他失約了。「她寧可不被愛，也不要不冷不熱的愛。她有一種建立在某個價值上的高尚自尊心，這個價值知道自己的存在，珍視自己，以及希望受到敬重，如同它敬重它自己一樣。」

那兩個年輕人把他們前一晚經歷的事情告訴了蘇菲。在他們來訪的路上，遇到一位從馬背上捽下來、跌斷腿的農夫。他們沒有棄他不顧，而是把他背回他家。蘇菲的觀點立刻起了變化。她想要拜訪那家人，看看能幫上什麼忙。當他們一行人來到那個破舊的農舍，蘇菲立刻開始行動。「可以說，她設想了所有令他們感到痛苦的事。這個極為纖弱的女子完全無視屋裡的髒亂和臭味，而且知道如何在不向任何人下指令的情況下，讓髒亂和臭味消失，同時不讓傷者受到一點折磨。」她毫無顧忌的為傷者翻身，為他換衣服，換繃帶。「這對夫妻齊聲祝福這位照料他們的可愛女子，她給了他們憐憫與安慰。」

燃燒階段也是理想化的巔峰。現實主義作家斯湯達爾在經典著作《論愛》（*On Love*）中提到，奧地利的薩爾茲堡附近有一個鹽礦，礦工會把去掉樹葉的小樹枝插入鹽礦中，讓它留在那裡一段時間。當他們把樹枝取出時，樹枝上會覆蓋一層鑽石般的結晶鹽粒，在陽光下閃閃發亮。斯湯達爾說，沉醉於愛情的戀人也是用這種方式為對方蓋上一層水晶，他們用愛慕的眼神為對方的所有美德撒上一層鑽石。

在這個階段，愈是將對方理想化，婚姻就能愈持久。愛情有點需要雙方慷慨大方的將對方理想化。婚姻諮商師沃勒斯坦說：「我看過的許多離婚夫妻，他們從來不曾將對方理想化。當我看到一對要離婚的夫妻，我學會問我自己（很顯然我不能直接問他們），這樁婚姻真的曾經存在過嗎？在這段關係中，曾經有愛、喜樂、希望或理想化嗎？不過我幾乎無法從中找到任何一種關係。離婚不一定代表愛或期待被消磨殆盡；在很多情況中，雙方對彼此的期待其實並不夠高。夫妻雙方必須將對方理想化，才能促成幸福的婚姻。」

燃燒最後會把一切打亂。

「吸引力會帶來令人愉快的混亂，」詩人奧多諾赫寫道：

當你發現自己深深被某人吸引，你會開始慢慢失去對人生秩序的掌控。隨著那個人的面容清晰聚焦，你的人生有很大部分會變得模糊。有一股持續存在的磁力會把你所有的思緒吸過去。不論你在何處，你發現自己一直在想著某人，這個人已經成為你渴求的一切。當你們在一起時，時間無情的過得飛快，總是不夠用。才剛分別，你已經開始想像下一次的相會，開始倒數計時。那個人的吸引力使你非常樂意讓自己變得毫無抵抗力。那個你最近才認識的人已經占據了你的腦海；你的每個部分都渴望更加靠近他。

你會在燃燒階段看見對方的全貌。不是別人看見的面貌，而是只有你能看見的面貌。全家人用完餐後，他坐在餐桌邊結帳，而你用充滿愛的眼神溫柔的看著他，看見他所有的好。她剛下班回到家，走進客廳，頭髮看起來有點凌亂，她的手裡大包小包的，拿了一大堆東西。她在玄關抬起頭，她身後的光線映出了她的輪廓，她的雙唇微微張開，透出某種期待，而你心想，我看見你了。我看見了全部的你。

躍下

在任何一個朝著親密關係認真發展的旅程中，到了某個時間點，一方必須先跳下去。奧登用優美的詩描述了這個充滿信念的舉動：

危險的感覺不能消失：
這條路必然又短又陡，
雖然從這裡看起來相當平緩；
你可以望向它，但你終將躍下。……
孤寂的萬丈深淵下，
有一張我們可躺的床，親愛的：
雖然我愛你，你終將躍下；
我們夢想的安全不復存在。

到最後，你看著眼前的這個人，思考著若沒有這個人，你的日子能不能過下去，然後你縱身躍下。你宣告了你的愛。你們進行長談，定義彼此的關係。你們兩個現在開始要面對大麻煩了。

許多大大小小的決定，以前是「我的」決定，現在變成了「我們的」決定，即使是芝麻綠豆大的小事：看哪部電影、週末怎麼過。獨立被從屬取代了。

你們也要開始扮演有附帶責任的角色：男朋友、女朋友、伴侶、不論你們怎麼稱呼。最主要的責任是關心對方更勝於自己。這個層次的親密關係重點不在於溫暖的感覺，而在於無私的行為。作家范納肯（Sheldon Vanauken）愛上達薇（Davy）時（達薇後來成為他的妻子），他們採用了雙方都同意遵守的殷勤守則。「殷勤」（courtesy）這個詞已經失去了它原有的意義，尤其做為愛的日常交流方式。但對范納肯夫婦而言，它意味不論他們其中一人要求另一人做什麼事，那個人都一定要照辦。「因此，某個人可能在半夜把對方搖醒，請他倒一杯水，而被要求的人要心平氣和（並且睡眼惺忪）的去倒水。我們將殷勤定義為『半夜倒一杯水』。我們認為，不論是要求對方去倒水、還是被要求去倒水，都是很棒的殷勤之舉。」

危機

很顯然，吵架的時候到了。

這個階段的親密關係很適合來個巨大的危機。你們相處的時間已經夠久，你們都向對方揭露了自己的本性。一開始投射的形象開始逐漸消失。

更重要的是，強烈的欲望產生了。你前所未有的迫切想要得到某個東西——對方的愛，而最微量的不安也可能引發最極端的情緒反應。你不僅敞開了你的心，接納喜樂和親密無間，你同時也敞開了你的心，讓嫉妒、不安全感、害怕失去，以及背叛進入。在這個時間點，你們之間的關係還不夠穩定。

「所有的愛情故事都是關於挫敗的故事。」心理學家菲利普斯（Adam Phillips）在《錯過》（*Missing Out*）寫道。「愛上某人，意味隨時想起你不知道自己擁有的挫敗。」你原本開心的過著單身的生活，沒有覺察你錯過了一些東西，然後突然間，這個人出現在你面前，從此以後，一想到可能會失去這個人，就令你覺得彷彿置身於地獄。

有時候，危機來自純粹的自私行為。有時候，它來自沒有弄清楚誰在什麼時候擁有主導權。在生活的每個領域，夫妻中一定有一方扮演主導的角色，另一方扮演配合的角色。但他們需要花一點時間弄清楚以及協調，誰在哪些領域擁有主導權。

有時候，爭吵來自兩個人的核心歧異浮上檯面。每段關係裡都有核心歧異，這個歧異永遠不會消失，而且雙方都必須接受它的存在。然而，一對夫妻一定要真正遇到核心歧異，才會知道他們之間的核心歧異是什麼。有時候，這個歧異很深，而且與道德觀或人生觀有關。有些最棘手的歧異可能很膚淺，卻有極大的殺傷力。可能是時間（他很準時，她總是遲到），金錢（她很節儉，他愛揮霍），整潔（她愛整潔，他很邋遢），性生活（他希望每天一次，她希望是每週一次），或是溝通（他悶不吭聲，她喋喋不休）。不論是何者，遲早會浮上檯面，一旦發生了，將血流成河。

有意思的是，當你在危機中，愛情帶來的痛苦感覺起來和生理上的痛苦非常相似。當你和摯愛吵架，當你非常想念你最想要的東西，那種感覺就像體內的疼痛或灼熱感。你會很想去跑步，或是從事一些費力的活動，來減輕身體上的折磨。印第安夸奇烏托族有一首作者不詳的詩，在一八九六年翻譯成英文，它深切的描述了這種痛苦：「火在我的體內燃燒，那是愛你的痛苦。我對你有如熊熊烈火的愛，和痛苦一起在我體內流竄。不舒服的感覺和我對你的愛流遍全身。痛苦就像沸騰一般，即將與我對你的愛一同暴發。我滿懷對你的愛，被火吞噬。我記得你對我說過的話。我想著你對我的愛。你對我的愛將我撕裂。痛苦以及無盡的痛苦。」

有些人非常愚鈍，你必須和他分手，他才會意識到自己多麼需要你。有些人對情感避之唯恐不及，他們必須嘗到被拋棄的滋味，才能克服對投入感情的恐懼。

寬恕

爭吵之後，就該寬恕登場了。人在談論寬恕時常流於濫情——一把鼻涕一把眼淚的原諒對方。但真正的寬恕是嚴謹的，要在責任和慈悲憐憫之間取得平衡。

嚴謹的寬恕過程，始於受委屈的人先做出表示。金恩認為，寬恕不是一種行為，而是一種心態。我們都是罪人。因此，擁有寬恕心態的人會預期罪惡的發生，用同理心看待罪惡，而且通常不認為自己比犯錯的人更高一等。

有寬恕之心的人夠堅強，能夠向犯錯者表達怒氣和憤恨，也能夠放下那些怒氣和憤恨。他的堅強足以讓他採取主動，即使犯錯的人還沒有做任何表示。他會忍住想要報復的衝動，轉而主動創造一個接納的情境，讓犯錯的人可以表達悔意。「沒有能力寬恕的人，就沒有能力愛人。」金恩寫道。

一旦受害者創造了寬恕的情境，犯錯的人就有義務採取行動——表達悔意與贖罪的意願。在這個階段，全然的誠實是最難做到的；我們都想將自己的錯誤合理化。我傾向於讓我的罪惡慢慢顯現，這樣一來，它看起來不會太可怕，也不至於把對方嚇跑。但前提是，我需要先探索自己錯誤的根源，向對方做出比她預期更徹底的懺悔。這是一種純粹的臣服。

接下來是評斷的時刻。犯錯創造了重新評估的契機。犯錯者的品格如何？一貫的正派人品是否該被一時的愚蠢抹煞？或者，這是原本的人格特質？雙方一同討論這些問題，然後虛心接受對方的意見。

金恩說，信任不會立刻重新被建立起來。我們不一定要忽視錯誤，但錯誤的行為已不再阻礙這段關係。犯錯者承受了羞愧的折磨，並改進了自己。受委屈的一方若能釋出善意，就能免於報復情緒的糾纏，並得到昇華。兩個人的重新結合使這段關係變得更加堅定。

「受苦能使不成熟的愛變得成熟，」杜華德（Walter Trobisch）寫道，「不成熟且無知的愛是自大的，是孩子氣的愛，不斷下命令，討東西，而且要馬上得到。」然而，寬恕之後產生的愛，具備了同理心、慈悲、理解和難以說明的關懷等特質。小說家懷爾德（Thornton Wilder）曾說：「只有受過情傷的士兵，才能去服愛的兵役。」

融合

現在我們進入親密關係的最終階段，全速前進的愛。我們看過太多愛情電影，聽過太多情歌，有時會忘了愛其實是個奇特的現象。它同時包含了自私的欲望和無私的贈與。愛使我們完滿，提醒我們想起自己的不完整。愛把我們性格的堅硬表殼挖開，使下方的肥沃土壤重見天日。愛使自我不再占據中心位置。它教導我們，我們的財富藏在別人身上。它教導我們，我們無法給自己真正需要的東西，那就是別人的愛。愛可以粉碎自我築起的牆，留下一堆尖銳的石礫。

布魯姆在《愛與友情》（*Love and Friendship*）的尾聲，用一段很美的文字描述愛的矛盾本質——愛是一切，以及其相反。布魯姆寫道，愛是：

使人覺察自我的忘我，使人理性思考自己的不理性。它製造的痛苦與狂喜的快樂相關聯，並創造了美與生命的甜美的原始體驗。它夾帶了強烈的錯覺成分，也可以被視為是徹底的錯覺，但它產生的效果絕非錯覺。愛可以用最直接的方式創造最龐大的行動，不需要原則的指引或責任的命令。戀人知道美的價值，也知道他無法獨自活得很好、甚至是活下去。他知道光靠自己是不夠的。戀人充分體現了人類天生的不完美，以及追求完美的想望。

愛情降臨之後，我們才清楚看見，自我使我們一直過著夢遊般的人生，直到愛將我們喚醒。愛揭露了一個事實：自我渴求的食物，無法填滿內心的空缺。「不和他人有任何關係的人，會欠缺完整性，」榮格寫道，「因為唯有透過靈魂，人才能變得完整，而靈魂若沒有伴侶，就無法存在，這個伴侶只能在『你』之內找到。」任何一個因愛受苦的人，都明白這件事。

唯有熾熱的愛情，才有足夠的力量將自我打倒。人用瘋狂、狂熱、洪水、烈火，或是強烈情感來形容愛情。事實上，它不是一種情感，雖然它包含了許多情緒。它其實是一種動力，一種動機超強的狀態。它是一種想與另一個人永遠結合的熱切渴求。它驅使人去做荒謬的事，開車到八百公里外，只為了和她共進晚餐；每次約會前去洗車，只因為你希望讓她覺得自己很特別；改變你的慢跑路線，以便經過她住的地方，凝望她家的窗戶。

我訂婚後，有一次，我和十五個人一起開會，其中包括我的未婚妻。在那個時候，我們兩人已經度過了親密關係的許多階段，包括私下的互相了解、危機，以及寬恕。當時我坐在座位上心想，圍坐在會議桌的這麼多人當中，唯獨她一人對我有特殊意義，這是件多麼令人驚奇的事啊！怎麼會這樣呢？其他人看起來也很聰明與和善。他們都有頭和身體，兩隻手和兩條腿。然而，改變人生的奇妙心弦卻讓我只和這個人產生連結，會議室裡沒有任何人看得見這奇妙的心弦，但它改變了整個空間的感覺，使她成為中心。

都說愛情是盲目的，但作家切斯特頓（G. K. Chesterton）說，愛一點也不盲目。愛是盲目的相反，它需要極度的機警留意。你對一個人的了解無法到達靈魂核心的程度，除非你愛上他。

你們約在咖啡店裡工作，用熱情的眼神盯著對方的筆電螢幕看，這種工作方式很不方便，但你們寧可如此，因為你們無法忍受離別，只想時時刻刻在一起。你們一起坐在吊床裡，一會兒翻過來，一會兒跌下地，弄得暈頭轉向，但你們樂此不疲。C．S．路易斯發現，戀人花很多時間為了對方的事而大笑，直到生了小孩才停止，因為他們有了引他們發笑的新對象。「對愛保持理性的人無法談戀愛。」詩人亞慈（Donald Yates）寫道。愛的方程式裡不包含尊嚴；事實上，尊嚴很可能會扼殺愛情。

來到這個階段的人，會覺得自己像是在飛。首先，愛總是在變化。范納肯是在冬天愛上達薇的。「我們說：『如果到了明年春天我們沒有更相愛，這段感情就完了。』但我們確實更相愛了：因為愛若不茁壯，就會凋萎。我們在每年的結婚週年紀念日會說：『如果我們明年沒有愛得更深，這段婚姻就失敗了。』但我們辦到了：更相愛、更靠近、更親密。」

愛要捕捉比幸福更大的獵物。愛是靈魂的結合。當夫妻的一方因為阿茲海默症而受苦，另一方不會一走了之。C．S．路易斯說，愛會說，「寧可這樣也不要分開。寧可和她一起過苦日子，也不要獨自一人過著快樂的日子。只要是兩個人的心一起破碎，心碎也沒關係。」

這種愛被粉碎的情景，《咆哮山莊》或許提供了最令人心痛的描寫。那簡直是在殺人。男女主角離別時，希斯克里夫哭喊著：「再吻我一次；別讓我看見你的眼！我原諒你對我做過的事，我愛傷害我的人，可是傷害你的人呢？我又怎麼能饒恕他？」他們緊緊相擁，彷彿生離死別，「他們的臉靠在一起，沾滿彼此的淚水。」

這個場面的悲劇性除了悲傷，還有一個更隱晦的部分：扼殺愛情的兩個人甚至無法直視對方的眼睛。

蒙田描寫他與拉．波埃西的友誼，也提到了這種融合，他們之間的友誼深刻到只能被稱作愛：「我們的靈魂交融得如此緊密，已經找不到接合的縫隙。若你硬要我說我為何愛他，我難以言喻，只能回答：只因為是他，只因為是我。」

自我被擊倒了。你發現，你的伴侶受苦時，你感受到的痛苦比你自己受苦時更痛苦，當你愛的人受辱時，你的憤怒比你自己受辱時更憤怒。兩個相愛的人，若有一人因為癌症或長期病痛的折磨而一點一滴失去生命力，你會在他們身上見證這個情況。垂死的人很堅強，但他的伴侶卻崩潰了。說來奇怪，自己生病似乎比看著摯愛的人生病更輕鬆一些。

對於這樣的情景，詩人紛紛大顯身手。米爾頓《失樂園》中的亞當與夏娃：「我們是一體／一個身體；失去你就等於失去我自己。」湯瑪斯（Iain Thomas）：「這是我的皮膚，它很厚。這不是你的皮膚，但你在它底下。」一千五百年前的羅馬詩人希蘭提里斯（Paulus Silentiarius）：「戀人躺在那兒，鎖唇／狂喜，極其渴望／都想完全進入對方的身體。」馬拉美：「在浪中，你變成／你赤裸的狂喜。」

17 結婚的決定

當然，愛希望永遠延續下去。因此，我們必須結婚。我們的心要求我們用這種方式下定決心。你已經在天空盤旋夠久了，航空母艦就在下方。是時候降落了。

但在這個時候，你要後退一步，做個評估。現在是動用理性的時候了。我在本書相當強調心與靈的重要，但在做出任何承諾之前，理性的大腦是同樣重要的夥伴。如同我的一個朋友說的：我現在要做出一個明智的決定。我們可能會結婚，也可能會分手，但這是我的人生，我要為我的選擇負起責任。我有充分的能力做出明智的決定。

到了這個階段再後退一步並做評估，其實也沒什麼奇怪的，因為大家都這麼做。大多數步入禮堂的情侶，他們經歷的親密關係階段應該和你差不多：他們感受到和你一樣的愛的衝動，以及同樣的融合感與命中注定，然後他們結了婚，最後又離了婚。光是有愛與激情是不夠的，你要設一個更高的標準。

你要做更深入的評估，是因為當你決定要結婚時，你是在和機率對賭，而且勝算不高。在美國，有近百分之四十的婚姻以離婚收場。另外有百分之十至十五的夫妻沒有離婚，但他們分居，還有百分之七左右的夫妻維持婚姻，但他們長期不快樂。換句話說，超過半數的人決定要結婚，大概是受到熱烈的愛所驅使，但是結果並不快樂。若是在二十五歲以前結婚的夫妻，統計數字就更慘了。

在這個世界上，比不幸的婚姻更慘的事並不多。待在不幸的婚姻裡會提高你生病的機率（百分之三十五），並且會縮短你的壽命平均四年。當你和一個你不愛的人躺在床上，那種感覺恐怕是世界上最深的孤獨。人步入婚姻時，會想像他們即將一同航向一個無限寬廣的海域。但是當你身陷不幸的婚姻，如同喬治．艾略特所說，你們是被困在一個封閉的水槽裡。

你之所以後退一步並做評估，是因為你明白，在某種程度上，你根本不知道自己在幹嘛。你永遠不會知道自己在幹嘛，但你仍然想要盡可能提高勝算。「婚姻有一點很棒，又幾乎像是上天的惡作劇，」一懷特寫道，「其中一方想要的東西都不會實現；另一方渴望的事情也不會發生。真正會發生的事，是兩個人發生衝撞後進行對話，最後促成的共同生活。而那樣的對話一開始對雙方來說都很陌生，他們一開始可能不知道那是什麼，或甚至不想要進行那樣的對話。」

那麼你要怎麼做評估呢？既然這是人生中最重要的決定，你可能會以為社會應該會教導你該怎麼做。你可能會以為學校會提供你各種課程，關於如何做出婚姻的決定，像是婚姻心理學、婚姻神經學、婚姻文學等。但是很抱歉，社會為了讓你專注於不重要的事情，只會拚命扯你後腿，不讓你認真思考人生的重要決定。

三個觀點

此時你要自問一些關於你自己且難以回答的問題。在決定是否要結婚時，人往往花太多時間對結婚對象進行評估，但真正會把事情搞砸的，其實是你。下列是一些值得思考的問題：

- **你真的來到做這件事的人生階段嗎？**作家勞倫斯（D. H. Lawrence）曾寫道：「你不能既信奉愛情，同時又信奉個人主義。」你要回答的終極問題是，你是否準備好放下掌控權，並接受婚姻的一切，包括所有的起伏跌宕。
- **我喜歡和他在一起時的那個自己嗎？**我們會根據和誰在一起，投射出不同的性格。你的結婚對象引出的是你只想追求功利的一面，還是有奉獻精神的善良面？
- **我的核心議題是什麼？這個人能解決這個議題嗎？**我們選擇的結婚對象，往往是能夠解決我們最重要的心靈問題的人。或許你渴求情感的倚靠，而這個人可以成為你穩固的靠山。或許你渴求濃烈的情感，而這個人可以給你源源不絕的愛。
- **我的標準有多高？**有些人會說，絕對不要將就，對方必須要讓你覺得，能和他在一起是天大的幸運。其他人則說，要務實一點，你絕對找不到完美的對象，還可以的婚姻總是比孤獨一人好。珍．奧斯汀認為，「將就」是一種缺德的行為，我非常贊同她的看法。假如你的結婚對象沒有得到你徹底的崇拜與痴迷，你就不會有足夠的熱情和對方融合成一體，當你們遇到困難時，很容易就會分道揚鑣。此外，「將就」是一種不道德的行為，因為有另一個人牽涉其中，而那個人不會想要成為你人生的第四選項。當你們要結婚時，你會告訴對方，你是因為「將就」才和他在一起嗎？如果你告訴他實話，你立刻為你們的關係注入了具有毀滅性的不平等元素。如果你不告訴他實話，你就是在對世界上和你最親密的人說謊。「將就」看似實際，但到頭來，唯有建立在痴狂奉獻之上的愛情，才是真正的務實。

其他的問題是關於你的對象和你們之間的關係。最重要的考量是：婚姻是一場需要進行五十年的對話。當你考慮要和某人結婚時，最重要的考量是：「我是否想和這個人聊一輩子的天？」

若答案是肯定的，接下來你要套用三個觀點：心理觀點、情感觀點，以及道德觀點，許多人會從這三個角度來思考是否要結婚。

第一個是心理觀點。珍．奧斯汀與喬治．艾略特小說裡的人物，往往會花很多時間評估彼此的性情，或是我們所謂的人格特質。這其實是很有道理的。一個人進入成年期之後，他的人格特質就會穩定下來。泰．田代在《從此幸福快樂的愛情真相》寫道：「假如你選擇某個夢想中的伴侶，這個人聰明、風趣、有自信、善良、外貌好看，而且愛他或她的母親，那麼好消息是，你們結婚二十五年之後，你再次評估自己的愛情狀態時，比起同齡的其他人，你的配偶很可能依然聰明、風趣、有自信、善良、外貌好看，而且依然是個好兒子或好女兒。」

那麼你要如何看清一個人的永久人格特質？一九三八年，心理學家特曼（Lewis Terman）認為，你應該從一個人的人際關係背景去找線索。他列出了幾個重點：

1. 幸福的父母
2. 幸福的童年
3. 與母親沒有衝突
4. 堅定但不嚴厲的家教
5. 與母親感情很好
6. 與父親感情很好
7. 與父親沒有衝突
8. 父母對於性教育態度坦然
9. 童年時期的懲罰不常發生，而且溫和
10. 結婚前對性行為並不厭惡或反感

還有人說，最有效的指標是依附型態。人在出生後十八個月內，若能安心的依附某個照顧者

（約有百分之六十的人是如此），他的腦袋裡會有個榜樣，知道如何培養與維持令人安心的人際關係。這種人若來到他們所愛的人面前，他們的心跳和呼吸都會變慢。他們感到放鬆，因為他們覺得這是正常狀態。

在嬰孩時期體驗過焦慮型依附模式的人，在戀愛關係中比較難以放鬆。他們腦海中的模式告訴他們，他們所愛的人即將離去。他們的心跳和呼吸會加速。年幼時經歷逃避型依附關係的人（他們向照顧者送出信號，但沒有得到任何回應），他們會先把自己封閉起來。他們經歷過的模式告訴他們，只要我不靠近對方，那麼對方沒有反應也傷不了我。

根據一項長期的權威性研究，百分之九十的安全型依附者會結婚，其中百分之二十一會離婚。逃避型依附者有百分之七十會結婚，其中百分之五十會離婚。至於焦慮型依附者的離婚率就更高了。

或許你以為，大家應該都想和安全型依附者結婚，但事實並非如此。人通常會和依附型態相同的人結婚。安全型找安全型，逃避型找逃避型，焦慮型找焦慮型。年幼時期形成的依附模式不代表命運；人是可以改變的。但如果你在另一半身上看見逃避型或焦慮型依附模式的跡象，最好開始留意一下你自己的依附模式。

另外還有人說，要了解一個人的心理狀態，最好的方法是應用五大人格特質模型：經驗開放性（openness to experience）、嚴謹性（conscientiousness）、外向性（extraversion）、親和性

（agreeableness），以及神經質傾向（neuroticism）。選擇結婚對象時，最後兩個特質是最重要的。田代認為，基本上，你要尋找親和性的人，遠離神經質傾向的人。

親和性（我們所謂的好人）聽起來一點也不性感或浪漫。有親和性特質的人和善、親切、友好、配合度高、寬容、溫暖、敏感，以及願意相信別人。我們常說，具有親和性的男人在陽剛中帶有一點陰柔特質。

田代說，神經質傾向的人是你應該閃避的類型。和神經質傾向的人相處，一開始似乎相當刺激且充滿戲劇性，但他們容易緊張、情緒化，易於陷入悲傷。神經質傾向的人對憤怒和焦慮等負面情緒特別敏感，他們感受到的情緒強度會比別人更高。「神經質的人與他人的關係，通常曾經出現過動蕩和不穩定的狀況，包括家人和朋友。他們似乎總是運氣不好，但若了解他們的時間夠久，你會發現，其實是他們的神經質引發壞事發生在他們身上。」田代寫道。「我要再三強調，絕對不要奢望這些人的神經質會消失，因為有無數的研究證明，神經質的傾向會維持一輩子。」

決定是否結婚要採用的第二個觀點是情感視角。這代表你要針對愛的屬性提出問題。希臘人把愛分為三種：友情（philia）、熱情（eros），以及無私奉獻之愛（agape）。你有時可能對某個人產生熱情，這種感情不帶有友情或無私奉獻的成分，那是熱戀。你也可能產生無私奉獻的愛，但不帶有友情或熱情，那是欣賞。更常發生的情況是，你只感受到友誼，夾帶一點熱情，但沒有無私奉獻之愛。這個人能帶給你快樂，但不知為何，無私奉獻之愛從未暴發。這是一種美好的友誼，但它不足以構成終生奉獻的基礎。若一段令你著迷的感情要成為決定人生的承諾，它必須具備三個元素：親密關係、渴望，以及自我犧牲的愛。

有些關係只停留在美好友誼的階段。兩個人真的很欣賞彼此，但是不知怎麼的，他們從未觸及彼此的靈魂，而他們也不懂為何如此，因為這段關係是如此的合情合理。他們或許會向對方表達他們的愛意，也可能覺得自己是真正愛上對方，但不知為何，這不是兩人分隔兩地時會感到心痛的愛，不是心裡七上八下擔心對方可能會離開的那種愛，也不是兩個人待在一起什麼事也不做時，自然湧現的迷戀與發自內心的快樂的那種愛，更不是婚姻中不可或缺的日常關懷與時常掛心的那種愛。

中等深度的關係是最難以割捨的，因為兩人之間有友情和欣賞，卻沒有心靈交流的深度。他們若結婚，這段婚姻中必將會產生兩人無法觸及的地帶，引發孤獨與隔閡的感覺。

最後是道德觀點。這是個很重要的視角，因為對另一半的欣賞將可以幫助你度過感情枯竭的時候；這份欣賞可以幫助你度過對方的怪癖讓你覺得很煩的時候。好品格可以熬過困境。因此，最根本的問題是：「這個人誠實嗎？他是個有誠信的人嗎？」

產生歧見是無可避免的，這對婚姻來說並不是無法克服的挑戰。婚姻唯一無法免疫的，是輕蔑製造的致命殺傷力。因此，關鍵性的問題是：「我真的非常欣賞這個人嗎？」結婚的承諾是一種誓約，一種允諾。因此，另一個關鍵性的問題是：「這個人是否信守諾言？」選擇配偶相當於在選擇你的孩子的父親或母親。因此，你要問的問題是：「這個人是否具備你希望能傳給你的寶貝兒女的特質？」在任何一段婚姻中，遲早會有那麼一天，你因為生病或某些原因而顯露你的本性。因此，你要問的問題是：「當你把教育背景、技能、成就，以及個人品牌拿掉，這個人的核心部分是什麼？」婚姻生活涉及無數個決定。因此，你要問的問題是：「我是否經常質疑對方的判斷？」婚姻會體現在日常的現實生活裡。因此問題變成：「這個人是否曾經向人炫耀一些他應該感到羞恥的行為：欺騙別人以求升官發財，霸凌部屬以鞏固支配優勢，操弄他人以滿足個人欲望？」你的伴侶絕對不是完美的人，每個人多少都有點自私，因此你要自問：「這個人的自私形式是我可以接受的嗎？」

完整

電影「征服情海」中，把「完整」（completion）這個詞用得太經典，無人能出其右，但夫妻之愛確實有種對方讓自己變得完整的感覺。那種感覺有點像是柏拉圖《饗宴》中的故事，兩個分離的半個靈魂發現，當他們合在一起，就可以形成一個完整的靈魂。唯有當他們合而為一，才能完成全部的旅程。他們已經準備好要展開一個更廣闊的人生，那個人生是獨自一人完全無法想像的人生。

杜斯妥也夫斯基一直與自己的本性交戰。他經常因為賭博或純粹因為混亂的本性而欠下債務，於是他必須靠寫作來還債。有一天，他遇見一位名叫安娜．葛里哥葉夫納（Anna Grigoryevna）的速記員，當時的杜斯妥也夫斯基正承受著截稿壓力，必須在一個月內寫完一本小說。他們一同完成了《賭徒》。安娜回憶道：「他每天把我當成朋友一樣聊天，他會把過去不愉快的往事都說給我聽。他訴說著他無法擺脫的人生困境，我忍不住深深被他感動。」

杜斯妥也夫斯基完成小說後，付給安娜相當於現在的一千五百元美金，做為速記的酬勞，然後他們分道揚鑣。但安娜發現她很想念他。「我已經習慣了和杜斯妥也夫斯基愉快的趕工，快樂的會面，以及生動的對話，我發現我的人生已經不能沒有這些部分。我以前從事的活動已經不再吸引我，感覺起來很空虛，而且不重要。」

他們一直保持聯絡。有一天，他們原本從理論性的方向探討婚姻本質，對於和作家或藝術家結婚是否明智這個問題，他們有不同的看法。杜斯妥也夫斯基認為，只有傻瓜才會和這種人結婚。任何一個理智的人，都不會接受這種不牢靠的人的求婚。「假設那個藝術家是我好了」，他舉自己為例子，「我向你示愛，並請你做我的妻子。你會怎麼回答？」

安娜發現，這已經不再是理論性的對話了。「我會回說，我愛你，而且會一輩子愛你。」她如此回答。

她後來回憶道：「我不會轉述他當時對我說的溫柔與愛的話語；那些話對我來說非常神聖。

我驚訝得說不出話來，幾乎承受不住我感受到的巨大幸福。有很長一段時間，我一直難以相信這件事真的發生過。」

他們失去了兩個孩子，但他們的婚姻後來非常幸福。安娜幫杜斯妥也夫斯基打理事業，基本上，就是為他開了一個出版社，並幫助他獲得經濟和文學上的成功。杜斯妥也夫斯基一直對安娜的靈魂保持尊敬。「這一生，」安娜在杜斯妥也夫斯基死後寫道，「我一直覺得這件事有點難以理解。我的丈夫不僅像其他的丈夫對他們的妻子一樣的愛我、尊敬我，他幾乎是崇拜我，彷彿我是只為了他而被創造出來的特殊存在。這個情況不只發生在我們剛結婚的時候，而是一直都是如此，直到他過世。」

18 婚姻：你們一起打造的學校

婚姻在喜樂中開始，在教育中結束。它在喜樂中展開，因為一開始，你可以和這世上你最關心的人每天生活在一起，這個人光是待在你身邊，就足以帶給你無上的快樂。但後來婚姻會轉變成別的東西。一旦你同意結婚，你也同意被徹底了解，那是相當嚇人的。生活單位從「我」變成「我們」，意味著日常生活的習慣必須改變。這個人最讓你欣賞的部分，後來往往也是最令你抓狂的部分。她的尖銳機智有時聽起來像是批評。他對情感的敏感度有時可能讓人覺得他是在討愛。要擁有美滿的婚姻，最好的方法是成為一個更好的人，更有耐心、有智慧、有同情心、有毅力、樂於溝通，以及謙卑。當我們做出承諾，我們就是讓自己置身於某個困境，唯有靠無私的行為才能解套。

婚姻會把一連串困難任務丟在你面前，用這種方式教育你。沃勒斯坦與布萊克斯利列出幾個重要的任務：

1. 與雙方家庭對他們的童年造成的影響做切割

2. 建立親密關係，並融入某種程度的自主性
3. 擁抱父母的角色，接納「寶寶至上」帶來的衝擊
4. 面對生活中難以避免的危機
5. 創造精采的性生活
6. 創造一個可以自由表達歧見的安全所在
7. 時時不忘戀愛初期將對方理想化的那個形象

遇到挑戰時，若雙方都能承認自己的不足之處，這段婚姻就能度過難關。若雙方都願意一同選修一輩子的婚姻課，包括同理心、溝通和再次承諾，這段婚姻就能安然過關。好消息是，你不必在任何一科拿到A＋的成績，拿到B就代表你已經做得很好了。

同理心的智慧

婚姻會破裂，是因為一方或雙方覺得對方不了解自己，或自己遭到了對方的誤解。當人覺得自己不被了解或遭到誤解，就會淡化自己的缺失，並為自己找藉口：「好吧，我搞砸了，但你根本一點也不了解我！」他們把責任推給對方，卻因此凸顯出自己最糟的特質。

婚姻之愛意味看見對方。高特曼（John Gottman）是頂尖婚姻研究學者，他的這段話捕捉了婚姻的精髓：「幸福的婚姻建立在深厚的友情上，也就是互相尊重和享受彼此的陪伴。這種伴侶對彼此的了解巨細靡遺，他們能詳細說出對方喜歡和不喜歡的東西、怪癖、希望和夢想。他們很看重對方，並且透過大大小小的方式表達他們的欣賞。」

婚姻之愛是了解對方的模式。巧門（Gary Chapman）在《咦？不是你去刷馬桶嗎》提到，不同的性格類型其實可以共存於婚姻之中。像是描繪型配上重點型。描繪型在對話時會把事情描述得巨細靡遺。重點型只會講重點。還有組織型配上隨興型。組織型非常注重細節，而隨興型覺得細節部分會水到渠成，順其自然就好。還有工程師型配上舞者型。工程師型希望用邏輯思考做出每個決定，舞者型會從心所欲。這些差異可能是衝突，也可能是互補，取決於每個人對伴侶的了解有多深，以及配合對方的意願有多高。

婚姻之愛是明白雙方的過去會在現在的婚姻裡浮上檯面。心理學家開玩笑說，婚姻是個戰場，兩個家庭各自派出最厲害的戰士出來對決，決定哪個家庭的文化將主導這對夫妻的生活。

在一起生活之前，你們對原生家庭對你們的影響基本上渾然不覺，你們自然而然會用某種方式處理事情。但在剛結婚的頭幾個月，你做事的方法和另一半做事的方法開始對撞。你們的反應通常不是像學者般，一邊用手托著下巴一邊溫和的說，「嗯，相當有趣。」反而往往是意料之外的大噴發。你會對伴侶所做的小事大發雷霆，在你過度反應的同時，你在心中悄悄自問：「我這是怎麼了?!」

「我們太常按照一個很久以前的危機所引發的腳本做反應，而我們在意識層面早已忘了那個危機。」狄波頓寫道。「我們根據一個被我們遺忘的舊有邏輯做出反應。」例如，在有條件的愛或苛責的愛養育下長大的人，可能會把「我真希望你沒做那件事」解讀成「我要離開你了！」他們可能無法明白，怒氣並不會對他們的親密關係造成威脅。

能以同理心去了解彼此的夫妻會後退一步，試著理解對方面對壓力的反應是什麼。導致婚姻破裂的一個常見原因是，要求與退縮的循環。其中一人向對方提出一個要求，像是打掃家裡、準時赴約等，但他的要求裡藏著一種責怪的意味。於是對方會把這個要求聽成是嘮叨抱怨，然後採取退縮的態度，而不是積極主動的態度。這使得要求的一方再次提出他的要求，但這一次，口氣帶有更明顯的責怪，甚至是批評。這樣的情況導致退縮的一方變得更加消極。若退縮的一方偶爾妥協了，這會使提出要求的人更加相信，責怪和批評是有效的做法，於是變本加厲，直到退縮的一方徹底的不配合，進入相應不理的模式。一方進攻得愈兇，另一方就退縮得愈厲害。

關係健全的夫妻會跨出這個循環，幫助彼此改變自己，突破這個循環。「伴侶關係有一個很神奇的部分，就是當兩個人相愛之後，不論他們需要為自己做些什麼以獲得心靈成長，那件事通常正是他的伴侶最需要從他那裡得到的東西。」派恩斯（Ayala Malach Pines）在《墜入愛河》（*Falling in Love*）寫道。「女生不該變回曾經被大人拒絕的小女孩，需要無理取鬧才能得到她想要的東西，她需要學習以成人的身分，用理性的方式，好好表達自己的需求，以提高達成願望的機率。」

到頭來，婚姻能長久維持的夫妻，會獲得一種務實的智慧（希臘文是 metis），他們出於直覺就能掌握情況，並知道什麼東西合得來，什麼東西永遠合不來。

有務實智慧的老師會知道，哪些徵兆代表教室內的秩序即將失控。有務實智慧的機械技師可以根據摩托車引擎若有似無的異常聲響，判斷是哪裡出了問題。有務實智慧的婚姻伴侶知道，何時該給對方一些空間，何時該出手幫忙，何時該送個驚喜的禮物，以及何時不該調侃對方。婚姻這所大學會教你這類情緒覺察能力，這種能力無法化約為原則或是靠書本來學習，且它會發展成一種充滿愛意的靈活反應。

溝通

語言是婚姻的燃料。「其他一切會在轉瞬間消失，」尼采寫道，「但你們相處的時間大部分會用來聊天。」

聊天的品質代表了婚姻的品質。優質的對話會營造溫暖平靜的感覺，拙劣的對話會促成關係的冷淡與停滯。婚姻伴侶透過對話互相影響、互相感染。

當然，大多數的對話都是平凡無奇的小事——晚餐吃什麼、牆壁要漆成什麼顏色，或是寶寶今天的腸胃消化好不好。有一個時期，禮貌被視為過時的東西，客氣被視為中產階級的裝飾品。但禮貌是日常生活的道德守則。政治家伯克（Edmund Burke）說：「禮貌就像我們呼吸的空氣，透過持續、穩定、統一、合理的運作，使我們變得苦惱或平靜，墮落或純潔，提升或降低，粗野或優雅。它對我們的生活產生全面性的影響。禮貌可能成為道德觀的後援補給，也可能徹底摧毀道德觀，一切取決於禮貌的品質。」

有禮貌的對話會透過高特曼所謂的主動邀請模式（bids and volleys）形成。假設你正坐在餐桌旁看報紙，你的伴侶跑來對你說：「快看，窗外的樹上有一隻很美的櫺鳥。」那是對話的邀請。你可能抬起頭並驚訝的說：「哇，真漂亮。謝謝你告訴我。」那是「靠近邀請」（toward bid）。你的反應使你向你的伴侶更靠近了一些。或許，你的反應是：「我在看報紙，你可以讓我好好看完嗎？」那是「遠離邀請」（against bid）。抑或是，你只是嘀咕一聲假裝沒聽到，或是毫無徵兆的改變話題。那是「拒絕邀請」（turning-away bid）。

高特曼發現，在成功的婚姻裡，夫妻之間發生靠近邀請與遠離或拒絕邀請的比例是五比一。高特曼口中的「關係大師」會刻意在情感帳戶裡存款。「大師會養成一個習慣：他們會掃視社交情境，尋找他們可以感激或致謝的事物……失敗的人會在社交情境裡搜尋伴侶的缺失。」高特曼在接受《大西洋》雜誌的艾蜜莉．艾斯法哈尼．史密斯訪問時如此說。

離婚通常不是因為衝突的次數增加，而是因為正向經驗的次數減少。高特曼的妻子茱莉指出，婚姻關係大師會隨時留意伴侶的行為，若另一半做了對的事，就立刻給予稱讚。根據高特曼夫婦的研究，有四種不友善的行為會導致夫妻離異：輕蔑、批評、防衛，以及築牆。他們的研究原則非常簡單：當你覺得很累，而你的伴侶提出邀請，請溫柔的靠近他的邀請。當你心煩意亂時，請溫柔的靠近他的邀請。當你承受很大的壓力時，請溫柔的靠近他的邀請。

婚姻關係大師也學會如何在歡欣與衝突時刻做好溝通工作。歡欣時刻似乎是婚姻關係中比較容易處理的部分。但加州大學聖塔芭芭拉分校心理學教授蓋博（Shelly Gable）發現，歡欣時刻往往才是驅使夫妻拆夥的原因。夫妻中的一方回到家，告訴對方自己獲得了升遷，但另一方卻無法為他高興，因為他滿腦子只想著自己的事，於是他(a)轉移話題，開始說他的得意事蹟；(b)嘀咕了一聲表示他聽到了，然後繼續做他自己的事；(c)貶低這個成就，反問對方：「你確定你能搞定這個新職務？」

大師也學會絕對不生悶氣。生悶氣指的是對某件事感到生氣，卻決定不說出來。狄波頓寫道：「生悶氣的人一方面迫切需要對方了解自己，另一方面又堅決不主動協助對方了解自己，因為需要向對方解釋這件事，是最侮辱人的部分：若你的伴侶需要你的解釋才會懂，那他或她顯然不配聽你解釋。」生悶氣的心態基本上是回到童年時期，夢想找到一個像母親一樣的人，不需要他說一個字就知道他想要什麼。

被人責怪或攻擊時，沒有人會想要變得更理性；若配偶在吵架時吼了一句「長大吧！」沒有人會因此想要變得更成熟。許多書提供了更好的方法，只不過在生氣的當下，我們很難照做就是了。首先，試著以中性用語陳述問題。然後是出擊、表明立場和接觸。提醒對方你聽見了他說的話，也了解他的意思（出擊）；清楚陳述你的立場（表明立場）；找個雙方都可以接受的折衷解決方案（接觸）。

再次承諾的藝術

婚姻中有兩個經典的危機時期：小孩剛出生時，以及意志消沉的中年期。在第一個危機中，你很想靠孩子的出世轉移焦點，希望因此可以不必處理與配偶之間複雜又難搞的關係，盡情享受親子之愛的喜樂。在第二個危機中，正值中年的人很容易被沒有特殊原因的悲傷和不完整的感覺籠罩。時光的飛逝令你心驚，而你也往往將有一大堆缺點、心態負面、愛嘮叨又經常臭臉的配偶視為問題的根源，因為配偶的拖累，使得你無法盡情揮灑人生。

在這些危機時刻，你很容易會退卻，開始與伴侶疏遠。你會開始切割與退縮。你會在外面發展新的興趣，建立新的朋友圈。你開始習慣沒有親密關係的婚姻。有人說，躺在床上的配偶雖然和你只相距一公分，感覺卻像在百萬里之外。你用藥物、烈酒、工作或照顧孩子來占據你的心靈空間，而這個空間原本是被婚姻填滿的。

在俄克拉荷馬的卡梅倫大學任教的塞勒（Joanni L. Sailor）做了一項研究，她和經歷戀情變冷的人進行訪談。她蒐集到的說法證明，當愛的火花熄滅後，那段關係就變得非常駭人：「我們的性行為沒有親吻。我還記得當時我的心裡非常渴望被親吻，但我渴望的對象不是他。」「那種心痛簡直是椎心刺骨。」「我想我大概哭了一整年。」「是的，我的憂鬱是徹底的孤寂造成的。」「我的愛不斷消失；我的心彷彿被他踐踏，而他似乎一點也不在乎。」「我的個性遭到否定……這件事永久改變了我……我有好幾年的時間變成了一個沒有個性的人。」

兩人疏遠之後，你們進入了一個相當可怕的時期，此時婚姻裡的愛似乎已經枯竭。有時候，這代表婚姻已經走到盡頭。雙方都再也傷害不了對方，因為彼此都已經不在乎了。若是這種情況，就會離婚。但在其他的情況中，愛的餘燼還有些溫度，這個婚姻只是需要雙方鼓起勇氣再次做出承諾。這就是婚姻學程的下一門課：再次承諾的藝術。

在這些低潮時刻，記得婚姻不只是關係，還是誓約。它是一種道德上的允諾，答應對方要竭盡全力挺過所有的風雨。兩個人都曾起誓，要把這個婚姻看得比各自的情緒狀態更重要。當然，有時候離婚是正確且唯一的選擇。不過，也有教育家巴默爾的建議派上用場的時候：「假如你出不去，那就進去吧！」假如你無法輕易拋下某個東西，那麼前進的唯一方法就是再加把勁。

若愛情的井已經枯竭，你就要發揮意志力，向下再挖深一點。「要刻意選擇親近，而非遠離；選擇陪伴，而非分開；選擇關係，而非孤立；選擇愛，而非冷漠；選擇生命，而非死亡。」

梅麥克如此寫道。

這不是可以自然而然做出的選擇。相信我。我知道在這個地方失敗是什麼情況。再次承諾代表你要背叛自己。然而，正是我們被迫背叛自己的時刻，定義了我們的生命。婚姻就和所有的承諾一樣，它存在的目的不是為了讓你快樂，而是為了讓你成長。梅麥克說：「矛盾的是，在那些看似過不了關的時刻，當雙方非常清楚，唯有純粹的犧牲之愛能將他們綁在一起，婚姻反而能延續下去。」

說來奇怪，對婚姻再次做出承諾的一個典範，居然是林肯的第二任就職演說，那時美國正處於分裂狀態。當時，北方軍顯然即將在內戰取得勝利。林肯大可以借這個機會洋洋得意的說：這場正義之戰我們打贏了。我們是正義之師；你們是邪惡之師。我們是對的；你們是錯的。我們的正當性獲得了平反，你們這些南方人的手上沾滿了我們的鮮血，好好承擔你們的恥辱吧。

林肯對聯邦之愛，對整個國家的愛，遠高於他對自己陣營的愛。在第二任就職演說中，他用的關鍵詞都是團結性的詞彙：「我們」、「所有人」、「雙方」。「所有人都為迫在眉睫的內戰焦急。每個人都在擔心害怕，都想設法避免這場戰爭……雙方陣營都反對戰爭。」他把北方和南方放在同樣的謙卑地位。

林肯並沒有把奴隸制度說成是南方的制度，他說那是美國的制度。戰爭的後果洗滌了這個罪惡，並公平的落在雙方身上。林肯將所有人都視為該受譴責和墮落。他務實的承認，美國正被分裂和失望籠罩。但他不接受國家分裂是必然的走向，並號召大家要扭轉心態：「不對任何人懷恨，要對所有人寬容。」

要療癒破碎的婚姻，其實和療癒分裂的國家相去不遠。婚姻關係中必然有差異和歧見，但多數時候，那不是婚姻被摧毀的原因。真正的原因在於，我們把歧見變成了爭奪優越感的戰場。問題不在於「我是對的／你是錯的」；而在於「我比你高一等／你比我低一等，我是正直的／你糟透了，我是良善的／你是可鄙的」。原因在於你往往急著採取防衛姿態，宣告你的道德優越性。媒體教父麥克魯漢（Marshall McLuhan）說：「義憤是賦予笨蛋尊嚴的一種方法。」此話雖然嚴厲，但沒有說錯。

再次做出承諾通常意味，把你自己的罪惡攤在陽光底下。寬容指的是，承認你犯的錯，甚至是你引發的憤怒，而寬容會從愛的角度來接納那憤怒。忠誠代表不斷的重複說「我愛你」。需要說出「我愛你」的次數，超出我們想像的多，它在歧見出現和危機時刻能夠發揮的威力，也超出我們的想像。

要如何再次做出承諾，專家的看法相當一致：不要期待某個終極解決方法可以敉平婚姻中的重大歧見。多做些正面的事，來抵消負面的事。用五個愛的語言淹沒負面的互動：多說肯定的話、為對方服務、送禮物、有品質的相處時光，以及肢體接觸。

再次承諾就是說「我們下午去散個步好嗎？」和「你休息吧，我來吸地板。」它是猶太教拉比赫舍爾（Abraham Joshua Heschel）所謂的「行動的狂喜」。你遵從戒命，做了一件好事，然後你再做一件好事，每一件好事會創造「光亮的時刻，在這些時刻，在我們意志之上的巨大功績讓我們得到昇華，這些時刻充滿源源不絕的喜樂，以及強烈的欣喜。」人性有個源頭不詳的法則：行為的改變會導致態度的改變，而且必然先於態度的改變。當你對某個人做出友好的行為，你就成了良善之人，而且會珍惜這個人。性可以療癒婚姻中的許多傷痛，或至少提供療癒的契機。猶太信仰有個古老的智慧，認為沒有性的婚姻不算是婚姻。猶太教拉比斯洛維奇克（Joseph Soloveitchik）寫道：「婚姻的倫理是享樂，不是禁慾。」太過講求靈性對性是有危害的。

幾年前，小說家內澤（Lydia Netzer）在她的部落格貼了一篇文章，名為〈婚姻維持十五年的十五個方法〉，提供了一些務實的好建議，幫助夫妻一起突破人生中的危機：

- **生著氣睡覺**：大家都說不要讓一天在憤怒中結束。那個觀念有時候顯得相當愚蠢。如果你已經很累了，那就上床睡覺吧。第二天早上起床後做個鬆餅，那時候再看看你們的爭吵是否真的那麼嚴重。
- **自豪與誇耀**：公開向眾人誇耀配偶的成就，並且要讓他不小心聽見。
- **向他的母親抱怨，而不是向你的母親抱怨**：如果你向他的母親抱怨關於他的事，他的母親會原諒他；但你的母親絕對不會原諒他。

- **信任你的配偶：**讓你的配偶幫助你，並相信他，他知道怎麼做才是對的。
- **忠於你的配偶：**「你和你的配偶是兩人團隊，」內澤寫道，「不該讓任何人了解這個團隊的規則……有時候讓她成為眾人矚目的焦點，有時候由你當主角。人生有再多的波折都無所謂，因為你們這個團隊都能安然度過。」

內澤的建議提到了婚姻的一個矛盾之處：婚姻是曲木打造出來神聖制度。真實的人類和彎曲的木材一樣有諸多缺失。因此，與人的互動容不下完美主義，只能帶著困惑不解，以感情結交之。婚姻在熱情的狂想曲中展開，最後會演變成務實的共乘通勤。

第二次戀愛

第一次戀愛是香檳。但是當你們經歷了婚姻，經歷了爭吵，經歷了復合，你發現你進入了第二次戀愛，這次的戀愛沒有那麼多的激情，但續航力十足。當兩個人看過彼此最糟的一面，經歷了幾次的原諒和被原諒，對於兩個人能撐下來感到自豪，並因為知道這段婚姻將會延續下去而感到安慰，此時他們就進入了第二次戀愛。你將與這個人共度餘生。這就是你的人生。第二次戀愛就是第二座山之愛。經歷過第一座山的驚險刺激，以及谷底的磨難之後，你們現在一同來到更廣闊、更無私的人生巔峰。

你可能遇過一種老夫妻，他們看起來很像，做出的反應很像，說話的方式也很像。哲學家高茲（André Gorz）給妻子的信中寫道：「你已經八十二歲了，身高少了六公分，體重只剩下四十五公斤，但你依然美麗、優雅且充滿魅力。我們已經一起生活了五十八年，但我愛你更甚以往。我再次感到空洞的胸口，有一股空虛感啃噬著我，只有你的身體緊靠著我，空虛才得以填滿。」

這種愛能超越生死。心理分析師弗蘭克有一位年長的患者，他一直無法克服喪妻的悲傷。她已經過世兩年，但他的心依然感受到撕裂般的疼痛。到後來，弗蘭克問他，假如先走的人是他，情況會如何？他的妻子會有什麼感覺？

「如果是她，她一定會很痛苦，一定覺得很難熬！」那個人回答。

弗蘭克回應他說：「你看，她沒有受到這種痛苦，因為你的緣故，她才不必受到這種苦。雖然你必須活著為她哀悼，做為代價。」那個人聽了之後，立刻拿起帽子，和弗蘭克握手致意，然後離開了。

達到這種終極和諧境界的夫妻不僅感到滿足，而且得到了精神的淨化，這是一種道德狀態，也是一種情緒狀態。淨化來自多年經歷的人生起伏。當你回顧一生，你發現精確的說，你其實擁有五、六段不同的婚姻，你和五、六個不同的人結婚，只不過這麼多年來，那五、六個人都住在同一個身體裡，這個領悟會使你得到一種心靈的淨化。這種淨化也來自喜劇和悲劇的情節上演過後，所揭露的罪惡和喜樂。就像到了劇終時刻，劇中人物的真相都被揭露，每個人都被寬恕了，該灑的眼淚也都灑了，最後大家一起歡笑。

在精神淨化的過程中，不斷索求的愛轉化為付出的愛。夫妻雙方都願意為對方做荒唐的事，為對方做出一點道理也沒有的犧牲。在經歷過孩子生病，孩子去上大學帶給他們的焦慮，全家去度假時班機延誤，諸如此類的煩心事之後，他們來到了一個寧靜的幽谷。我們會向結婚五十週年的夫妻鼓掌致敬，因為我們知道這是一項成就，雖然他們可能會覺得，這五十年過得相當輕鬆愉快。他們的這輩子還沒過完，但此時的他們，可以在某個冬日夜晚偷個閒，把頭靠在一起，一同欣賞壁爐裡的火光。

第四部

人生觀與信仰

19 智性的承諾

我年輕時的夢想，是參與革命。實際上，我生活於一九八〇年代，雷根主政的時代，但我的腦袋活在一九一七年的格林威治村。

我坐在大學圖書館裡，埋首於一大疊舊的《新大眾》雜誌。《新大眾》是一本設計與文字都非常優美的期刊，讀者主要是受到俄國革命啟發的馬克斯主義激進分子。他們相信，會有一個新世界，從舊世界的灰燼中浴火重生，活在這個世上是天大的福氣。

當時的左翼知識分子被歷史的洪流席捲，全心全意追求一個看似不遠處的天堂。馬克斯與恩格斯攪動了巨大的歷史潮流，由一群革命先鋒帶頭向前衝。一九一〇年的哈佛畢業生里德（John Reed）到俄國加入革命，寫了《震撼世界的十天》（*Ten Days That Shook the World*）。數十年之後，紐約市立學院一群激進的年輕猶太學生蹺課聚集在學生餐廳，大談共產主義在美國的未來。托洛斯基派坐在一邊，史達林主義派則坐在另一邊，他們可以為了一個議題辯論六到八個小時。他們狂熱的投入這場爭辯。因為當革命來臨的時候，辯論的結果將決定馬克斯主義的哪個派別會主導革命。

我不知道我是不是真的信奉馬克斯主義。我在那個時候自稱民主社會主義者，但我非常認同這種生活：為了追求正義和世界的歷史性變革，在智性層面狂熱的投入某個使命。

大二時，老師指定我們讀伯克的《法國大革命反思》。伯克的論點和我當時的信念（或是我以為的信念）背道而馳。他主張革命性的變革太過急躁草率，你永遠不知道它會引發什麼樣的意外結果，理性的力量不足以理解這個複雜的世界，因此我們應該尊重我們文化的「正義的偏見」，經過時代考驗的傳統。伯克為生活的禮儀規範辯護，他認為，禮節、禮貌和殷勤賦予生活溫柔的質地，賦予社會榮耀的光彩。

我無法形容我有多厭惡那本書。我寫了一篇又一篇的文章，表達我對它的鄙視。然而，即使在那個時候，我隱約有種感覺，伯克的思想已經在我的腦袋裡撒下了種子。

大四那年，巴克利來我們學校演講。我當時負責為校刊寫幽默專欄。我寫了一篇諷刺文抨擊他，基本上，我指控他喜愛以名人加持自抬身價，是個愛膨風的人。塔科夫教授（Nathan Tarcov）把那篇文章拿給巴克利看。巴克利顯然覺得那篇文章很有意思，因為在演講結束時，他對在場的所有學生喊話：「大衛．布魯克斯，假如你在現場，我想給你一份工作。」

我不在現場。我被學校派去錄製公共電視的節目，與偉大的經濟學家傅利曼辯論。我跑到位於帕羅奧圖的胡佛研究所，因為傅利曼在那裡工作。這個節目的設定是傅利曼與年輕人的對談。那是我第一次上電視，你可以在 YouTube 找到這段影片。我當時有一頭濃密的頭髮，戴了一副巨大的圓框眼鏡，幾乎遮住了半張臉。在那個節目中，我會根據某一本左翼思想的書提出我的觀點，傅利曼會當場反駁我，然後鏡頭會帶到我一時語塞、呆若木雞的表情。

我們花了一個星期錄製那個節目。在那段期間，傅利曼和他的妻子蘿絲會請我們出去吃晚飯，和我們聊經濟學的話題。那時，我從來不曾真正見過任何一個自由意志主義者，因此，他們為我開啟了一個新的世界。此外，我也從來不曾親眼見過像這樣的夫妻：他們徹底信奉自己的理念，並把自己奉獻給對方。我大開眼界。直至今日，他們那種擁有共同智性使命的人生，依然令我深受啟發。

幾年後，我以記者身分到芝加哥西南部，採訪一些根本無法居住的失敗國宅計畫。那些計畫由立意良善的社會學家設計，他們要夷平破舊的廉價公寓，用光鮮亮麗的新建築取而代之。但他們沒意識到，當他們夷平那些破舊公寓，同時也摧毀了那裡的無形支持網絡，那是支持當地困苦居民活下去的人際網絡。政府確實暫時改善了那個社區的硬體環境，但也破壞了那裡的社交功能，他們欠缺認識論該有的謙遜，未多方設想人與人之間的情感需求，一心只想實踐自己的善意。

我突然想到，那正是伯克警告我們的事。於是我重讀《法國大革命反思》，這次我驚呆了。我沒有全盤接受伯克的觀點，但我開始在保守主義中看見智慧。

我與巴克利聯絡，問他當初的工作邀約是否還成立。他說是的。於是不久後，我開始在巴克利創立的《國家評論》工作。一夕之間，我周遭全都是為了理念和革命性變革奉獻生命的一群人，就像我在書上讀到的馬克斯主義者一樣。事實上，他們當中有許多人，就是我讀到的那些人。新保守主義運動有很大一部分，是由遭到現實打擊的馬克斯主義者推動，包括錢伯斯（Whitaker Chambers）、伯納姆（James Burnham）、克里斯托（Irving Kristol）、伊士曼（Max Eastman）等。

他們仍保留了些許先前的立場。克里斯托在《新保守主義》（*Neoconservatism*）引述托洛斯基（Trotsky）的話：「年輕時加入激進運動，很像是在年輕時談戀愛。你交往的女孩可能會形象崩壞，但談戀愛的經驗非常有價值，即使是後來理想幻滅，都無法完全抹煞其價值。」

我花了幾十年的時間，才確認自己是哪一種保守主義者。到最後，我意識到我屬於伯克派保守主義者。我信念的核心都在伯克的《法國大革命反思》裡。我不懷疑理念的力量，因為那本書改變了我的人生。它將潛伏在我腦袋裡的信念召喚出來，構築了我看世界的基礎。理念有非常大的影響力。

當傅利曼和巴克利的人生接近尾聲時，我詢問他們是否感到滿足。他們兩人對人類歷史造成的影響，遠超出他們一開始的構想。他們是否覺得自己現在可以平靜的好好休息了？但這兩個人根本聽不懂我在說什麼。他們還有太多想做的事情。直到他們過世那天，還一直在推廣理念、為理念而活，並且試圖讓世界朝著他們的理念稍微靠近一點點。他們是做出智性承諾的典範。

他們到底有多激進（至少在他們一開始出來闖江湖的時候）？在當時，全美國幾乎沒有人認同他們的想法。但有無數的人後來都改觀了。為了理念獨排眾議，並大喊「改變吧！」那個畫面有種難以言喻的美感。

當我回顧大學生涯，我非常感謝有一所大學（芝加哥大學）提供了開架式書庫，讓我可以找到《新大眾》，而且有那個魄力強迫我去讀我當時非常痛恨的一本書。學校真的可以扭轉人生。

人道主義理想

過去數十年來，美國的高等教育發生了不少變化。在十九世紀後半段與二十世紀前半段，多數大學信仰的是耶魯法學院教授克隆曼（Anthony Kronman）所謂的「人道主義理想」。這種理想認為大學存在的目的是教導目的論：幫助人們回答人生的終極問題。說得更直白一點，學校存在的目的是形塑學生的靈魂。

「教育的主要對象是品格。」曼荷蓮學院院長伍利（Mary Woolley）在一個世紀前這麼說。斯多中學校長羅克斯堡（J. F. Roxburgh）在一九二〇年代被問到學校的宗旨時，他回答說，訓練出「跳舞還可以，發生船難時無比重要」的年輕人。

這要透過讓學生獲得各種體驗來辦到。「我們可能認為，道德低落是品格薄弱造成的，」教育家利文斯頓爵士寫道：「但更常見的情況是，它是由不當的理想所導致。」因此，根據這個教育模式，教師的工作之一，是為學生樹立最佳典範。有一位斯巴達教育者說：「我讓孩子樂於親近高尚的東西。」至少保證在學生畢業時，他們曾接觸過一些人類想過和做過的巔峰之作。

後來，大學變得更加多樣與多元。我們知道生活方式不只有一種理想的形式。觀念先進的大學逐漸拋棄了人文主義理想，採取克隆曼所謂的「研究理想」（research ideal）。生物、文學和歷史等知識體系被細分為更多專科，以及更細更細的次專科。學者努力在自己的專業領域做研究，期待能拓展知識的疆界。

這套方法促進了不少新發現，尤其在科學領域。但克隆曼認為，這種強調專業的做法「使我們不再專注於人生的整體，而是要求我們聚焦於人生中某個狹隘的面向。」想要了解人類主要的生活形式，或是提出抽象的大問題，像是「人該為什麼而活？」開始變得不僅不切實際，甚至是不負責任。「因為這種理念認為人生的意義是個不夠專業的問題，沒有一個負責任的人文學科教師會認真看待這個問題。」克隆曼寫道。研究理想使大學無法讓學生整個人投入學習，而學生階段正是最渴望與需要意義的階段。學校彷彿在暗示學生，不要去理會簾幕後方的靈魂。

這並不代表道德教育被積極逐出大學校園，但道德教育這個東西開始變得有些棘手，大家差不多也就不再談這件事了。所有人都承認，道德陶冶極為重要，但它比較像是個人的事。哈佛大學心理學教授平克（Steven Pinker）總結了現代大學的研究道德觀：「我不知道要如何讓我的學生培養自我或擁有靈魂。研究所不教這些東西。我參與過無數次教師委任與升等會議，我們從來不評估這方面的能力。」

學生被教導如何進行批判性思考、質疑、保持客觀，以及分析事情，但幾乎沒有人教他們如何與事物產生連結、如何欣賞別人、宣誓效忠、仿效與服務。大學裡充斥著資訊，但意義匱乏，就和這個社會一樣。

幸運的是，我上的大學是一腳跨足研究理想、一腳仍深植人文主義理想的芝加哥大學。在那個年代，學生至少要花兩年時間研讀「偉大經典」，而且通常不只兩年。我們的教授不只教書本裡的知識，還體現他們所教的東西。有些年長的二戰德國難民當時還在學校教書，他們以宗教般的熱忱堅信，進入天國的神奇鑰匙就藏在書本裡。只要認真閱讀，深入思考，就能解開生命的祕密以及擁有美好的人生。

我還在大學就讀時，有一位傳奇性教授溫特勞布（Karl Weintraub）在教西方文化史。他和許多西方文化史的老師一樣，體現了豐沛的教學熱忱。多年後，他即將辭世時，寫了一封信給我的同學奎倫（Carol Quillen），談到了教西方文化史的難處：「有時候，我花一小時或更多時間，傾盡所有的熱情與感性，將我所理解與體驗到的西方文化知識完整的說給學生聽，每次講完都覺得快要虛脫。我想我應該有打動這些學生，但我不是很確定。」

當老師在課堂上教的東西超出學生在那個年紀能吸收的程度，可說是教學上的悲劇。教學就像栽種植物，像溫特勞布那樣的老師把種子塞進我們的腦袋，數年後或數十年後，當成年生活的現實面需要用到時，那些種子就會爆開。我不知道你的情況是怎樣，但比起剛畢業的時候，我覺得，我所受的大學教育，在我畢業二十五年後對我的幫助更大。

有個古老的說法是，假如你因為一片熱忱而著火，世人會大老遠跑來看你燃燒。我的大學教育有一部分是看著我的老師們燃燒。散文家艾普斯坦（Joseph Epstein）比我早二十五年進芝加哥大學，他對於學校老師的淵博學識也同樣印象深刻。「站在我青少年後期的無知深淵，」艾普斯坦回憶道，「我從來不認為我趕得上他們。不過我依然有種感覺，覺得他們有某個部分極其偉大。我還記得，我當時對那些教授和作家心裡感到無限欽佩。」哲學家布蘭（Eva Brann）說，知道自己的不足、但對某個更崇高的東西有一股強烈的愛，以及知道你能明辨卓越的事物，並深受啟發，意識到這些事可以帶來一種愉快的謙卑。

許多人說，西方文化史和「偉大經典」這類教育，是被作古的白人男性獨占的精英世界。但西方文化史一直都是激進主義——顛覆性、革命性的反文化，因此永遠無法滿足於現況。西方文化史是蘇格拉底，他的思想太危險，以致於他所居住的城市容不下他。思想家只看到事物的陰影，並因此感到滿足，而西方文化史提供我們方法，幫助我們走出洞穴，如實看見現實世界。西方文化史使我跳脫我所處時代的種種假設，跳脫現代的精英教育價值觀，以及美國對成功的崇拜。西方文化史啟發我，窮盡一生追求一種人生觀——花數十年時間試圖找到一種世界觀，來理解現實世界的複雜性，同時給我一致的觀點，構築我對事件的反應，引導我度過人生的無常變化。當我需要補強對現今世界的批判能力時，我會回到西方文化史這個反抗基地，為自己再次充電。一旦你見識過人類經驗的頂峰，你就難以在平淡無奇的地面生活了。不論你多麼想，你都再也難以變得淺薄了。

智性美德

如同所有啟蒙者，芝加哥大學的教授至少做了六件事。第一，他們歡迎我們進入學者的行列，這是個歷史悠久的傳統，有無數前輩把一生奉獻給閱讀、思考、激烈辯論，竭盡全力活得更充實。他們引領我們進入一個漫長的對話，誠如哲學家歐克秀所說，這場對話是「一場沒有盡頭、未經預演的智性冒險。在這場冒險中，我們運用想像力，透過各種模式來了解世界和自己。我們不會因為歧異而煩心，或是因為一切尚未決定而沮喪。」雖然我們只是這個綿延不絕行列的菜鳥，但至少我們已經入列了。

第二，他們引領我們認識歷史上的各種道德生態。我們所有人都需要一種建設性的人生觀，一套幫助我們判斷什麼事物更有價值的標準。所幸，過去數百年來，身處不同時空的先人建立了不同的價值體系，以及在這個世界找到意義的各種方式，包括強調榮譽和榮耀的希臘傳統，強調守法與嚴謹意識的希伯來傳統，強調謙遜、臣服和恩典的基督教傳統，建立在理性、個體自由權和個人自由之上的啟蒙計畫。我們的教授把上述和其他道德生態攤在我們眼前：斯多葛主義、德國浪漫主義、諾斯底主義、佛教思想、儒家思想、非洲泛靈思想、馬克斯主義、女性主義、解構主義。他們並沒有告訴我們要遵從哪個道德生態生活，只是提供我們嘗試不同道德生態的機會，看看哪個最適合自己。

第三，我們的教授教導我們怎麼看事情。看事情似乎是一件相當直截了當的事，只要睜開眼睛向外看就行了。但是對政治稍有涉獵的人都知道，有多少人是透過黨派對立的扭曲觀點來看世界，有多少人只看自己想看的東西，以及有多少人是透過自身的恐懼、不安全感或是自戀心態來看世界。

懂得怎麼看事情不是一種天生的能力，而是謙卑的展現。它代表把你的自我（你的需求和願望）拋開。如此一來，你才能看見事情的真實面貌，而不只是自身利益的投射。你要從能夠清楚看見真相的人身上學習看事情的能力：達文西、喬治．艾略特、歐威爾、珍．雅各、鮑德溫（James Baldwin）、托爾斯泰。

藝評家拉斯金（John Ruskin）曾寫道：「人類的靈魂在這個世界上做過最偉大的事，就是如實看見某個事物，然後用淺顯的方式，把它看見的東西表達出來。數百個能談論事情的人當中，只有一個人有思考能力，但在數千個有思考能力的人當中，只有一個人懂得怎麼看事情。」

我們的教授做的第四件事，是教導我們智性的勇氣（intellectual courage）。所謂的獨立思考或獨自思考並不存在。所有思考都是溝通，你腦袋裡的所有概念，都承襲自數千年前的思想家前輩。我們是社會性動物，我們的思慮有很大部分是為了獲得連結，而非為了追求真理。我們的思慮有很大的部分，是想出可以幫助我們贏得社會認可，以及被對的社交圈接納的見解。智性生活中最困難的部分，是將真理和能夠讓你受人喜愛的事情分開。

第五，我們的教授教給我們情感知識。讀惠特曼的詩並感染他的狂喜；陪著安蒂岡妮不惜違抗王命，將兄長埋葬；跟著伽利略追隨他想追尋的新發現；和數學家巴斯卡一同直接感受神的臨在；或是跟隨詩人普拉斯墜入瘋狂的深淵，我們並不一定從這些經驗中學到新的知識，但我們可以獲得嶄新的體驗。

哲學家史克魯頓認為，情感知識指的是，知道在什麼樣的情境下該有什麼樣的感受，如此一來，你才能恰如其分的厭惡不公義，在看到自我犧牲的行為時，感受到恰如其分的虔敬之情，對朋友產生恰如其分的同情心，在遭到誤解時，恰如其分的保有寬容。這種情感知識是一種可以學習的能力，就和其他能力一樣。我們天生都擁有某些基本的情感，但對於我們沒有親身經歷過的處境，我們必須透過學習，才能明白那是什麼感受，像是作家艾里森（Ralph Ellison）在遭到種族歧視時，那種被所有人視而不見的屈辱感，大屠殺倖存者內心那股揮之不去的罪惡感。我們需要有人教導我們什麼是崇高的情感：看到一個良善的人因為自己的缺陷而得到悲慘的下場，感受到恰如其分的悲劇性悲傷；聖女貞德面對火刑時所展現的頑強勇氣；莫札特第四十一號交響曲

〈朱彼特〉中克制的喜悅。

第六，芝加哥大學給予我們可以熱愛的新對象。每個人天生具有求知欲。孩子出於想要了解的衝動，會盯著輪子和操縱桿看。當我們在書中讀到一段文字，它將我們憑直覺隱約知道的事情轉化為文字，我們的心中會湧現一股小小的悸動。當詩人完美捕捉了某種情感，那不只是真實，而且充滿美感。

柏拉圖建議老師善用人對美的天生渴望。讓學生接觸更多美的事物，以此形塑他們的想像力，當他們長大後，他們會渴求得到更多重要的事物。讓學生看一張美麗的臉龐做為開始。當他能欣賞具象美之後，他就會被更高層次的美吸引，那就是友善的個性以及一個良善之人美好心地的美。當他能明白這種美之後，他會領悟一種更高層次的美，那就是正義社會之美。當他看過正義社會之美，他會繼續渴求更高層次的美，那就是追尋真理與智慧。接下來，他會嚮往美的終極形式，也就是美的本身，涵蓋一切的超脫之美的一種永恆形式，它不會盛開、也不會枯萎，無法再增添一分，也無法再削減一分。對柏拉圖來說，那就是神性。

芝大的老師只是把偉大的傑作放在我們面前，並在那些傑作的周遭，創造一種只能被稱作情慾氛圍的東西，激起我們對更高層次的美的渴求。例如，有一天傍晚，我在學校主圖書館的地下室做功課，那個地方可能是世界上最醜的建築裡最醜的一層樓。我被指派要讀尼采《悲劇的誕生》中的一個段落。我大約在七點左右坐下來開始閱讀。大約在十點半時，我抬起頭，回過神來，才驚訝的意識到自己身在何處。我無法告訴你，在那三個多小時之內發生了什麼事。我猜，我進入了類似出神的狀態。或許是因為尼采邪惡的文采，他的文字施展的魔法，或是他的主題，數千年前促使戲劇誕生的原始狂歡之舞。我只能說，在那段時間，這個世界消失了，時間消失了，我的魂進入了書本裡，不在我的身體裡。

一旦你有過這樣的體驗，你會很想再體驗一次。我們不像詩人里爾克那般有深度，但我們大概可以理解他想要談的東西：「我正在學習如何看見。我不知道為何如此，但此刻，一切都向我體內深處滲透，都不再停留在它們之前結束的地方。我有個我毫無所悉的內在自我。現在所有的一切都在那裡。那裡發生的事我並不知曉。」

多數人進入大學時，心中都有一些凡人該有的渴望，其中多數經過我們的深思熟慮。但如果大學有善盡職責，它會揭露我們內在的自我，至少是可能的內在自我。「人類是一種抽象的存在，」哲學家馬里旦（Jacques Maritain）寫道，「一種靠超脫滋養生命的動物。」藉由把你拉到那個層次，大學喚醒一系列新的渴望：了解這個領域，了解一些關於永恆的事。

舊的渴望不會消失。你依然想成為一個有人緣、外貌好看的人，並好好享受人生的樂趣。不過，渴望顯然有層次之分。昇華的藝術體驗比一支巧克力棒更值得渴求。重點在於，要留意你熱愛的事物是什麼，因為你渴望什麼，你就會成為什麼。

華萊士對凱尼恩學院畢業生的知名演說，點出了渴求對的東西是非常重要的事：

在成年後的日常生活中，無神論其實不存在。不崇拜其實不存在。每個人都崇拜一些事物。我們唯一的選擇是崇拜什麼。選擇某種神明或靈性存在做為崇拜對象有個很好的理由，不論那對象是耶穌基督或阿拉、耶和華、威卡教的母親女神、佛教的四諦，或是某些不可侵犯的倫理原則。那個理由就是，如果你崇拜其他的東西，那個東西很可能會把你吞噬。若你崇拜金錢和物質，假如你把真正的人生意義寄託在那上面，你會永遠渴求，永遠覺得你擁有的還不夠多。若你崇拜你的體態、美貌與性吸引力，你會永遠覺得自己很醜，此外，隨著時間和年齡開始在你身上顯露痕跡，在你的外貌還沒衰老之前，你已經不知道死了幾百次……若你崇拜權力，你時常會覺得軟弱與害怕，然後你會需要更多的權力才能將恐懼驅逐在外。若你崇拜才智，希望被別人認為你很聰明，你最後必然會覺得自己是個愚蠢的人、是個冒牌貨，別人隨時可能會發現這個真相。

在這個世界留下印記的人或機構，可以提供你更值得愛的東西、新的知識領域、新型態的木工或汽車維修的工作方式，或是社會變革的新願景。杜拉克（Peter Drucker）寫道，領導力「將一個人的眼光提升到更高的境界，將一個人的表現提升到更高的標準，使一個人的性格超越它原本的界限。」

在我那個年代，芝大有一些問題。許多人畢業後對於就業和職涯的領域毫無概念。我們雖然對理念充滿熱情，但我們和其他人相當疏遠。當時的校園文化吸引了一群不善社交的人，同時鼓勵怯懦與冷漠的人際關係，我花了很多年的時間才克服這些影響，而且始終沒有完全克服。不過，那個地方確實驅使我們熱切的接觸人類處境的理想願景。它使我們所有人知道，人類能做些什麼。它帶我們嚐過真正的美酒，使我們後來難以對廉價的東西感到滿足。大家都說，像芝大這樣的大學，是個只重視知識與腦力的地方。但根據我的經驗，我認為事實恰好相反。芝大做得最好的部分，是訓練人的心。

當我回顧並反思我們在課堂上的討論、我們的報告主題，還有在餐廳暢所欲言以及在酒吧閒聊的內容，這些其實都在幫助我們弄清楚，什麼東西值得我們追求，什麼欲望會比其他欲望更好，什麼渴求該擁抱，什麼渴求是次要的或應該拋棄。

耶魯大學的學生給我的讚美中，我覺得最受用的一句話是在最後一堂課聽到的：「這堂課使我變得更悲傷。」一位優秀的學生如此說。他是稱讚的意思，我也決定這麼理解這句話。一旦你讀過歷史上最偉大的戀情，見識過那種愛情的境界，你就很難對於自己平淡的愛情感到滿足。你永遠會感到某種程度的不滿足。此外，你的不滿足感永遠不會消失，因為你愈朝著你的理想前進，你的理想就後退得愈遠。如同藝術家在自己的技巧提升之後，他們對於自己能做到什麼程度的期待，會立刻向上躍升。

然而，要得到終極的喜樂，你要做的不是滿足你的渴望，而是改變你的渴望，使自己擁有最棒的渴望。受過教育的人生，是個朝向更高境界的愛不斷前進的旅程。

20 信仰的承諾

在貝瑞（Wendell Berry）的小說《傑伯．克羅》（*Jayber Crow*）中，主角克羅在學校和職場經歷了一連串的失敗，那些失敗使他成為一個無所事事、沒有歸屬的年輕人。在經濟大蕭條衝擊最深的時候，他把所有的個人物品裝進一個紙箱，朝著位於肯塔基州威廉港的老家方向走。

他走著走著，天空落下了豪雨，河水上漲的肯塔基河，將橋梁和房屋都捲走了。他在暴風雨的夜裡奮力跋涉前行，他看到一座橋沒有被沖毀，於是魯莽的決定要跨越那座橋。克羅站在橋的中央說：

> 河流就像是一個活生生的東西。它像是一大群人在怒吼。我可以在滔滔水聲之中聽見凍雨落下的聲音。我在橋上可以感覺到河水的湧動。我不能說我不害怕，但那股恐懼似乎不在我的體內，而是在空氣裡，像是河水的聲音。我似乎被捲入其中，而且無法輕易或很快的脫身。

他看見桶子、木頭、整棵的樹，以及房屋的殘破碎片被河水沖走，他的腦海突然浮現了《聖經》的某個段落：「地是空虛混沌，淵面黑暗，神的靈運行在水面上。」克羅彷彿穿越時空，來到某個最初的覺知：

我不確定我能否告訴你當時我發生了什麼事，即使到了現在，我依然無法確知。當時我很確定那不是我試著告訴自己的話。但多年來，我經歷了自己讀那本書、聽人讀它，以及相信它與懷疑它，我似乎遊蕩到了源頭，不只是書的源頭，而且是世界的源頭，其他的一切還沒來臨。我感覺到知識在我的皮膚上爬行。

他繼續向前走，朝著威廉港的方向前進，但他一直轉錯彎和迷路。他的牙齒因為寒冷而打顫，肚子餓得咕咕叫。最後他終於來到一座城鎮，災民蹣跚的走入市政廳，尋找食物和過夜的地方。克羅加入了這群全身溼透的迷途靈魂，得到了愛的回應——充滿愛心的志工忙進忙出的為他們張羅食物和咖啡。

他環顧這個臨時收容所，看到父母溫柔的把孩子放在床上。他累壞了，於是閉上了眼睛，但沒有入睡。他在腦海中再次看見那條河。但這一次，他看見的是整條河流，所有的流域，河水承載了木材、穀倉，甚至是一整棟房子。整個世界似乎都在漂流，在河流裡載浮載沉。

我知道創造了這個世界並使它活著的神，仍然活在其中。我毫不懷疑。我能夠看到我活在神創造的世界裡，它仍然持續被創造中。我會永遠成為其中的一部分，不可能逃離。造物主在其中，形塑它並重塑它，有時躺著休息，有時站起身晃動它，就像渾身是泥的馬匹晃動身體讓泥水向外飛濺。

那天晚上，克羅突破到了更深一層的覺知。就像他說的，靈性知識在他的皮膚上爬。

就像我在本書前面提到，我蒐集了人對喜樂的各種描述，其實我同時也蒐集了人對神祕體驗的說法。這些時刻是日常現實生活的硬殼出現了裂縫，人看見了從外面透進來的光亮。毫不令人意外的，這類體驗有許多是發生在大自然裡。詹姆斯在《宗教經驗之種種》提到了某個人對於他經歷雷鳴時刻的描述：

我還記得那一晚，以及山頂的那個地點，我的靈魂向無窮盡的時空敞開，兩個世界急速合為一體，內在與外在的世界。那是一種向深處的召喚，我的掙扎獲得了深不可測的某個東西的回應，觸及天上的繁星。我獨自站在造物主的身旁，以及世上所有的美、愛與悲傷，甚至是誘惑。我看不見祂，但感覺到我的靈性與祂和諧同在。

歷史上的偉人有很高的比例是在監獄中獲得神祕體驗。因遭到囚禁而把一切都奪走了——為物質生活而努力、外在的自由、事情塞得滿滿的時間表。至少對某些人來說，內在體驗和靈性狀態是他們僅剩的東西。這個領悟使他們明白，這些內在狀態，其實才是生命中最重要的體驗，其他的一切都是次要的。

沙達特在二戰時期因為密謀推翻英國帝國主義遭到監禁。在他的回憶錄《尋找身分》（*In Search of Identity*）中，他回憶在監獄中，「我能超越時空的限制。在空間上，我不是活在四面牆裡的牢房，而是活在整個宇宙裡。」物質被剝奪之後，他覺得自己彷彿變強大了。「我覺得自己踏入了更浩瀚、更美的世界，我的忍耐力也大大增強了。我覺得我可以忍受所有的壓力，不論那個問題是多麼巨大。」他的情感立場也改變了。「當我的個人存在融入萬物的存在，我的出發點變成了對家園（埃及）的愛、對萬物的愛、對神的愛。」

哈維爾成長於共產主義時代的捷克斯洛伐克。當時國家宣揚的馬克斯主義教條是建立在物質決定論之上，認為一個人的工作成果與生活的物質條件，決定了他是誰以及他的思考方式。哈維爾在一九七七年因為發表反政府言論入獄，他發現物質決定論的主張並非事實。他得到的結論是，物質現實並不是人類歷史的根本驅動力，靈性現實才是。

「我所提及的特殊體驗讓我更加確信。」哈維爾寫道。

意識先於存在，而不是像馬克斯主義所主張的存在先於意識。基於這個理由，人類世界的救贖只存在於人的心、人類的反省能力、人類的謙卑、人類的責任。若沒有人類意識的全球革命，一切都不會改善。

哈維爾在獄中生了重病，生命垂危。有一天，他透過監獄的圍欄看見了一棵樹的頂端。他在給妻子歐嘉的信中寫道：

當我凝視著那棵樹，我被一種難以言喻的感覺籠罩：突然間，我似乎超越了我在這世上時時刻刻的存在，進入一種沒有時間的狀態，我所看過與體驗過的所有美好事物，存在於一個絕對的「併現」（co-present）；我感受到一種和解，幾乎像是對於無可避免的事件發展溫和的表示同意，並且下了一種輕鬆的決心，要面對所有必須面對的事物。

對於存在的主宰力的深刻驚嘆，由於其神祕性的深不可測，轉換成令人暈眩的無盡顫抖；對於能夠活著、有機會經歷我所經歷的一切，以及一切都有顯然的深刻意義，我感受到一種無邊無際的喜樂，這種喜樂與我在那一刻對於近在眼前卻無法理解且無法取得的一切，所產生的模糊恐懼，形成了奇妙的結合，當我站在「無限的邊緣」；無上的幸福以及與世界和自己和諧相處的感覺，以及那一刻，以及我所記得的所有時刻，還有藏在背後的一切有意義的無形存在，充滿我的心中。我甚至可以說，我「陷入愛裡」，雖然我不太清楚對象是誰，或是什麼東西。

心理分析師弗蘭克在納粹集中營體驗到的人生，是對個人尊嚴的持續攻擊。他發現他無法控制自己的人生，但是對於加諸在他身上的事情，他可以控制自己的反應。他可以發揮「內在支持力」，也就是以有尊嚴的方式忍受折磨。人生不只是具體的掙扎，而且是靈性的掙扎，為了保護自己的人性不受剝奪人性的環境摧殘的掙扎。「現實中有機會，也有挑戰。」他寫道。

你可以戰勝那些經驗，將人生轉變為內在勝利，或是忽視那些挑戰，渾渾噩噩過日子。一個人接受命運以及隨之而來的苦難的方式，他承擔自己的十字架的方式，給他很多機會（即使在最艱難的情況下），為生命增添更深的意義。

弗蘭克發現，身體會根據它吸收的養分而成長，靈魂則是由於它付出的愛而成長。

我們這些在集中營的人會記得某些人，他們會到每個營房去安慰其他人，把僅剩的麵包送給別人吃。這樣的人或許不多，但他們提供了充分的證據，證明人的一切都可以被剝奪，唯獨一樣東西例外，那就是人最後的自由，也就是選擇要用哪種態度面對所有處境，選擇他要走的路。

某個冬天早晨，弗蘭克和一群囚犯在結冰的地面挖掘戰壕。天空一片灰濛濛的，他們穿的衣服是灰色的，臉也是灰色的。弗蘭克開始在腦海中與他摯愛的妻子對話，即使她人在集中營外，而且可能已經死了。他挖掘了好幾個小時，同時在心裡不斷宣告他對妻子的愛。忽然間，一種奇怪的感覺向他席捲而來：

我感覺到，我的靈魂穿透了周遭的陰沉氛圍。我感覺到它超脫了這個毫無希望、毫無意義的世界，而且我聽見從某個地方，傳來了代表勝利的「是的」，它回答了我對於終極目的是否存在的疑問。

就在那一刻，有一道光線照射在遠處的農舍上。

獄警經過我的身邊，不斷辱罵我，我再一次與我的摯愛交談。我愈來愈能感受到她的存在，彷彿她就在我身邊；我有種感覺，我能夠碰觸到她，能夠伸出手抓住她的手。那種感覺非常強烈；她就在那裡。

有一隻鳥靜悄悄的飛下來，停在他面前。他們彼此對望。

這是我生平第一次看見真相，就像許多詩人將它寫入詩歌，許多思想家宣告它為最後的智慧那樣。這個真相就是，愛是人類能渴望的最終與最高目標。然後，我明白人類的詩歌與人類的思想和信念必須透露的最大祕密所代表的意義：人類要透過愛以及在愛之中獲得救贖。我可以明白，在這世上一無所有的人，當他思念摯愛之人時，仍然可能懂得無上的喜悅，即使只有一瞬間。

弗蘭克說，那是他第一次了解「連天使都要臣服在這偉大無盡的愛的榮光裡」這句話的意思。他終其一生極力主張，人類的主要動機不是為了金錢，甚至不是為了幸福，而是為了意義。人類最大的驅動力，是了解人生的目的。一旦人明白這個道理，即使是最悲慘的環境，都無法擾亂他內心的平靜。

弗蘭克後來明白，即使他摯愛的人已經離開人世，也不會改變這件事。他心中不斷湧現的愛，才是支撐他活下去的動力。在集中營進行研究的過程中，他發現，很快死於疾病或精神崩潰的囚犯，這些人在集中營之外沒有任何精神寄託。而那些活下來的人，都有某個他們渴望與想要努力的外在承諾，不論是他們覺得有義務要寫一本書，或是他們必須回到妻子身邊。

有一天，弗蘭克在集中營的醫務室遇見了一位年輕女子，她生了重病，奄奄一息。「我很感恩命運給我如此大的打擊，」她對弗蘭克說，「我前半生過著被溺愛的日子，從來不曾認真看待靈性成長這件事。」

她對弗蘭克說，她在病床上感到非常孤獨，但她和她唯一能看見的生物結交為朋友，她窗外的一棵栗子樹。她說：「這棵樹是我在孤獨中唯一的朋友。」她說她經常和那棵樹說話。弗蘭克驚訝得不知道該如何回應，但他後來問她，那棵樹是否有和她說話。她說有。樹說：「我就在這裡，我就在這裡，我就是生命，永恆的生命。」與永恆生命的超然連結，說明了那位年輕女子為何在面臨死亡時，心情仍能如此平靜，如此輕鬆愉快。

蘇聯異議分子索忍尼辛在《古拉格群島》中寫道：「祝福你，監獄。謝謝你成為我生命中的一部分。因為當我在監獄裡，躺在腐爛的稻草堆上，我逐漸明白，人生的目標不是這個社會要我們以為的飛黃騰達，而是人類靈魂的成熟。」

在監禁期間，索忍尼辛看著對待他最殘暴的獄卒。他意識到，假如命運安排他成為獄卒、而不是囚犯，或許他也會變成一個殘暴的人。他逐漸明白，善惡之間的界線，不是由種族或國家來區分，而在於每個人的心。監獄以及它所代表的暴虐，讓索忍尼辛覺得他參與了一個更大的故事：「它使我更快樂，更有安全感，因為我再也不必為自己安排與管理所有的事，因為我只是一把為了消滅不潔力量而磨利的劍，一把為了劈開與驅散不潔力量、被施了魔法的劍。哦，上帝，請讓我在攻擊時不會斷裂！請成為我的後盾！」

許多人讀到這些靈性體驗時，都不可置信的睜大了眼：你到底在說什麼？許多人不曾有過這種體驗，因此難以相信這些無法佐證的存在的隱密面向是可以理解的。而且坦白說，我們有合理的理由不相信這些體驗。或許它只是大腦某些化學作用的產物、某種幻覺、疲倦或壓力造成的變異狀態。若是如此，你當然不能把它當作人生的參考基準。但反過來說，相信的人對於不相信的人也同樣難以置信。魏曼在《我的光明深淵》（*My Bright Abyss*）寫道：

真的嗎？你從來不曾被人生的某個體驗淹沒並覺得難以招架？從來不曾覺得你的內在有某個東西擅自替你作主，宣告所有權？從來不曾覺得有某些難以言喻的神祕事物，努力想透過文字和你搭上線？從來沒有過嗎？宗教不是由這些時刻構成的；宗教是把這些時刻變成你人生一部分的管道，而不是極度陌生甚至可怕的激烈侵擾，使得你事後不願承認它的存在。宗教是一種管道，幫助你處理人生中這些由不得你的時刻。

這些時刻告訴我們，萬物是有生命且息息相關的。這是你以前不可能想像過的存在面向。量子粒子即使處於不同時空，仍能莫名其妙的撞在一起。基於某種未知的原因，這個世界是有生命的，而且能和自己溝通。這世上有某種充滿生命力的互連力量，而且我們被那個力量淹沒了。我們用拙劣語言，將那個力量稱之為愛。

魏曼說，這些時刻有一點非常奇怪，那就是「我們不僅彷彿突然間在現實裡看見了某個從未見過的東西，而且彷彿是我們自己被看見了。」

21 意料之外的轉折

有些人產生信仰的過程充滿了戲劇性。眼前出現一道炫目的光！有個聲音在召喚！勝利的號角吹響了！這些體驗我都不曾有過。我接下來要告訴你，我獲得信仰的旅程，雖然根據一般邏輯來看，每個人躍入信仰的體驗都是神祕且不合理的，但我想說明，這個過程其實沒有任何奇怪之處。它可能發生在靈性領悟力最平凡的人身上。但你最後會來到一個充滿驚奇的地方，套用田立克的說法，相信神是我們存在的理由。

我從小就聽大人說《聖經》故事，諾亞方舟、大衛和歌利亞、以斯帖與哈曼、亞伯拉罕與以撒。那些故事構築了我的童年。在我的生命中，甚至在希伯來語學校裡，那些故事只是神話，扮演了神話的功能，幫助我理解是非對錯、幫助我處理我的情緒，幫助我理解英雄主義，以及心理學家貝特罕（Bruno Bettelheim）的那套東西。那些故事也幫助我理解我的族人，猶太人。那些故事再加上光明節的歷史和大屠殺事件，構成了猶太人和我們的身分認同。那些故事幫助我以悠久的歷史為背景，理解我族人的一致性。

然後，在大學和剛成年的時期，我開始運用那些故事做為尋找人生智慧的參考文獻，把它當成理解與解決人生問題的工具。《聖經》人物只是面臨道德挑戰、有缺陷的普通人。關鍵問題在於，他們能否以對的心態回應挑戰、他們是否在受到召喚時展現寬容，在必要時原諒他人，以及在良善之前保持謙卑。大衛在對抗歌利亞時向我們展現了什麼是勇氣。索羅門在婦人和嬰孩面前，向我們展現什麼是智慧。波阿斯以身作則讓路得體會什麼是慈悲。在那個階段，我和那些故事保持一段距離，檢視裡面有哪些有用的資訊。我是巨大的，那些故事是渺小的，只是一本破舊的人生參考書。

過去數十年來，情況開始出現了微妙的轉變。生命不斷發展，如魏曼所說：「過去的觀念已不足以幫助我理解我體驗到的喜樂和悲傷。」那些故事不時浮現我的腦海，但它們彷彿被時間的神奇力量重塑過，變成了不同的樣貌。它們變大、也變深了，更不現實，也更令人驚奇了。等等，神要亞伯拉罕殺了自己的兒子？

我想，隨著年齡增長，我們都會經歷這樣的情況：我們變得渺小，而我們的依屬性變大了。我們不再那麼迷戀自己，不再那麼認為我們是自己的主宰，同時意識到，我們如何受到歷史、家庭、超越覺知的力量形塑。而我認為發生變化的部分是，我透過最無趣、漸進的方式，在某個時間點感知到，那些故事不是發生在虛構人物身上、捏造出來的傳說，而是基本現實的體現。它們是生命循環模式的展演，是我們不斷重複演出的腳本。

亞當和夏娃體驗誘惑的滋味並失去神的寵愛，我們體驗誘惑的滋味並誤入歧途。摩西帶領身為奴隸的族人，歷經千辛萬苦來到應許之地，我們的靈性旅程也相當類似。詩篇作者檢視內心並自問：「靈魂，你為何如此委靡不振？」我們也會問這個問題。浪蕩子回到家鄉後，他的父親帶著滿懷的寬容與愛跑出去迎接他。我們有時候也會在犯下大錯後得到原諒。這些故事不只是發生在平凡人身上的平凡事，還代表了道德生命的延續。我們活在自然宇宙裡，我們用科學理解活著的意義。但我們同時也活在另一個層面中，靈性和意義的層面。我們用《聖經》故事來理解「活著」在那個層面的意義。

「當我能回答『我屬於哪個故事？』這個問題後，」麥金泰爾寫道，「我才能夠回答『我該怎麼辦？』這個問題。」若沒有更全面廣闊的故事涵蓋一切，生命就會變得毫無意義。但生命並不是毫無意義。那些故事以單純但無限複雜的方式，提供了一個活生生的腳本。它們為我們提供意義的範疇，做為我們生活的舞台，不只是個人的生活，還包括所有人的共同生活。這些故事敘述了一齣偉大的道德劇碼，不只是個人的劇碼，而且是所有人共同的劇碼。我們還置身於這齣劇中，正如克羅所說的，一齣已創造而且持續被創造的劇碼。

信仰的朝聖之旅

朝聖之旅是為了對故事做出回應所展開的旅程。我在猶太家庭長大，這代表我在「出埃及記」的神話中長大。誠如《妥拉》學者索伯格（Avivah Gottlieb Zornberg）所說，《出埃及記》最神奇的地方在於，它是一個為了流傳下去而發生的故事。神命令摩西要先說出解放的故事，然後才能執行解放的任務。

年輕的時候，我不知道那個名叫摩西的人是否真實存在，或是猶太人是否曾在埃及遭到奴役。我那時抱持懷疑的態度。我認為，必須要有更多考古學的證據來佐證。

然而，猶太人將這個故事流傳了數千年，而這樣的流傳後來使這個故事成了事實。在流傳的過程中，出埃及記形塑了猶太人的真實生活，猶太人按照出埃及記來理解與塑造他們的生活。它定義了猶太人對放逐的理解。因此，猶太人每年都有個夢想：明年要去耶路撒冷！猶太人移民到美國的歷史，正是貨真價實的出埃及記，回到家鄉以色列也是。出埃及記再度上演。那個故事是猶太人生活的背景，一個活生生的創造過程。

庫克拉比（Abraham Isaac Kook）說得很清楚：「我們透過犀利的意識明白，出埃及記的核心事件是一個永不止息的事件。神的支配在世界歷史上公開且清楚的揭示了神聖靈魂之光的暴發，那是散布在全世界的神聖靈魂所採取的行動。」

出埃及記是靈性形成的旅程。在埃及被奴役的猶太人無法主導自己的生活，他們甚至無法被別人拯救。他們被形容成一群不抱希望、喪志、消極、冷淡且絕望的人。恐懼使他們封閉自己，成為不光明磊落、沒有生命力且懦弱的人。壓迫使他們回歸孩童狀態，導致他們沒有能力為自己承擔責任。

神必須打造有能力捍衛盟約的一群人，有能力為自己的人生行使行動力並承擔責任的人。祂猛力將他們拉出埃及，使他們不斷前進，即使在他們想要爬回奴役狀態的時候。祂強迫摩西承接領導人的衣缽，即使摩西曾試圖逃避這個責任。祂迫使各個部落彼此建立關係，強迫他們克服對批判和排斥的天生恐懼。祂把祂的子民送到曠野。納赫曼拉比（Nachman of Breslov）說，困境可以造成相反的效果。它不一定使人變消極，有時會激發反抗的渴望。阻礙能激發渴望。以色列人慢慢開始展現生命力的跡象。

曠野中的艱苦跋涉鍛鍊出他們的力量，他們同時也活出了賦予他們身分認同的故事。不久，他們開始唱歌。他們橫越紅海，米利暗與其他婦女帶領大家唱歌。很快的，他們開始能夠信任彼此。遭到背叛和壓迫的人沒有信任的能力，因此不能得到信仰。但在最後，猶太人雖然一直發牢騷和抱怨，但他們仍然開始相信，承諾有時候會兌現，神一直都在。他們成為有能力擁有信念、承認律法、遵守律法，以及信守盟約的人。

有趣的是，摩西下西奈山的時候，正是他的族人崇拜金牛犢的時候。當摩西帶來使他們成為成人的律法，正是他們表現出孩子般幼稚行為的時候。

進入成人期以及躍入信仰，並不會在你準備好的時候發生。索伯格說，它是在你還沒有完全準備好的時候發生。躍入信仰的人帶著倉促、不安與少許緊張，但仍然充滿狂喜與活力。《出埃及記》描述的不只是一群烏合之眾在沙漠裡流浪，更描述堅毅的人是如何鍛鍊出來的。它是一個關於靈性和道德形成永垂不朽的故事，它會一次又一次的發生。

我的祖先也活在恐懼、躲躲藏藏之中，對驍勇善戰、殺人不眨眼的哥薩克人極度畏懼。他們也必須透過穿越曠野的旅程，以及抵達新大陸後的艱苦生活，獲得覺醒。他們剛抵達新天地時，心中也充滿渴望。我的曾外祖母在曼哈頓下東城開了一家符合猶太教規的肉品店。她和一個德裔猶太人結婚，然後開始向上爬。這家店生意興隆，使得我外祖父李維（Bernard Levy）有機會到學風自由的紐約市立學院就讀，那裡是年輕猶太學子追求美國夢的起點。

我的外祖父後來就讀哥倫比亞大學法學院，取了個中間名查士丁尼（Justinian），以便和其他同樣姓李維的人做個區分。然後他在猶太人開的律師事務所找到了一份工作。他工作的事務所在伍爾沃斯大廈裡，這棟建築曾經是世界上最高的大樓。我的外祖父又向上爬了一階。他大部分的時間都在寫訴狀，並曾經把他寫的信寄給《紐約時報》的編輯，希望能被刊登出來。

他沒有機會看到我成為一個專欄作家，但他為我樹立了好榜樣。他為我指出了一條向上爬的路，一條我們的族人必須經歷的漫長而艱辛的晉升之路。從布魯克林、布隆克斯以及下東城的擁擠公寓，搬到麥迪遜大道和第五大道這些光鮮亮麗的應許之地。他寫了文詞優美的家書給我，告訴我家族的故事：他母親教給他的頑強堅韌，以及他自己的成功祕訣（永遠要買你負擔得起的最高檔的皮鞋）。他很喜歡我寫的東西，他也讓我明白，你可以靠寫東西向上爬。我們的出埃及記倚賴的不是雙腳，而是智慧。他和他女兒（也就是我的母親）用微妙的方式，把那種移民心態傳給了我——覺得自己是個局外人，但比那些圈內人更聰明、更努力一些。猶太移民的文化在我身上注入了對於功成名就的強烈渴望。

人的渴望一旦產生了，就永遠都不會消失，但是它需要的食物會改變。功成名就已經無法滿足我了。

我們只有在至聖節日（the High Holy Days）會唸誦示瑪（Shema）（至聖節日是猶太教的贖罪日加上猶太新年，示瑪是猶太人每天要唸誦的三段《聖經》經文），但我們每天都會說：「你知道某某某是猶太人嗎？」所有的天才都是猶太人：愛因斯坦、佛洛伊德、馬克斯、特里林（Lionel Trilling）。所有藝人都是猶太人：蓋希文兄弟、馬克斯兄弟、洛琳・白考兒、寇克・道格拉斯、山迪・柯法斯，以及伍迪・愛倫。還有所有的作家、劇作家，以及一些出乎意料的人物：瑪麗蓮・夢露、巴布・狄倫，以及小山米・戴維斯。出埃及記是從沒沒無聞到功成名就的旅程，從被遺忘到卓越的旅程。我們把先人的義袍換成了獲得諾貝爾獎的夢想。以色列不再是聖地，它是渺小的大衛打敗歌利亞，以及打勝六日戰爭的地方。在現代版的出埃及記裡，每個小羅夫・利夫席茲（Ralph Lifshitz）都有機會搖身一變，成為羅夫・羅蘭（Ralph Lauren）。（羅夫・羅蘭本名為羅夫・利夫席茲）

我的童年過得非常快樂。我的父母支持我、關心我、與我對話，以及給我愛，雖然他們的愛從來不是透過語言或擁抱來表達。我知道被愛是什麼感覺，但我不知道如何表達愛。例如，當我二十二歲時，我到醫院探望外祖父。他的病房熱得令人窒息，他穿了一件袍子坐在椅子上。醫生說他所剩的日子不多了。

「我的勝算不大。」我一走進病房，他就對我這麼說。接下來我們隨便閒聊了幾個小時。當我起身要離開時，他突然開始啜泣，並對我說：「哦，天啊，我好愛你。」我的家人時常展露也明白我們對彼此的愛，但我們從來不用嘴巴說出來。我僵住了，我沒有遇過這種情況，不知道該說什麼才好。我猜，那是因為我的心受到太多限制。我讓他知道我明白他對我的愛，但我無法對他說我也愛他。直到他過世那天，他不曾聽我對他說那幾個字。

這是我童年時期的猶太道德觀。想像一個更好的未來；打造一個更好的未來。別讓這種道德觀毀了我們。在應許之地創造更好的未來。那是個世故的道德觀，但它源自一個更深、更加永垂不朽的道德觀。我們都被命令要一同創造這個世界。我們都被命令要完成神起頭的工作。我們透過工作成果和善行獲得共同的救贖。我們透過工作獲得救贖，透過聰明才智求得生存。正義必須倚賴所有人同心協力一起創造。然後，你們在餐桌上爭辯你們對正義的看法。

若要我描述我對猶太人的核心認知，我會說：十八個人在安息日圍坐在餐桌旁吃晚餐，所有人同時在講話，所有人都有自己的話題，與坐在對面的人對話，所有人都在糾正其他人剛才講出來的十八個錯誤。

恩典

關於我的出埃及記，還有另一件奇異的事情：它引導我走進教堂。在二十世紀中期，紐約的猶太人讓自己融入美國文化的方法之一，就是英國崇拜（Anglophilia）。彬彬有禮、優雅、堅忍的英國貴族氣息，似乎是離侵擾烏克蘭猶太城鎮的暴徒最遙遠的世界，那是美國猶太人最想逃離的歷史。

有些猶太人變成了崇英者。他們的口號是，「像猶太人一樣思考，像英國人一樣行事」。柏林（Isaiah Berlin）、希姆爾法布（Gertrude Himmelfarb）與特里林等猶太人對狄更斯、莎士比亞、伯克與珍．奧斯汀的作品如數家珍。猶太家長開始為孩子取英式名字，希望沒有人會認為他們的孩子是猶太人：諾曼、歐文、米爾頓、悉尼和里昂內爾。（但一點用也沒有，因為現在大家都把這些名字視為猶太人的名字。）

我的父母熟讀維多利亞文學和歷史。我養的烏龜名叫迪斯雷利和格萊斯頓，以維多利亞時代的兩位英國首相命名。我們家讀的詩是奧登的詩。我是和美國聖公會的教友一起長大的。我上的幼兒園叫作聖喬治，我念的小學是位於曼哈頓下百老匯的恩典教會小學。我參加的夏令營是道成肉身夏令營（Incarnation Camp），那是由麥迪遜大道上的道成肉身教會（Church of the Incarnation）贊助的活動，我參加了十五年的夏令營，那是我童年回憶中很重要的部分。

我們永遠無法得知，童年時期的寶貴時光對人生產生的影響。那些影響埋得非常深，使得我們難以發現它的運作機制。但我還記得每天早上參加恩典教會小學的禮拜儀式，我們會唱讚美詩和唸誦祈禱文，但我最常做的事，是抬頭盯著半圓形後殿高聳的歌德式尖拱看。我很喜歡讚美詩，但我是透過建築才體會到什麼是崇高的意境。圓柱的繁複裝飾，從屋頂向下望的彩繪玻璃《聖經》英雄人物、深色的木製長椅。我活在童話故事裡，裡面有許多永恆的人物、隱藏的力量、騎士精神，以及無盡的深度。

我初次瞥見信仰的面貌，是透過建築物。小學時期是恩典教堂，多年後是沙特爾大教堂。恩典教堂位於第十大道和百老匯大道的交會處，距離思存書店不遠。它坐落於曼哈頓非常熱鬧的區域，事實上，百老匯大道還因為它而稍微彎曲。不過，當你從人行道走進教堂，彷彿走入了一個更深的故事。教堂的正面宣告這裡是天國；一進入大門，你就被寂靜的崇敬氛圍包圍，世界彷彿消失了；你沿著通道慢慢向前走，你會在教堂內和兩側的彩繪玻璃上看見代表信仰的英雄人物。你在耳堂可以感受到啟迪時刻，光線從四面八方照過來，一轉身，你看到了瑰麗燦爛的玫瑰窗。恩典教堂的建築不算大，但對我來說，它的意義無限大。

我在恩典教堂學習主禱文、讚美詩和聖餐禮儀，當然，我也開始接觸耶穌的故事。我隱約知道他屬於另一個陣營。當時的恩典教會有很多猶太人，唱讚美詩時，我們會跳過耶穌的名號不唱。在我的記憶裡，我們總是避開關於耶穌的部分。

大體來說，耶穌的故事是個相當常見的神話，所有的文化可能都有類似的故事：城市因為不斷復仇的循環而崩毀。消除仇恨與分裂唯一的方法，是把所有人的罪推到某個代罪羔羊身上。將他驅逐出境，這個社會的罪就可以排除並消滅。將他殺死，這個社會就可以團結統一。

耶穌是典型的代罪羔羊，所有的族群基於嗜血的衝動集結在一起，把仇恨丟在這個無辜的外來者身上。耶穌的故事唯一的差別（而且是很大的差別），就是耶穌降生到世上，就是為了成為代罪羔羊。他自願承擔這個任務，寬恕處死他的人，並樂於將全世界的罪扛在自己肩上。他來到世上的目的就是為了臣服、受苦，以及贖救全世界。他來到世上的目的，不是為了成為令人敬畏、戰無不勝的彌賽亞（那是我們大多數人想成為的人），而是成為羔羊，向他的敵人臣服、去愛他的敵人。他來到世上的目的不是為了成為罪的受害者，而是成為罪的解決方案。他的力量來自自我犧牲，他的武器是愛。因為有他，我們才能活下來。

那是個聰明的劇情逆轉。

兩棲動物

在我的紐約猶太人半世俗世界，我們把民族意識看得比信仰更重要。我們活在大屠殺的陰影下，因此我們不把生存視為理所當然。我們讚揚努力、工作、聰明、紀律、成就、里程碑。在拉比猶太教的傳統，彌賽亞和貧困以及窮人與不幸之人的正義有關。但美國的猶太教並不這麼認為。我們努力朝著成就前進。

然而，耶穌的故事重點不在於世俗的成就。幾乎恰好相反。耶穌臣服是為了再起；他死去是為了讓其他人能夠活下去。基督徒的救贖並非來自工作，而是信仰。事實上，你無法贏得救贖，因為它已經透過恩典賜給你了。

在基督教故事中，窮人比富人更接近神；孩童比身分顯赫的人更接近神。懦弱的人是有福之人：痲瘋病患、受傷的人，以及承受苦痛之人。耶穌對於有權勢與財富的人沒有興趣，那些人可以給他很多好處，以及外在世界最重要的東西。耶穌關心的是妓女、被放逐的人，以及寡婦。

在我童年聽到的故事裡，有企圖心的人因為願意搞定骯髒事而被賜福。但基督徒以不起眼的方式行事——帶著崇高的愛，基於基本的善意做出微不足道的小小舉動。在我的世界裡，你要主宰自己的人生，展現行動力。但在基督教的世界裡，你不擁有自己。你的天賦只是透過你展現出來；你要把自己獻給造物主。

在我童年的世界裡，你要靠自己掙脫壓迫者加在你身上的束縛。耶穌也會幫助人掙脫束縛，但那是另一種束縛——來自傲慢、自負、自我的束縛。在我的世界裡，智慧受到尊崇，但是在基督教的世界裡，神選擇用愚昧的事使智者感到困惑，選擇讓弱者去羞辱強者。懦弱的人將繼承這個世界。

我一直都是兩棲動物，有一半時間活在水中，另一半時間活在陸地上。我其實很希望，我曾經對這兩種在我腦海喧囂的不同故事感到困惑。但事實上，我並沒有真正經歷過這樣的時刻，我是在二元論的環境中長大的。

猶太教是透過我珍視的家族世系和族人傳承給我的，尤其是那些公字輩和婆字輩的親戚，他們使用的意第緒語，他們奇怪的名字（艾姬〔Aggie〕和法傑〔Fagel〕）、他們做的猶太湯圓，以及他們可以在餐桌邊爭吵尖叫好幾個小時而樂此不疲。基督教對我來說比較像是某個人搭在我肩上的臂膀、一個擁抱、籃球比賽時的揮汗肉搏。

從六歲開始，我每年夏天都會參加道成肉身夏令營，那兩個月足以讓一年的其餘十個月黯然失色。那個營隊以聖公會的進步精神為主軸。我們會唱〈魔法龍帕夫〉、〈假如我有一把鐵錘〉和讚美詩〈舞之王〉（*Lord of the Dance*）。我們每天蹦蹦跳跳的讚美主的榮耀。唯一有明顯宗教色彩的人是「神的突擊隊」（God Squadders），他們是基督徒嬉皮，彈吉他、抽大麻，以及透過髮型展現對神的愛。但其他人就沒什麼基督徒色彩了。那裡有一大堆牧師的小孩，他們聽福音書長大，而且經常用行動體現基督教精神。營隊裡沒有成功或失敗，也沒有身分地位的區分，只有自由流淌和毫不拘束的愛。

我們住在帳篷裡，生火煮東西吃，在一點六公里長的湖裡游泳和划船。這樣的環境讓我們培養了親密的關係。這個營隊是我參加過整合最成功的社群。有一半的人來自威斯特徹斯特或曼哈頓的私立貴族學校，另一半的人來自布魯克林和布隆克斯最貧困的地區。我們訓練勇氣：從峭壁跳進湖裡、急流泛舟、半夜偷跑到營區的另一頭去和女朋友相會。所有重要的青少年成長儀式都會在這裡發生：抽大麻、第一次喝酒、親吻、上二壘、上三壘。所有初期的抽象感知也會在這裡發生：在獨木舟裡欣賞沉浸在晨光中的高山，一顆普通的石頭也會染上一層魔力，只因為你在那裡第一次感受到青少年之愛的痴迷狂喜。我有少數幾個朋友上高中或大學以後就不參加營隊，但我在那個營隊結交了四、五十個終身摯友，數十年來，他們從來不知道布魯克西（Brooksie）的全名是什麼。

有許多人在這個夏令營留下了影響，但我只想提其中一人，我們的輔導員兼小組指導員威斯．伍本霍斯特（Wes Wubbenhorst）。他是個個頭高大、運動細胞很好、帶點傻氣的大孩子。他的對話永遠充滿熱情，夾雜了口哨、聲響、奇怪的驚呼、突然大笑和十足的好心情。他在聊天時，如果他的腦海突然浮現另一件有趣的事，他會打斷自己的話，插入新的話題。他活到六十多歲，也看過世界上最黑暗的角落，但我猜，他從來不曾學會用大人的嚴肅態度來說話。他的內在有一部分永遠是個聖潔之子。

我後來學會辨認哪些人是由這個夏令營造就出來的，他們通常具備威斯的特質：取之不盡、用之不竭的熱情，總是散發出光芒，衣櫃裡放的大多是舊運動鞋，破爛的短褲，有破洞的T恤。威斯後來成為聖公會牧師。他到洪都拉斯為窮人服務，撫慰遭到家暴的受害者。他的神是充滿愛的神，他在夏令營的那段人生為他做好準備，使他能夠執行無私之愛的使命。他是那種為他人服務的人：他會熱心的叫你起床，每天晚上為你唱催眠曲，他是我遇過最會把籃球傳給別人的人。若有人做了一件極其愚蠢的事，他只會一笑置之，並嘆口氣，納悶人生怎麼會有這等怪事。

我在十七歲成為輔導員，威斯當時可能二十五歲。有一天，我們一同走過一個遊戲場，他對我說，我有一天會成為名人。我當時把這句話當成讚美。數十年後，我到安納波利斯去探望臨終的他。威斯已經無法說話，只能用手勢表達，發出一些無法辨識的聲音。我無法確定他是否聽懂我對他說的話，關於我迂迴曲折的信仰之路，以及我此生的摯愛。當我開車離開時，我突然想到，或許他那句話是個預警。我當時不明白，威斯其實是從某個制高點說出那句話的。

宗教並沒有製造出很多像威斯那樣真正的好人，這種人其實比你想像的還要少。篤信宗教的信徒開口閉口都在談神聖性、良善與愛，你會以為他們應該比無神論者或不可知論者擁有更多美德。但是在我的經驗中，他們並非如此，有些篤信宗教的人也可能做出很壞的事，像是有些天主教神父會對兒童伸出狼爪。

但我認為宗教會指引人抱持一些良善的憧憬。我在成長過程中體驗過典型的猶太式良善。那是一種慈愛。像是有智慧的大鬍子拉比用微笑的眼睛看著你；溫暖的祖母在安息日晚餐時為你續加食物；社群會體貼的為守喪家庭打點生活所需的一切；老好人傻氣的善意；有猶太人遭到殺害時，所有的猶太人會群情激憤。那是一種樸質的良善，族人的良善，以及全家人過節時聚在一起吃飯時，被善意緊緊包圍的感覺。

威斯的良善是另一種良善，我覺得那是一種基督徒式的良善。它很單純、真誠、愉快、純粹、充滿喜樂，他們付出的愛不帶有自我的成分。威斯幾乎不太想到自己。或許因為我成長於猶太家庭，猶太教的良善對我來說非常合情合理。而基督教的良善令我感到震撼。戴伊曾說，基督徒被命令要過一種不合理的生活，由於神的存在，才使這些不合理變成了合理。

有時候，基督教的良善令人難以忍受。它不屬於這個世界，與其他宗教並列時，顯得相對刺耳。舉例來說，溫立光在一九四二年加入英國海軍，服役了七年。他後來發現智能障礙的人常遭到不當對待，而且被社會丟到環境惡劣的庇護所去自生自滅。他到庇護所探望他們時，發現沒有一個人在哭泣。「當孩子明白沒有人在乎他們，沒有人會回應他們的需求，他們就不會再哭泣。因為哭泣太花力氣了。只有在覺得可能有人聽見我們的哭泣聲時，我們才會哭。」溫立光在巴黎附近買了一個小房子，創立了一個為智能障礙者服務的社群。很快的，這個組織就拓展為一百三十四個社群，分布在三十五個國家。

溫立光體現的無私精神幾乎讓人感到害怕。他幾乎不考慮自己的事，也不太關心自己。他活著只是純粹的付出。見過他的人說這個特質有時會令人緊張不安。溫立光走出頌揚成功者和強者的社會，把他的一生完全奉獻給弱勢者。他之所以這麼做，是因為他了解自己的軟弱。「人類基本上都是相同的，」他寫道，「我們都擁有相同的破碎人性。我們的心都曾受過傷，都同樣脆弱。每個人都需要被人欣賞和理解；我們每個人都需要幫助。」

他也能理解軟弱之美。「軟弱帶有一種神祕的力量。弱勢者流露的關懷與信任，可以打開人心。弱者能使強者心中產生愛的力量。」

受到溫立光影響的人很多，盧雲也是其中之一。他放棄哈佛和耶魯的教職，加入溫立光創立的方舟團體。在那裡，有些人智能障礙嚴重到甚至沒有能力向他表達謝意。

當盧雲離開方舟到外地演講時，他通常會帶幾個社群裡的患者同行。有一次，盧雲到華盛頓演講，他帶了一位名叫比爾的患者同行。盧雲上台演講時，比爾也跟著跑上去。當盧雲提到他常用的比喻時，比爾會大聲對觀眾說：「我聽過這句話！」演講結束時，所有觀眾站起來鼓掌，比爾當眾宣告他也要演講。盧雲聽到之後一時感到有些驚慌。比爾到底會說些什麼？他有可能說個沒完，把場面弄得很尷尬。但盧雲很快就意識到，認為比爾說不出什麼重要的話，是自大的想法，於是他帶著比爾走到麥克風前。

比爾說：「亨利（盧雲的名字）上次去波士頓的時候，他帶了史梅澤（John Smeltzer）一起去。這次他希望我和他一起來華盛頓，我很高興在這裡見到大家。謝謝大家。」觀眾全都站起來，比爾也得到了觀眾的起立鼓掌。

演講結束後，比爾一一向在場人士打招呼。隔天吃早餐時，他到每一桌去向他見過的人道別。回程的飛機上，他問盧雲是否對這趟旅程感到開心。「哦，是的，」盧雲回答，「這是一趟很棒的旅行，我很高興你和我同行。」

「我們是一起辦到的，對嗎？」

於是，盧雲想起了耶穌的話：「無論在哪裡，凡有兩三個人奉我的名聚會，那裡就有我在他們中間。」

成人期

我的生活方式似乎就像我的朋友藤森麻子（Mako Fujimori）所說的「邊界潛行者」（border stalker），永遠處於不同世界的交界地帶。政治上，我不偏左翼，也不偏右翼。職業上，我不完全是學者，也不完全是新聞工作者。至於性格上，我不是徹底的理性主義者，也不是徹底的浪漫主義者。

有人可能會想對我大吼：下定決心，做個決定吧！有時我會狐疑，這是不是因為我的童年在兩個偉大道德生態的交會點度過。我意識到，理論上，猶太教和基督教都涵蓋崇高與謙卑，令人嚮往的榮耀與神聖臣服。但我不是在神話故事中長大；我成長於二十世紀後期的美國猶太文化，以及二十世紀後期的基督教文化。我是最像基督徒的猶太人，或是最像猶太人的基督徒。這個情況之所以成立，是因為我很確定神不存在，所以這整件事的重要性只存在於理論層面。

我不會用我成為無神論者的數十年人生故事來煩你。有人說宗教是大眾的鎮靜劑，但我發現，無神論者的人生出奇的沒有煩惱。當然，我仍然會接觸到宗教。我的好朋友幾乎全都是猶太人。我們一見面就諷刺彼此。我們使用相同的語言，說相同的笑話。但基督徒也有他們的吸引力：尼布爾（Reinhold Niebuhr）的作品、安基利軻修士的畫作、我的導師巴克利，以及電影「慾望莊園」接近尾聲的一幕，家族的大家長在臨終前接受了基督信仰，宇宙從此一分為二。

我在大學遇見了一個堅強又聰慧的女性，我們後來結了婚。我們在一神普救派教堂結婚，但幾年後，我的妻子改信猶太教，到我們的會堂工作，並決定家裡要遵守猶太教規，送我們的孩子上猶太學校。我本來和猶太教漸行漸遠，現在又回歸了。我們開始過哈拉卡生活：按照教規作息、遵守奇怪的禁忌、頻繁的社群互動，以及過猶太節日。

我的妻子對猶太教的承諾深刻得令我佩服，而且一年比一年更投入。我們不常溝通這方面的事，但是當我們需要討論時，她總是會展現驚人的智慧與博學。現在，她把生活重心放在研究與服侍《妥拉》、猶太教、她的朋友，以及她的社群。

我對猶太教規的態度，一直在極度憎惡與全然尊敬之間搖擺不定。我很厭惡呆板迂腐的遵守規定的做法。但我很尊敬猶太教在所有的場合都有儀式這件事。這個概念是行為改變先於內在改變，而且會導致內在改變（實驗心理學有許多證據能支持這個觀點）。「哈拉卡人接近現實時，」斯洛維奇克寫道，「他的手裡會拿著從西奈山帶下來的《妥拉》。他透過固定的法規與堅定的原則來適應這個世界。一整套戒律和律法引導他走向存在之路。當他望向地平線，看見升起或下沉的太陽，他知道每個情況都有戒律要遵守，晨禱、穿戴經文護符匣（tefillin），諸如此類。當他遇見泉水，他知道該怎麼使用泉水：浸禮、贖罪、飲用。每個場合都有祝福儀式，所有的動作都有祈禱文。」

這些儀式和祝福使生活有所根據。斯洛維奇克還說，猶太教是一種「具體的宗教，五感生活的宗教，包括視覺、嗅覺和觸覺，一個有血有肉的人可以透過五官、筋肉和器官，以及他的整個存在，感受一切。」此外，這些戒律也指向一個理想。它們高舉一個理想的標準，描述具體現實和神性之間的關係。「超越（transcendence）透過人的行動獲得體現，」斯洛維奇克繼續說，「由合法的自然秩序形塑的行動，而人類屬於這秩序的一部分。」

猶太人主要不是在獨自一人的時候體驗信仰，而是在社群裡，在眾人一起從事的活動裡。會堂並不是猶太生活發生的所在，安息日的餐桌才是。我歸納出來的一般性原則是，大多數基督教堂儀式比猶太會堂的儀式更有靈性，但猶太人的安息日晚餐有可能比任何教堂儀式更有靈性。

猶太人不從死後的另一個世界尋找永恆與純潔的存在。一位古代學者說：「這個世界一小時的《妥拉》和善行，比來世的一生更實在。」

在猶太教裡，這個世界是成就神聖的舞台。猶太人設法實踐六一三條規範此生的戒律。這些戒律很少和虔誠的信仰有關，不到百分之五的戒律和一個人應該說的話有關，像是祈禱文和許願。哲學家卡普蘭（Abraham Kaplan）指出，百分之六十的戒律和實際的儀式有關，像是點蠟燭、沐浴，或是以某種方式使用棕櫚枝，和做事的方法有關。

卡普蘭認為，這些儀式和善行是一種語言，這種語言深奧到無法用文字表達，當我們執行儀式和善行時，就相當於在行使語言的文法和句法。做了一段時間之後，儀式感覺起來就不再像是照本宣科，而像是發自內心的行為。

猶太教講求創造性的行動。「神聖是有血有肉的人類創造出來的。」斯洛維奇克寫道。許多猶太人一想到來世腦袋就卡住。來世的第一個問題是，它已經是完美的，因此不需要做任何建造和修復，這有什麼好的呢？

基督教偶爾會闖入我的生活中。例如，二〇〇四年的某個雞尾酒派對上，有人提到了一個我沒聽過的名字，斯托得（John Stott）。我打電話問我的朋友克洛馬提（Michael Cromartie），他告訴我，如果福音派可以選一位教宗，那麼斯托得就會是那位教宗。斯托得可說是最有影響力的福音派領袖。我做了一下研究，發現有一個地方把他漏掉了，在一九五六年，他的名字沒有登上過《紐約時報》。於是我決定要好好了解他，寫一篇標題為〈斯托得是誰？〉的專欄文章。

沒有任何宗教信仰的人，第一次遇見一個充滿喜樂與才智的基督徒，一定會感到很震撼。我們通常看不起葛福臨和帕特．羅伯森這類佈道家，但是當你遇到一位基督徒，而他讓你覺得你非常希望能像他一樣，這其實會令人感到不安。我在專欄寫道，斯托得的聲音「友善、有禮貌，而且自然。他的聲音透露出謙遜與自我批判，但同時充滿自信、喜樂和樂觀。斯托得的使命是穿透所有的硬殼，分享與耶穌的直接接觸。斯托得說，福音派的核心訊息不是耶穌的教導，而是耶穌本人，那個人神兼具的形象。斯托得總是把人拉回耶穌的一生和他的犧牲這些具體現實。」重點在於理解耶穌基督的想法。

我在斯托得身上看到了一個對信仰充滿自信，但同時被其矛盾性吸引的人。耶穌教人要謙卑，那他為何總是在談他自己？透過軟弱獲得力量，或是透過順從得到自由，到底是什麼意思？我在斯托得身上找到了一種更理直氣壯、更直接的基督教。「每當我們看著十字架，耶穌基督似乎在對我們說：『我會在此是因為你的緣故，』」斯托得寫道，「『我承擔你的罪，我承受你詛咒的後果，我償還你的債，我為你而死。』歷史上或這個世界上沒有任何東西能像十字架那樣，讓我們產生自知之明。我們所有人都有自我膨脹的傾向，尤其是自以為道德高尚，直到我們來到耶穌被釘死於十字架之地。就在那個地方，在十字架的底下，我們縮減回我們真正的大小。」

有一次，斯托得來到華盛頓，他邀請我共進午餐。多年後，在斯托得過世之後，我才得知，他為了要知道如何與我共進這頓午餐，事前花了一些時間沉思、禱告，以及找人討論。他對他的朋友說，他覺得我寫那篇專欄的方式帶有些許顫抖，些許信仰的移動或預感。我們在午餐時聊了一會兒，然後他劈頭就問：我相信什麼？在信仰的旅程中，我此刻在哪裡？我對福音派有什麼看法？我對猶太教有什麼看法？他說他在我身上感覺到某個東西，某種朝著神的方向移動的傾向。

我以為我們碰面的目的是聊他的事，但他感興趣的卻只有我。

我當下覺得有點緊張不安。如果真的有天國的獵犬在後方追著我，我要不是渾然不覺，就是不想面對這個事實。我必定在無意識中知道，那會導致我的生活從此天翻地覆。我把門關上，把光擋掉。

但其他的裂縫開始出現，一開始是偶爾出現，後來是大量不斷湧現。世上令人著迷的美為我帶來靈性超越的時刻。每次我造訪沙特爾大教堂，總是會被它深深迷住，它像是我們的世界和某個看不見的世界的接觸點。我寫過一本書，描繪一些令人敬佩的人物。其中大約三分之二不是宗教人物，戴伊是其中之一，她是我所遇過情感最豐沛、最有靈性深度的人之一。戴伊在生下寶寶後找到了信仰，她感受到的喜樂如此強烈，她必須找個對象來崇敬、感謝和熱愛。她的人生從此以信仰為中心，擁抱貧乏，為窮人服務，和貧困的人一起生活。

當戴伊的生命即將到達盡頭時，哈佛大學教授柯爾斯（Robert Coles）問她是否打算寫回憶錄。戴伊是個文采斐然且多產的作家，所以這是個理所當然的問題。她對柯爾斯說，她曾想過要寫回憶錄，並拿出一張紙，寫了「記憶中的人生」。然後，「我坐在那裡，想著我們的主，上帝在好幾個世紀前就來過人間。我對自己說，我何其有幸，我的生命中有很長的時間，腦海中有上帝的指引。」她覺得自己不需要再寫任何東西了。

那樣的平和與寧靜究竟是什麼感覺？

我書中的另一個人物是聖奧古斯丁，一個擁有壓倒性才智的歷史人物。奧古斯丁較為人所知的是他的對話，他的祈禱文比較少人知道。但我深受那些祈禱文吸引。我最喜愛的祈禱文是〈當我愛我的神，我愛上的是什麼？〉

不是凡俗眼中的物質之美、短暫的光輝，或燦爛的光芒，也不是各種歌曲的甜美旋律，或是花朵、藥膏和香水的馨香，也不是嗎哪和蜂蜜，或是肉體的擁抱；當我愛我的神，我愛上的不是這些東西。然而，當我愛我的神，有一種光、食物和擁抱是我愛的——我內在的光、聲音、氣味、食物、擁抱。我的靈魂被無邊無際的光照亮，那裡有一種超越時空的聲音，有一和風吹不散的香氣，有一種吃再多也不減風味的美味，有一種再大的滿足也拆不散的情感。當我愛我的神，我愛上的就是這些東西。

閱讀戴伊和奧古斯丁的文字，我心中的悸動，就和數百萬人看到教宗方濟各的感受一樣。即使你沒有宗教信仰，當你看到一個人做出像是耶穌的行為，心中必定會有某種感動。我的心與靈緊緊封閉著，但偶爾，道德之美會將那些緊閉的門稍微鬆開一些。

我會說，在那段日子，我支持信仰但我自己沒有信仰。我屬於那種人：在理論上為宗教背書，並認為它對其他人產生了好的影響，但我本身不相信宗教。充其量，我把宗教視為好用的人生自助指南。例如，我剛成為《紐約時報》專欄作家的頭六個月，是我職業生涯中最難熬的時候。我這輩子從來沒有被群起圍攻過。我的email收件匣裡，基本上都在說同為《紐約時報》專欄作家的克魯曼（Paul Krugman）很棒，你很爛。批評我的人不只有敵意，而且把敵意發揮得淋漓盡致，他們攻擊的正是我的軟肋，我覺得最沒有安全感、最掙扎和最沒有價值的部分。我後來發現，在這種處境中，唯一恰當的心態是「愛你的敵人」。把他們當成給予忠告的人，雖然他們表達的方式比較不尋常。任何其他的心態（不論是仇視或害怕）都是情緒自殺。

甦醒

接下來是二〇一三年夏天發生的事，以及隨之而來的苦痛。我在那個時候離了婚。我感到孤獨、羞於見人，漫無目標的飄蕩。我的腸胃經常感到灼熱。我彷彿透過蒙了一層汙泥、扭曲形象的哈哈鏡看這個世界，透過我的苦痛與屈辱形成的稜鏡看世界。

在受苦時期，你很自然的想要把人生的掌控權抓得更牢一點，試著改變人生的方向，但有時候你會敗下陣來，於是你只好放棄掌控權。奇異的事情會在這個時候開始發生。「療癒意味從你的痛苦移動到所有人的痛苦，當你一直聚焦於自己的痛苦處境，你很容易變得憤怒、不滿，甚至想報復……唯有當你意識到，你的痛苦只是全人類痛苦的一部分，你才能得到療癒……當你能夠把注意力從導致你受苦的外在情境，轉移到全人類的苦痛，你的苦才會變得比較容易承受。」盧雲寫道。

我們從受苦得到的收穫可以言傳，但沒有親自從受苦階段走到收穫階段的人，無法真正理解那收穫是什麼。我只能說，爬出坑洞的我並非一無所獲。生命必須把我毒打一頓，我才能變得柔軟，柔軟到能被外界的事物碰觸。生命必須將我稍微打碎，我才能敞開自己。受苦打開了自我最深的源頭，露出新生所需要的新土壤。

就在那個時候，這件事發生了。有一天，我坐在公寓裡，耶穌基督從牆面浮現，把我的水變成了酒，並命令我開始追隨他。

開玩笑的。並沒有發生這類事蹟。雖然這種事似乎會發生在其他人身上。但我並沒有看輕這種事的意思。我經歷的情況比較平凡，而且不太有說服力。那是具有滲透性的意外時刻。我像平常一樣過著平凡的日子，突然間，出於我無法理解的原因，某個神祕的念頭闖入我的腦海，向我暗示了一個更深層的現實。

有一天早上，我在通勤尖峰時間從紐約地鐵的賓州車站出站。一如往常，我被擁擠的人潮包圍，所有人繃著臉，安靜的朝著工作地點前進，形成長長的人龍。通常在這種情況下，你會覺得自己只是一隻渺小的螞蟻，在沒有意義的宇宙，過著沒有意義的人生。生活中的例行性活動通常會鈍化你感到驚奇的能力。但這一次情況有所不同。我看到所有人的靈魂。那情況彷彿是，這個世界在突然間被照亮了，我感受到人海中每個人的無限深度。他們是活生生的靈魂。突然間，現實世界中最生動的部分是：所有的靈魂在早晨起床。所有的靈魂搭地鐵去上班。所有的靈魂都嚮往良善。所有的靈魂都被過去的創傷所傷害。所有的靈魂從內部發出光亮，縈繞不去，偶爾狂喜，活躍或麻木；意識到這一切，我突然覺得我透過了無線電波和所有人產生連結，我們都屬於某個底層靈魂的一部分。

我忽然開始透過某種敬畏和崇敬之心來看待這群人，不是從某個特別的早晨的深度，而是千百年來的深度。若你稍微思考一下，你就必須面對一個可能性：我們不只與現在活著的靈魂連結，而且與曾在世上所有活過的靈魂連結，世世代代的先祖仍存在於今日，因為這個生氣蓬勃的底層靈性一直而且永遠無所不在。若這些靈魂存在，那麼相信有某個力量，出於關懷與愛為我們注入靈魂，也不是太難的事了。我還記得那是個相當美好的念頭。

赫舍爾拉比說，敬畏不是一種情緒，而是一種理解的方式。「敬畏是洞察比我們還要偉大的意義。」我發現，我現在只能把人視為有靈魂的生物。我無法從事新聞記者的工作，除非我以一個前提做為開始：我筆下的每個人都有靈魂，我遇見的每個人也是。若沒有這個事實為前提，世上發生的事就毫無道理可言。除非你將人視為充滿渴求的靈魂，否則你將無法解釋他們的行為，而這些靈魂的飢渴或滿足，在不同的時刻處於不同的狀態。

那年夏天，我展開我每年的固定行程，到科羅拉多州阿斯本附近山頂的美洲湖（American

Lake）健行。那天早上，我帶著靈性的心境出發。一路向山上健行時，我在心中列出了我必須奉獻給神的所有東西，若祂真的存在的話：我的工作、我的名聲、我的友情、我的人生、我愛的人、我的家人、我的缺點、我的銀行帳戶。

我來到湖邊，坐在一塊石頭上，拿出一本我剛買的書，內容是清教徒的祈禱文。大多數的祈禱文是關於陰暗的事，關於人類的墮落之類的事。然後我讀到了「願景之谷」。第一行寫著「崇高且神聖，柔順且謙卑的主。」我抬頭望向前方樸實但雄偉的山峰。就在那時候，一隻看起來像獾的棕色小動物搖搖晃晃的走向湖邊。牠沒看到我。牠走到離我的運動鞋六十公分的地方才抬起頭，嚇了一跳，然後匆忙逃走了。崇高且神聖，柔順且謙卑。

下一句是「你將我帶到願景之谷。」我當時坐在湖邊的凹陷處。「我住在深谷裡，但看見你在高處。」我所處的位置比較低，但我仍能看見山頂。「被罪惡之山圍住的我，仰望你的榮耀。」其他的文字概述了信仰的整套反向邏輯：破碎的心是被療癒的心。悔罪的靈是喜悅的靈。悔改的靈魂是勝利的靈魂。我死亡中的生命。我悲傷中的喜樂。我罪惡中的恩典。我貧困中的財富。我山谷中的榮耀。

我有一種東西全都歸位的感覺，就像高檔車的車門輕輕關上的聲音。一種深刻的和諧與歸屬的感覺，就像小說家克羅在那座橋上的描述：創造是一件活生生的事，一件良善之事，我們仍然持續被創造中，而且被容納其中。知識爬過我的皮膚。我當時並不覺得自己與大自然合而為一。

我覺得有個生氣蓬勃的靈性支持著所有生物。宇宙轉過來面向我們的良善。

我總是聽到一種說法「神是存在的根基」，祂不是天上一個留著大鬍子的壯漢，而是充滿關懷的道德臨在，遍及所有的現實，祂是一股流動的愛，賦予生命溫度，賦予存在意義。坐在湖邊，我有種感覺，生命不是由隨機湊在一起的分子所組成。我們的生命在某個道德秩序中發生。我在那裡坐了一段時間，看著圍繞湖水的斜坡延伸至山頂。我想像著小小的道德劇碼以及兩軍交戰的畫面，就像「魔戒」系列電影裡那種，愛與自私的力量在這個山頂凹陷處交戰。而所有的一切都在神合捧的雙手裡發生。我在那天寫了一段文字：「神確實為了迎合你而調整自己。對於缺乏歸屬感、覺得寄人籬下的人，神給予歸屬、接納和參與感。」下山的路程花了我一個半小時，我的步伐輕盈無比。

這不是關於宗教的對話。它不是從一個東西移動到另一個東西，感覺起來比較像是更深的理解。我能夠理解有些人無法對這種體驗感同身受，還有些人把這個體驗視為一種對大自然的情緒反應。我只能如實報告我當下和現在的感受。我一直覺得，那種感覺就像是睜開我的眼睛，看見了一直在那裡的東西，在日常的現實中，看見神聖的臨在。就像有一齣戲你看了一輩子，突然間你發現，你在台上看的戲不是唯一上演的劇碼。還有一齣暗地裡上演的戲，登場人物不變，但層次有所不同，這齣戲仰賴另一個邏輯和力量運作，而且風險更高。隨著人逐漸靠近或遠離他們的世俗企圖心，一個世俗的故事展開了。然而，隨著靈魂逐漸靠近或遠離他們的家（也就是神），另一個神聖的故事也上演了。

我們很容易對於暗地裡上演的那齣戲渾然不覺，然而一旦你看見了它，就難以將另一齣關於世俗企圖心的戲視為最終的現實。最重要的故事是靈魂的故事。

海德特是研究道德情操的猶太學者。他年輕時曾到印度做研究。他到達印度後，發現當地人不只在一般的向度體驗日常現實，而且在靈性的向度體驗日常現實。這些向度沿著垂直的軸線移動。你所做的每件事都能帶領你朝純潔的方向提升，或是朝汙穢的方向墮落。印度人所吃的每一樣東西、所說的每一句話、所想的每一個念頭、所做的每一件事，會使他們在這個靈性軸線上朝著神聖向上移動，或是朝著墮落向下墜落。

海德特回到美國後，他很想念被活在垂直靈性向度的人圍繞的感覺。他開始覺得美國是個「平地」（Flatland），一個靈性較淡薄的疆域。他發現自己仍然抱著在印度生活的心態，雖然他已經回到位於「平地」的家鄉。他很厭惡一整天在家裡穿著鞋子，尤其是把鞋子穿進臥室，因為家是神聖的所在。當他把某些書帶進廁所時，會突然有種不好意思的感覺。他變得更能覺察自己目睹低俗行為時所產生的微妙感受，覺察到人其實正把自己帶往汙穢、遠離神聖。他仍然透過純潔和汙穢的層次變化來看現實。

到美洲湖健行之後，我發現我是個有信仰的人。我開始覺察這個超自然臨在（也就是神）其實遍及整個實體世界。猶太人有個觀念叫作「感染」（tzimtzum），用來描述靈性內涵注入物質世界的方式。基督徒有個體現（incarnation）的概念：神性體現在地球上的人類身上。基督徒認為，永恆的世界透過耶穌開始產生了時間。

在我的理解中，要成為有信仰的人，就是要透過神聖的觀點感知現實，感受即將發生的實際事物中有靈性現實。牟敦（Thomas Merton）寫道：「試圖解決神的問題，就像試圖看見你自己的眼球。」你透過神，去感知神。

我們多數人帶著這種原始的宗教意識過日子，即使我們沒有任何宗教信仰。當恐怖分子將人質斬首，我們會感受到道德的挫敗，不只是因為有人死去，更是因為某個神聖的東西遭到了侮辱。人的身體不只是肉體；它是個有某個超越者的鬼魂注入其中的神殿。即使當某個人死去，身體仍然殘留著靈性臨在，並應當以有尊嚴的方式加以處理。因此，猶太人的淨化儀式會使我們產生昇華的感覺。在儀式中，會堂的信眾會溫柔的為當天過世的教友清洗身體。

我到美洲湖健行的次月，受邀到愛爾蘭作客。有個朋友在那裡租了一間大房子，邀請一大票人去玩。房子的主人和他的朋友都已經有點年紀，他們大部分時間都在談論政治、經濟和金融政策。主人的妻子非常安靜，因為她得了阿茲海默症，記憶力正在不斷退化。有一天晚上，我們正在討論某個政治話題時，她的記憶似乎顯得比平常更混亂。她的丈夫轉頭看著我，眼中泛著淚光。我們交換了一個意味深長的眼神，那眼神觸及了一個比同理心和關心更深的東西。我突然在他的眼神深處看見了人類經驗的所有向度。

在某個層面，我們這群人在聊金融政策的話題，但是在一個更深的寂靜層面，有一整齣戲正在暗地裡上演：不朽之愛的和弦、活著和將死的身體，尋求深刻喜悅和靈性平靜的靈魂，所有東西被某個神祕的生命力賦予活力，生命的模式由永恆的故事形塑而成，同時也重新創造那些永恆的故事。

「有信仰的人對歷史和自然的態度有個最大的特點，那就是驚奇或極度的驚嘆。」赫舍爾拉比在《覓人的上帝》（*God in Search of Man*）寫道。「有個態度會背離靈性：將一切視為理所當然。」所有的時刻都有神聖的火花，每個人身上都有無限大的宇宙。

我並不是一個人走在這個靈性旅程上。我諮詢過數十個人，用相當賴皮的方式尋求建言與忠告。總的來說，猶太人不知道怎麼和我談這件事。猶太教其實不太有加入和離開的傳統。猶太人一出生就是這個族群的一員。猶太教也沒有傳福音的傳統。我向猶太朋友諮詢意見的某些email，一直沒有得到回音。我請我的拉比吃飯，告訴他我同時接觸基督教和猶太教的背景。他說，他了解基督教故事的美，他自己也為之深深著迷。他興奮的說：「試想一下！主耶穌基督為了我們的罪而死！」謝謝你，拉比。

基督徒對我的態度是如獲至寶。當我的靈性搖擺的事情傳開之後，不用多久，就有數十個人為我禱告。我的好友從芝加哥和其他地方飛來找我聊聊，向我傳道。一位朋友開始為我和我的家人禱告，並且在每週五傳一則鼓勵我的簡訊。有些基督徒用粗魯的方式爭取我加入他們的陣營，但適得其反。大多數人送書給我。在那幾個月之內，我收到了大約三百本以信仰為主題的書，不過其中一百本是不同版本的C．S．路易斯的《反璞歸真：純粹的基督教》。

有幾個同伴一直陪在我身邊，包括帶領一個當地教會的麥卡派夫婦（Stuart and Celia McAlpine），以及專門研究C．S．路易斯作品的學者盧特。還有我在《紐約時報》的研究員兼同事安．史奈德。其實在雇用安之前，我曾經和她做過求職面談，因為她在名校菲利普斯安多佛中學畢業後，沒有按照學校傳統順理成章的到知名大學就讀，而是到基督教大學惠頓學院就讀。對我來說，這是個相當不尋常的轉折，可能需要一些勇氣才能辦到。從此以後，我總會試著雇用履歷發展不符合功績主義邏輯的人。我希望看見有人相信某個比傳統定義的成功更重要的東西。

安與我共事了三年，我非常看重她的工作成果，但並沒有留意她是個有血有肉、活生生的人這件事。我們從來不曾一起吃午餐或喝杯咖啡，我記得我好像得到過一個勉強及格的績效評估結果。我是個不稱職且不用心的同事。

當我寫上一本書《成為更好的你》時，安是我的研究員之一，她負責戴伊的章節。在那個時候，我們已經交流了不少那本書不同章節的備忘錄。透過那些備忘錄，我開始明白有信仰的意識和沒有信仰的意識之間的懸殊差距，以及躍入信仰這件事實際上是多麼困難與荒謬。我把戴伊的靈性旅程描述成努力追求良善與了解所獲得的成就；安糾正我並主張，戴伊的靈性旅程應該是臣服於自己以外的真相的意願。我一直把戴伊寫成一個主要的推動者。安幫助我明白，對戴伊來說，神才是推動者，而她是被推動的人。

那本書的核心概念，是拉比斯洛維奇克把人性區分成兩個面向，他稱之為「亞當一號」與「亞當二號」，以及我所謂的履歷表的美德與追悼文的美德。我認為亞當一號追求的是尊嚴和事業，而屬於靈性層面的亞當二號追求的是良善和目的。安透過備忘錄告訴我，我對亞當二號的解讀太偏向新時代運動（New Age）的看法，或是太過涉入當代世俗主義的範疇。安指出，戴伊之所以服侍窮人，不是因為她想要找到人生的目的，以便擁有一個心滿意足的人生。她寫道，亞當二號真正追求的是，對「絕對的真理，客觀的真理」的奉獻和順從。

在這些備忘錄中，安試著引領我對斯洛維奇克的世界觀有更深刻的了解。她寫道：「藉由覺察到一個外在現實（這個現實要求一個人獻出忠誠，並畫出一條有明確界線的道路），亞當二號最後確實獲得了滿足，但他的目標並不是安於自我滿足的狀態。他的目標是更多的東西，而且超出自我的範圍。有一種真理值得我們賭上性命。明白這個真理可以使我們想通一切。而宣告這件事是需要付出代價的。」

戴伊改信天主教的最初幾個月，她遇見了一些決定婚前守貞的女性。戴伊非常欽佩她們所做的犧牲，以及那種自制力隱含的尊嚴。我對這件事感到非常困惑。在我的世界裡，禁止婚前性行為的觀念早就跟著維多利亞時代的人一同走入歷史。我已經算是個相當老派的人，因為我認為性行為應該和你愛的人發生。性是一種溝通的形式，與你做出承諾的人發生性行為是一件合情合理的事，因為它可以深化與探索兩人之間的連結，而且從中獲得樂趣。

安解釋了正統基督教的觀點。戴伊並不是清教徒。她很重視感官享受，她並不把性視為骯髒汙穢的事。但在終極層面，她將婚姻視為神聖的盟約，它使兩人成為一體，兩人一同順從神，向神靠近。性不只是肉體的結合，而且是靈性的合一，把自己完全奉獻給另一個人，「一生的委託」，徹底且赤裸裸的坦誠，將兩人的愛的旅程合而為一。

因此，性屬於婚姻盟約的一部分。對戴伊和安來說，婚前或婚外性行為是一種貶低與隔離，削弱了性所暗示的終極禮物。婚姻使兩人成為一體。為了婚姻而守貞，相當於是守護性的崇高與美，使它不墮入這個世界膚淺的物質面。

我在人生的不同時期，曾與正統猶太教和正統基督教的教徒來往，但我不是那種會主動提起關於信仰之類的敏感話題的人。因此，我不了解正統信仰真正涉及了什麼，需要向垂直靈性軸線臣服到什麼程度，以及它會使人生的走向發生多大的改變。我後來才知道，安對於我從來沒考慮過的所有罪惡都很敏感，包括不悔改，也就是不為自己的罪惡做適當的補贖。我視為理所當然的事情，像是高檔購物中心的消費主義，安會感受到靈性上的玷汙。我後來才明白，她在一天當中的不同時候，或是一生的不同時期，會處於靈魂的不同狀態。有時候她覺得自己離神很近，有時很遠，一切取決於她所做的事，以及她所處的環境。

在寫書的過程中，我會在我的小公寓裡寫備忘錄並寄給安看，而安會回覆我。這樣的通信構成了《成為更好的你》的基本架構，尤其是關於戴伊和聖奧古斯丁的章節。最令我著迷、也是我不斷和安討論的主題，是行動力和恩典。我是個功績文化的產物。在那個文化中，你藉由努力工作並創造結果來掌控自己的人生。在某個直覺的層面，我把我的信仰之旅當成一項功課：如果我把該讀的書讀完，把期末報告寫完，我就可以擁有確定性。我多少知道這個想法其實很荒謬，但那就是我的腦袋運作的方式。

隨著寫書的進展，我被戴伊和奧古斯丁這兩個人物迷住了，並且真的很想了解他們所體驗的信仰到底是什麼。安建議我讀范納肯的《嚴厲的慈悲》（*A Severe Mercy*），內容是關於作者夫婦在牛津大學獲得信仰的故事。我在一份備忘錄上列出了十五個關於那本書和信仰的一般性問題。安竭盡所能的回答我的每個問題。她從來不引導我，也從來不介入或試圖主導這個過程。她抱持保留態度。如果我問她問題，她會回答我，但她從不走在我前面。她讓神作主，這是她展現信仰的方式。對於走在任何類型的智性或靈性旅程中的人來說，這一點極為重要：不要試圖帶領或影響別人。讓他們被他們的召喚引導。

我一直被臣服和恩典的概念卡住。我不喜歡金恩的觀念，他說你無法從工作得到拯救，只能透過信仰得到拯救。我想要開闢一個折衷立場叫作「參與式恩典」（participatory grace）。你為你的同胞做一些善行，神就可以做一些讓步。

安完全不買我的帳：

我希望重申一件事，是的，恩典是基督給我們的最主要的東西，但那只是入口，去了解祂的入口。我在你的筆記裡看到很多你強調努力的部分，我很贊同它確實是對抗廉價恩典的手段。但根本事實是，你無法靠努力贏得恩典——這是否定恩典的力量，而且違背了它的本意。恩典必須向破碎和不配的人伸出援手，它必須向出於脆弱清楚看見自己的需求和空虛的人伸出援手。只有安靜坐著的人才能得到恩典。

我的症狀叫作傲慢。我對於自己的現況感到自豪。我藉由努力工作並擅長我所做的事，為自己贏得了某個身分認同和自我概念。比起面對我的孤獨所帶來的空虛感，我發現一整天都在工作顯然輕鬆許多。

自我的傲慢以許多形式呈現。其中一種是權力的傲慢，以為你可藉由獲取足夠的世俗權力，讓自己獲得安全感的錯覺。想要控制其他人或是支配其他國家的人，都有這種傲慢。還有一種是智性的傲慢，試圖用一套可以解釋所有神祕謎團、無所不能的思想體系安排人生的人，都有這種傲慢。神學家尼布爾說，任何一種形式的盲信，都是為了遮蓋存在議題帶來的不安全感。接下來是道德的傲慢，自我為了逃避道德不安全感，而認為自己比別人厲害，認為自己已經贏得了救贖。道德的傲慢使我們以鬆散的標準評斷自己，於是我們以為自己遠高於標準，同時以嚴格的標準評斷別人，因而覺得別人仍嫌不足。還有一種是信仰的傲慢。這種人認為篤信宗教就是要遵守道德規範，他們自視甚高，因為他們遵守了這些道德規範。這種人可能每天禱告，但他真正關切的是自己。神聽見我的禱告了嗎？神回應我的請求了嗎？神賜予我平和了嗎？大家都看到我的良善了嗎，還有我是否因為正直而獲得了獎賞？

所有的傲慢，都有競爭性。所有的傲慢，都帶有微量的敵意。所有的傲慢，都是自我膨脹且脆弱的，因為自我想要透過權力、財富、地位、才智以及道德優越感來獲取安全感，但這是永遠行不通的。

在正常的世界，傲慢通常會得到獎勵，但在暗地裡上演的戲碼中，傲慢會造成苦痛，而謙遜會帶來極大的安慰。在《罪與罰》中，主角拉斯柯尼科夫是個因傲慢受苦的人。他想要在知識和道德方面獲得傲人的成就。書中另一個人物是名叫桑妮亞的年輕女子，她代表聖潔。她與父親和繼母過著窮苦的生活。她的兄弟姊妹都快要餓死了，但他們家沒有任何東西可以變賣。於是桑妮亞決定出賣自己的身體，為了不讓家人餓死而成為妓女。她因此成為社會的棄兒，因為她做的是不道德的事。

若聖潔意味只要遵守常規就好，桑妮亞確實破壞了規則。但耶魯大學教授帕利坎（Jaroslav Pelikan）寫道：「在杜斯妥也夫斯基的小說裡，這個妓女是個女英雄，是的，她是一種聖人。拉斯柯尼科夫認為她代表了所有人類所受的苦，因而跪在她的面前，桑妮亞是個聖潔的人，儘管她是個不道德的人（或許正因為她是個不道德的人）。」透過神聖觀點看現實世界的人，他看見的是一齣偉大的道德劇，一齣真正的神話，而一般的常規不適用於這個真正的神話。事實上，神話裡的規則恰好相反。懦弱和被放棄的人通常比偉大而有智慧的人更親近神，因為他們離傲慢和自足自負比較遙遠。

在美洲湖畔覺知神的臨在相對容易，真正的實踐信仰相對困難很多。我一直是個傲慢、努力奮鬥、掌控一切的人。這些東西無法使我穿過針眼。（《馬太福音》提到：「駱駝穿過針眼，比富有的人進入神的國更容易呢！」）

安之所以抱持保留態度，是基於職業、道德和靈性的理由。她真的相信《納尼亞傳奇》裡的亞斯藍正大步向前邁進，而不是她或我。我有許多基督徒朋友，我現在比較常問他們的問題是，他們如何過生活。我因此得知，他們基於靈性紀律和概念，有一些日常和年度性的慣例：禱告日記、禁食、什一奉獻、靜默修行、讀經、當責團體、求主醫治禱告、經常直接與窮人接觸、屬靈戰爭、神的臨在或缺席、對神的長期缺席心生憤怒。對我來說，團體生活意味為大公司工作。對他們而言，團體生活意味在社群裡敬拜神。

我先前提到許多人送書給我。但最有智慧的人把我送回《聖經》故事裡。如果你想要有小孩，就要做愛。如果你想要探索信仰，就要讀《聖經》與禱告。宗教並非神學，雖然有些迂腐的人很想這麼做。它不是一種感覺，雖然信奉神祕主義的人很想用感覺來理解宗教。賭上性命才是真正的神話。有無數的猶太人、穆斯林、基督徒與其他人把自己的一生、把生活的重心押在一個假定上，認為某個神話是真實的。一再的回歸到《聖經》故事是有必要的。

於是我不斷回歸《聖經》故事，想探知它是否為真，或說得更精確一點，我想讓故事慢慢滲入我心中那個突然被開發的深層地帶。作家柏西說，好的小說會點出我們已經知道的事，只不過我們原本沒有清楚覺察到自己知道這些事。《聖經》也像是這樣。

我的許多旅程並沒有安的陪伴。安把我流浪歲月的頭幾個月稱作「黃金時期」。我們經常交換備忘錄，對彼此的了解不斷增進。但我們對彼此完全沒有任何情意。她對我的私生活所知甚少或其實根本一無所知。她有男朋友，但幾乎不提他的事，我只知道他是基督徒運動員團契的一員。而且當時的工作是個浩大的工程，彼此都無心想別的事，對話屬於殿堂層次，無關戀愛。

或許你可以預見，這個黃金時期並沒有維持太久。在二〇一三年秋天，我們之間產生了強烈的情愫。我的人生一團混亂，我一個人住在一間小公寓裡，極度孤獨，因此這段感情對我產生了巨大的衝擊。

當時我同時產生兩個想法：我們非常關心彼此。我們之間任何可能的關係注定都會失敗。安小我二十三歲，這是個巨大的年齡鴻溝。此外，她先前擔任我的研究助理多年，那時我還保有第一段婚姻關係。雖然我們知道，在那段共事期間，我們之間沒有任何曖昧，但外人難免會有各種揣測。我算是個半公眾人物，那些傳言必定會對安的名譽造成極大的傷害。儘管如此，到了二〇一三年秋天，我的心情已經調整得差不多，我已經準備好要和異性約會，而我屬意的對象是安。她很猶豫，並尋求朋友和牧師的意見。她設下了一些切割點：我們完全不聯絡一段時間，如此一來，她可以後退一步，釐清我們之間發生了什麼事。接著，在那年的十二月底，她接下一份在休士頓的工作，撰寫當地移民者的故事。我搬到紐約去住，在那裡結交了一群很棒的新朋友，後來與一位思慮深刻的女性進入了正式的男女關係。

凝聽

穆斯林有個說法，不論你認為神是什麼，祂必然不是你所想的那樣。有些宇宙學家說，宇宙有無限多個，而且其中一個宇宙裡面會有一個和你一樣的人，坐在和你所坐的一樣的地方。

齊克果寫道，信仰最難的部分，在於它會要求你無限度的臣服於荒謬的事。這意味著無限度的順從。齊克果用亞伯拉罕和以撒的故事來說明，神的要求是無極限的。神要亞伯拉罕殺了自己的兒子。亞伯拉罕必須對神有極大的信心，才能違背世俗的邏輯。齊克果強調，你必須願意失去自己、剝奪自己，以及放棄你這輩子辛苦贏得的所有權力。

齊克果一次又一次的描述，凝聽信仰卻無法躍入信仰是什麼感覺。「對我來說，我可以詳盡的描述他人向信仰移動的過程，但我無法躍入信仰。若有人想要學習怎麼游泳，他可以用繩子把自己吊起來，做出游泳的動作，但他並不是真正在游泳。」

他繼續寫道：「我無法向信仰移動，我無法閉上眼睛，自信的縱身躍入荒謬；那是我不可能辦到的事，但我不以此自豪。我堅信神就是愛；對我來說，這個想法具有抒情詩般的根本正確性。當神臨在，我可以感受到無法言喻的快樂；當神不在，我對祂的渴求比戀人渴求他的對象更加熾烈。但我無法篤信宗教；我欠缺這個勇氣。」

齊克果認為，不論如何，我們必須橫越房間，必須躍入荒謬。唯有無限度順從的騎士才能獲得真愛。唯有失去自己，你才能找到自己。你必須放棄所愛，才能在更多的喜樂中將它拿回。

范納肯在回憶錄《嚴厲的慈悲》中，描述他的妻子達薇獲得信仰的過程。達薇原本一直覺得信仰是很荒謬的事。但她後來遇見了罪惡，接納她的基督徒朋友的想法，讀過各種討論基督教的書，然後信仰「在她的靈魂棲息，成為生命之源」。有一天，她在日記裡寫道：「今天，我從房間的這一頭橫越到另一頭，把我是誰以及我所恐懼、憎恨、熱愛、希望的一切兜在一起。我辦到了。我透過基督走上堅定信神之路。」

幾天後的晚上，范納肯坐在壁爐邊，盯著燃燒的煤炭發呆，突然發現達薇跪在他的旁邊禱告。她低聲對他說：「哦，親愛的，請你信神！」

他感動得幾乎流淚，於是低聲回應她：「哦，我信神。」他是，他寫道：「被席捲而來的堅信震撼著。」但這種感動並不持久。他是基於對妻子的愛才說出那些話，而不是真正的信仰。事實上，他後來對於達薇信神後的美德感到憎惡，甚至是她對他的好也令他憎惡。他很希望達薇能回復到原本的樣子。

范納肯接受信仰的過程和達薇不同。那不是突然間產生的信仰與臣服，而是更為理智的接納。他最終是被神必然存在的論點說服的，而不是因為看見了願景。在那些論點中，他察覺到神性的浮光掠影，但他必須做出無法篤定的選擇，一個有意識的刻意抉擇。「我們只能選邊站，於是我選了邊；我選擇美，我選擇我所愛的事物。但選擇相信也是一種相信，」他主張，「這是我唯一能做的事：選擇。我向主耶穌基督坦承我的質疑，並請祂進入我的生命……我說：主啊，我信，但我信不足，求主幫助。」

就和其他的承諾一樣，信仰的承諾很像是回應召喚，而不像是在超市選擇要買哪一種罐頭。信仰是你好像可以掌控、又好像無法掌控的事。沒有人會因為追逐信仰而獲得信仰，但若不用某種方式追逐信仰，就不可能獲得信仰。我知道有許多人希望自己有宗教信仰，但就是做不到。我也認識另一些人，他們有信仰，但有時他們希望自己沒有信仰。這兩種人沒有好壞之分。

我喜歡魏曼對逐漸接受信仰的描述，就像是對某個已經潛藏在內心深處的真理表示贊同。我也喜歡C．S．路易斯將信仰描述成解除抑制、去除枷鎖：

不透過文字、（我想）也幾乎不透過畫面，關於我的真相不知怎麼的就突然呈現在我面前。我覺知到，我一直不讓某個東西靠近，或是一直把某個東西拒於門外。或者你可以說，我一直穿著一件非常堅硬的衣服，像是束腹，或甚至是一副盔甲，彷彿我是一隻龍蝦。在那個當下，我覺得自己得到了一個自由選擇的機會。我可以選擇開門或不開門；我可以選擇卸下盔甲或繼續穿著……這個選擇顯然非常重要，但我卻出奇的沒有情緒……我說，「我選擇」，不過，不這麼做好像也是不可能的事……。

然後，想像層面出現反響。我覺得自己好像是個雪人，最後終於開始融化。融化從我的背部開始，先是一滴一滴的滴下，現在是細細的涓流。我有點不喜歡這種感覺。

關於我自己做出決定的時刻，到目前為止，我最喜歡的說法是：想像你正在搭火車。你坐在座位上看書或是滑手機。你的周遭還有其他乘客，他們各做各的事。表面上一切似乎沒什麼變化。但這一路上你已經移動了很長的距離。你突然發現，你距離起站已經很遠了，你沒有太訝異，只是清楚的意識到這個事實。你將一大片土地拋在腦後。此外，你在某個時間點已經跨越了國界。在這個過程中，你沒有遇到海關人員或任何大事。你意識到，雖然神仍是個巨大的謎團，但你已經不再不信祂。你不是無神論者，甚至不是不可知論者。你已經無法過著沒有《聖經》哲學的日子。你已經橫越到另一個國度，而這裡的神話感覺像是真理。

你可以問我，我是否改信基督教了？我是否放棄了猶太教，轉而成為基督徒？我想先說明，雖然對於這個世界、對於歷史、對於幾乎我認識的每位基督徒來說，這兩者似乎是對立的宗教，但在我的一生中，這兩者從來不曾強烈對立過。從我四歲開始，這兩個傳統就一直存在我的人生中，至今仍是如此。我反而比從前更覺得自己是個猶太人。在文化層面，我一直都是猶太人，但現在，我覺得自己在信仰層面也是個猶太人。神與猶太人的盟約真實存在。我經常參加猶太節慶，在那些場合上，我的心情洶湧澎湃，我覺得自己回到了家。現在的我比從前更熱愛猶太信仰。如果猶太人不希望我成為他們的一員，他們必須把我趕出去。

另一方面，讀過《馬太福音》之後，我就再也回不去了。八福是道德的頂點、敬畏之心的源頭，以及使你深深著迷並引領你朝一切所指的方向前進的道德純淨性。我們透過八福看見了人生的終極地圖。《聖經》當中有許多奇蹟，但最令人驚嘆的，是那篇短短的訓誡。

靈修導師柏吉特（Cynthia Bourgeault）的總結是：「耶穌教導我們，人類真正且唯一的任務是不斷成長，超越動物腦的生存本能與小我（egoic）的運作系統，發展為虛己（kenotic，意指將自己清空）的喜樂，以及完整人格性（personhood）的寬厚。祂的使命是教導我們如何辦到。」

耶穌讓我們看見了奉獻自己的典範。他不展現恩典；他就是恩典。他不給予完美的愛；他就是完美的愛。天主教知識分子郭蒂尼（Romano Guardini）寫道：「八福透出一股天國的莊嚴，它不只是更崇高的道德公式，而且向這個世界宣告，至高神聖的現實已降臨人間。」對我來說，這個說法聽起來很像是個總結。於是我開始思考一些最關鍵的問題：我相信耶穌基督的復活嗎？我相信耶穌被釘死於十字架的三天後，他的身體從墳墓消失嗎？最直接、最誠實的答案是，祂來了又走了。我體內的邊界潛行者依然非常活躍。

比較完整的答案是，我體驗到的信仰並不是一塊硬邦邦的水泥。信仰就是改變。信仰這一刻在這裡，下一刻就不見了，它是一條會蒸發的河流。至少對我來說是如此。小說家布赫納曾說，如果有人問他什麼是信仰，「它正是我所談到的穿越時空之旅，多年來的起伏跌宕，夢想、奇異的時刻、直覺……信仰是思鄉。信仰是如鯁在喉。信仰比較像是向前進的動作、而不是某個立場，比較像是預感、而不是某個確定的東西。信仰是等待。」

我必須承認，大多數的虔誠信徒無法真正引起我的共鳴。我不想把我的質疑當成榮譽勳章，使我在世人面前看起來通情達理或見多識廣。我完全承認，這些質疑可能源自我自己的不足，源自我多年來只活在表層的那齣戲裡。我只能說，我體驗到的信仰和有些人不同。對他們來說，神就像你面前的桌子一樣真實。對他們而言，信仰是付出全心全意。他們把整個靈魂投入信仰。威廉．詹姆斯在《宗教經驗之種種》引述一位女性的話，她無法想像怎麼有人會有任何質疑和不解。「我一聽見天父呼喊我，我的心就怦怦的跳。我向前跑去，伸出雙臂，哭喊著：『這裡，我在這裡，天父。』」那樣的一心一意中帶有一種美。

但我從一個不同的角度、根據一段不同的旅程、用一種直接源自我的養成和性格的方式，接受信仰。我和一群小眾比較有連結，他們對信仰有很多掙扎，他們與信仰所有的荒謬不可能性不斷拉鋸。我在體驗到神之前，先體驗過恩典，有時候，我依然難以回到源頭。但我發現，只要你的人生中有五到十個人，他們的信仰和你的信仰一樣堅毅與真實，你就能繼續相信下去。你唯一需要的是一個基督徒和猶太教徒的僕人。

信仰的現實主義

對信仰的現實主義者而言，他們需要經過一番掙扎才能真正忠於信仰。對這些人來說，信仰來自意識的擴大，但那種意識無法持久存在。你開始覺知存在的另一個向度，感覺像是回到家一樣，但一旦體驗過後，它就消失了。正如詩人威爾伯（Richard Wilbur）所描述的：

喜樂的惡作劇是為
乾燥的雙唇提供清涼又止渴的東西，
然後讓它感到驚訝以及
沒有任何東西可以滿足的渴望。

信仰比較像是窺見深度的另一個向度並渴求得到它，而不是一直活在那個深度的另一個向度裡。屬於這個陣營的人，不會把信仰描述成堅定不變的理解，而是一種渴望，或是一種預感。信仰不是認識神的所有奇特之處，而是朝著你半數時間沒有感覺到的某個東西不斷前進。

在這種信仰裡，你會一直遇到難以理解的事。「主啊，我只能倚靠我的意識靠近你，但意識只能將你視為物體，而你並非物體，」魏曼寫道，「要用我體驗世界的方式，直接、即刻的體驗你的存在，是毫無希望的事，但這是我唯一所求。我對你的渴求如此強烈（這是否證明了你對我的渴求？），我似乎在哀悼插在我不認識的墳墓旁的一朵黑色的花之中……在冬天被閃亮白雪覆蓋的繁盛枯枝中，看見了你。主啊，主啊，在那『似乎』之中的深淵，竟是如此明亮。」

與信仰有關的討論中經常出現水的比喻，因為人的渴求太強烈了。世人說，神是人渴望的活水，那渴望就像鹿渴望溪水一樣。世人說，信仰是使人感到口渴的水。

如果你閱讀最虔誠的信徒對信仰的描述，你會看到裡面有乾枯期、痛苦，以及遇到艱困挑戰的時刻。拉比斯洛維奇克說：「信仰不是為失意和絕望的人設置的充滿恩典和慈悲的避難所，為破碎心靈而存在的迷人河流，而是人類意識的洶湧急流，充滿了危機、痛苦和折磨。」斯洛維奇克主張，正是這種危險重重的急流泛舟，才能將信仰淺薄的一面除去。這絕非令人感到輕鬆與安心的旅程。魏曼說，若神應該成為療癒心理創傷的奴隸，或是逃避人生苦痛的寄託，「那麼我必須承認：信仰在我身上行不通。」

一九四六年九月十日，德蕾莎修女在一列火車上感受到一股強烈的信仰。她體驗到的神之愛，是潛藏在窮人心中「渴求耶穌」的心。但從一九五三年一直到一九九五年，她似乎失去了與神的聯繫。她在私人書信中承認：「我沒有信仰……別人告訴我，神愛我……我的靈魂沒有任何感動。」她談到「一個空虛的地方……我的心中沒有信仰。」她感受到一種「可怕的失落之痛，因為神不要我，神不再是神，神不是真的存在。」這個黑暗期持續了數十年，但她依然持續服侍窮人。數十年來，她對信仰的渴求一直都在。事實上，隨著黑暗變得更深邃，她的渴求也變得更強烈。「我花很多時間和你（耶穌）說話，訴說我對你的渴求。」在這段期間，德蕾莎修女不斷為窮人設立收容所，服侍窮人，並為他們受苦。

按照我的學生戈登（Daniel Gordon）的說法，在那幾年，德蕾莎修女的內在生命處於「缺席中的渴求」（longing in absence）狀態。一九六一年，耶穌會神父諾伊納（Joseph Neuner）對德蕾莎修女說，她正在經歷所有靈性大師必須忍受的暗夜，她能做出的唯一反應，是更徹底的臣服。出於難以理解的理由，這句話打中了德蕾莎修女的心。她寫道：「這十一年來，我第一次愛上黑暗。」根據一位傳記作家的說法，她內心的黑暗來自她對服侍對象的深刻認同。窮人一直在承受被拋棄的感覺，因此，她的召喚是要她去承接和分擔他們的重擔。德蕾莎修女寫道：「即使在黑暗之中，道路是確定的。」她繼續說：「我只擁有一無所有的喜樂，我甚至連神的臨在的現實都得不到。」

戈登寫道，當一個人面對無法避免的苦難，他可以從自己對苦難所抱持的態度中找到意義。德蕾莎修女明白自己受苦的意義之後，她開始覺得受苦像是一種使命。她的信仰並沒有療癒她，反而經常帶給她黑暗的悲傷。即使信仰背棄了她，她依然堅守對信仰的承諾。忍受黑暗與分擔窮人的苦，使她與耶穌更靠近。

換句話說，對信仰的承諾指的是，在順境和逆境時、甚至在信仰缺席的時候，都要堅守信仰。向信仰做出承諾，就是對一輩子的人生起伏、對直覺、學習和遺忘做出承諾，以及承諾在二十五歲時認識神的一種面貌，並且在三十五、五十五和七十五歲時，認識神截然不同的其他面貌。它意味當生命展現新的面向，信仰必須砍掉重練時，堅持努力度過難關。對信仰做出承諾，就是對改變做出承諾，包括在絕望的時候，否則這就不是信仰。

布赫納二十七歲時已經出版了兩本小說。他搬到紐約，試著成為全職作家，但並不順利。於是他開始變得消沉，並考慮轉換跑道，或許轉行到廣告業。基於不明確的理由，他開始上麥迪遜大道上的長老教會，即使他發現大多數牧師的佈道內容相當膚淺，不夠深刻。有一天，他聽著牧師比較伊莉莎白女王的加冕和耶穌的加冕有何不同。牧師說，耶穌不是在壯麗輝煌的場合下接受加冕的，而是「在懺悔、淚水和眾人的歡笑聲中」被加冕。

布赫納寫道，當他聽到「眾人的歡笑聲」這句話時，「基於我至今無法真正理解的原因，中國的長城倒塌了，亞特蘭提斯從海底浮上水面了。在麥迪遜大道與第七十三街的交叉口，眼淚從我的眼睛噴出來，彷彿我的臉被打了一拳一樣。」

布赫納對信仰的體驗，就像在這個世界上追尋他所謂的恩典的祕密存在。他體驗到的信仰是一種模糊的感覺，生命不只是一堆隨機彼此碰撞的原子，它是有情節的小說，最後有個結局。

布赫納後來認識了一群年輕的基督徒。他們會自信滿滿的談論神的事，彷彿他們經常和神聊天，而神也會回應他們。神告訴他們要選擇這份工作，而不是那份工作，在餐廳要點這道菜，而不是那道菜。布赫納驚呆了。他寫道，假如你說你每天聽見神和你聊各種話題，你不是在騙自己，就是在騙別人。

相反的，他繼續寫道，你每天起床後應該自問：「我今天能夠再度相信一切嗎？」最好是在看完早報、瀏覽過社會上所有的殘暴罪行後，再問自己那個問題。假如你每天的答案都是「是」，那麼你大概不明白信神到底是什麼意思。布赫納寫道：「在十次之中，你的答案應該至少有五次是『否』，因為『否』和『是』一樣重要，或者更重要。否定的答案可以證明你只是個凡人。如果有某一天的早上，你的答案真的是『是』，那個答案應該會伴隨著令人激動的懺悔、淚水以及……眾人的歡笑聲。」

因此，對信仰的承諾，就是在心中有懷疑時依然堅守信仰；就是在痛苦和焦慮時依然堅守信仰；就是在掙扎時依然堅守信仰；就是在白痴和不道德的蠢貨代表信仰發言時，依然堅守信仰；就是當你在猶太會堂、清真寺或教堂這些應該是信仰的家，偶爾卻看到愚蠢的行為時，依然堅守信仰。方濟會修士羅爾寫道：「教會是我在理智和道德上最大的問題，也是最能撫慰我內心的家。它既是令人同情的娼妓，也是時常來訪的新娘。」信仰一直是他生命的中心和喜樂的泉源。

出埃及記是個旅程，八福和為世人而死的愛是這個旅程指向的至善之美。我堅持朝著那個目標前進，度過了人生所有的坎坷波折。我在某個時間點開始意識到，我繼承了一個故事，而且我不希望我的人生不朝著那個至善之美的方向前進。我無法控制我何時信神、何時不信神。我只能忠於活生生的故事，堅持相信至善是真實的。我在某些時間點意識到，生命的火車已經把我帶到了另一個國度。我信神。我是個有信仰的人。可以用任何方式解讀的《聖經》，是真理的基礎。

我在這裡真正想描述的，是我們在報紙上看不到的主題：內在轉化的過程是如何發生的。你不會每天都發現自己在改變，當我回顧五年前的自己，我對自己的變化感到有點驚訝，我想你的旅程應該也是如此。我們改變的部分是覺知的品質。獲得新知識的漸進過程，它會非常緩慢的儲存在你心中。柏吉特提到，天國並非你渴望前往的地方，其實你就來自天國。這是個看世界的新方式，當你向深處更靠近神一些，神也向深處更靠近你一些時，這件事就會發生。

你最後會得到的是強烈的連結感，哲學上的單一性。我們無法將自我中心的自我單獨抽離出來。那是現代社會的錯覺。我在過去五年踏上了一段詭異且奇妙的人生旅程，其中最棒的部分是，它提醒了我，在未來五年、十年或二十年，我仍然可能再度踏上另一段詭異且奇妙的人生旅程。因此，所謂太離譜的事並不存在。當你把自己和你無法理解的靈性綁在一起，就再也沒有任何事能嚇到你了。但從此以後，每件事都會令你感到敬畏和驚奇。

22 坡道與牆壁

現在我只需要找出方法，實踐這個承諾。有信仰的人是怎麼過生活的？現在你或許可以猜到，信仰的哪個部分對我來說是個難關：盲目臣服的那個部分。我們可以聽到各種說法，尤其在基督教教義中，關於自我的死去、放棄一切臣服於神、放開抓住方向盤的手，讓神主導。有許多人談到人類的徹底墮落，以及靈性和肉體的對立。我從前以為，所謂的信仰指的是，承認神是你生命的主宰，神要你做任何事，你都要順從。而我現在能夠理解我以前為什麼會這麼想了。所有宗教的教義都讓人有個印象，覺得神要求我們不要有行動主導力。神是主人，我們是僕人。

所幸，那種盲目的順從或全然的自我抹煞似乎不是神所要的。當然，人的意志會形成問題。意志是自我中心的，它傾向於把所有人視為圍繞在我們的四周：在我們的前面、在我們的旁邊、在我們的後面。人類的自然觀點天生帶有自私的成分。

意志也是自戀的。誠如C．S．路易斯的觀察，我們所有的思慮似乎都是關於自己。如果你不是想著自己是冷還是熱、是飽還是餓，就是在腦海預演你即將要發表的睿智見解，或是對於某人不夠尊重你而感到氣憤。甚至當你做了某件真正謙遜良善的事，自我就會回過頭，開始欣賞自己的謙遜與良善。

意志也是貪婪的。你的意志希望得到他人的喜愛，而且永不滿足。過度崇拜自我和對他人麻木不仁是萬惡的淵藪：貪得無厭、不公義、偏見、貪婪、不誠實、自負，以及殘酷。

「當我開始運用我的意志，我發現我好像讓一隻狐狸來管理雞籠裡的雞，」已故神學家畢德生（Eugene Peterson）寫道，「我的意志帶給我榮耀，也帶給我最多的麻煩。」若你把自己變成如亨利（William Ernest Henley）的名詩〈永不屈服〉（Invictus）所說的「我命運的主人……我靈魂的船長」，你必然會駛向暗礁。

但神似乎不想完全抹煞意志；祂似乎是希望鍛鍊和轉化人類的意志。祂要的不是缺乏意志，而是人類的意志和神的意志的融合。畢德生是這樣描述的：當他年少時，他的父親允許他到家裡的肉鋪幫忙。他從掃地開始做起，慢慢做到絞漢堡肉的工作。後來，等他再大一點，大人遞了一把刀給他。「那把刀有自己的意志，」一名切肉師傅對他說，「好好了解你的刀。」

畢德生也發現：「牛肉有自己的意志，它不是一團沒有生命力的肉、軟骨和骨頭，它有個性和關節、質地和紋理。要切出一塊烤牛肉和煎牛排用的肉，不是把以刀為後盾的意志加諸於一塊肉，而是以尊重恭敬的心，進入物質的現實裡。」

不會使刀的人（不好的切肉師傅），會試圖把自己的意志加諸於牛肉。結果就是切得又醜又浪費。好的切肉師傅學會順著肉的組織來切。他們在工作時，對眼前的食材抱持著謙遜的態度。

信神的人以謙遜的敬意親近神，透過讀經和禱告與靈性戒律，感受神之愛的理路。他慢慢學會順著神之愛的理路生活，而非逆著那理路。這並非出於意志想要主宰生命，也不是徹底的臣服與自我消融。這是一種積極的反應。是一種參與，人的意志融入神的更大意志的複雜參與。

如同畢德生所說，它並非試圖以積極的意願生活（也就是主宰），也不是以消極的意願生活（也就是屈從），而是採取折衷的意願，也就是對話與回應：「我們不放任自己投入恩典的河流並沉沒在愛的汪洋大海裡，因而失去身分認同。我們也不操控神對我們生活的運作，使神受制於我們武斷的身分認同。我們既不操縱神（積極意願）也不被神操縱（消極意願）。我們採取行動，參與結果，但不控制或定義它（折衷意願）。禱告發生在折衷意願裡。」

信仰和恩典的重點不在於拱手讓出行動主導力，而在於在轉化行動主導力，藉此強化它並賦予它權力。當恩典降臨，它會給我們更好的渴望對象，以及更多的力量去渴望那些對象。當人談到自我的死去，他們談的其實是舊有渴望的消逝和更好的新渴望的湧現。我小時候很愛喝「酷愛」水果口味沖泡飲，但我現在一點也不想喝那種飲料。現在的我比較喜歡喝咖啡和葡萄酒，那些是我小時候絲毫不感興趣的東西。我剛進入職場時，最想要的是出名和成為圈內人。現在，我擁有的名氣比我真正想要的還要多，而我已經看過太多圈內人，他們對我不再有吸引力。

神的愛和參與神之愛意味著拋棄自我，但不弱化自己。傑洛・梅（Gerald May）將執意（willfulness）與願意（willingness）做出區分：執意是渴望成為你自己船隻的船長。願意是渴望以強烈的反應回應召喚。

有信仰的人生不只是抽象層面的思考和感受，它涉及具體的實踐，接觸真實的人，進入真正的社群。我開始把我的信仰之旅想成是走向沙特爾大教堂之路。我走在向神親近的旅程上，我很快就發現，教徒和教會有時會建造使我的旅程更好走的坡道，有時會築起使我的旅程更窒礙難行的牆壁。我也發現，基督教世界裡的許多牆壁，是由智性自卑感結合靈性優越感打造而成的。我發現基督徒（尤其是新教福音派）普遍覺得自己的智性水準不如世俗的人，也不像他們一樣酷。但同時，許多基督徒又自我膨脹的認為，自己的道德水準比世俗的人高很多。

這種組合可能形成許多牆壁。第一種牆是築城心態。許多基督徒注意到他們的價值觀和世俗價值觀的差距愈來愈大，尤其在性的觀念。於是他們很快就採取集體的受害者心態。「這個文化」看我們不順眼，我們必須退回我們的淨土。奇怪的是，採取這種築城心態的人似乎很喜歡這種感覺，因為他們透過這種心態，找到了一種解讀世界直截了當的方法：我們是高貴的，他們是強大的、罪惡的。我們保有受害者的清白純真。

很快的，基督教不再是個謙遜的信仰，而是成為文化戰爭中的戰鬥部隊。福音派變成了一個部落。很快的，只要能保護部落，不擇手段也在所不惜。很快的，你開始對外界的敵意擴大解讀。（牧師每一次用「這個文化，」做為一個句子的開頭時，他最好躺下來睡一下。）很快的，你就落入薩克斯拉比所謂的「病理學二分法」：把這個世界分成兩個陣營，一邊是無可懷疑的善，一邊是無可救藥的惡。

第二種牆是不願傾聽。有為數不少的教徒總愛在交談中丟出現成的箴言和陳腔濫調的說詞。他們不認真傾聽眼前那個人提出的問題，只是一廂情願的丟出人生格言，無視對話的脈絡。

第三種牆是侵入式的關懷。有些人會披著信仰的外衣，到處去管別人閒事。他們告訴自己，他們只是展現同情心和關心。他們告訴自己，他們透過禱告得知了一件對某個人很重要的事，因此他們有必要把這件重要的事告訴那個人。但事實上，他們只是擅自認為神要他們介入，於是硬闖入一個他們一無所知的領域，而對方根本不需要他們的幫助。

第四種牆是智性的平庸。我在耶魯大學教書。當耶魯的教授討論彼此的手稿時，總是不留情面。但他們的直言不諱是為了追求卓越。有時候，基督徒對彼此有太多顧忌。他們想當好人，想給予肯定，結果使得討論變得一團和氣，使得真理無法愈辯愈明。語焉不詳與含糊不清是可以接受的，因為每個人都想當好人。諾爾（Mark Noll）在幾年前寫了《福音派心智的醜聞》（*The Scandal of the Evangelical Mind*），除了少數幾個眾所周知的例外，這個醜聞仍在持續進行中。

除了牆壁之外，我也發現了一些坡道。第一個坡道是儀式。宗教裡總是有許多點蠟燭、跪拜、站起、行進和其他的儀式。這些習慣是道德秩序和神聖故事的集體再現，想藉此提醒我們某些教義和真理。在《妥拉》中，點蠟燭會和焚香同時進行，因為在我們的生活中，智性之光和熱情與五官的體驗是連在一起的。我們不是冷冰冰的思考者；我們用熱情學習新事物。

社會學家史密斯（Christian Smith）寫道：「禮拜儀式重現了某個傳統、體驗、歷史和世界觀。它透過文字、音樂、畫像、香氣、味覺和肢體動作，以戲劇和身體的形式呈現神聖的信仰體系。在禮拜儀式中，禮拜者同時進行表演和觀察，將真理表演出來，並讓真理顯現在自己身上，記住過去並傳承到未來。」在進行禮拜時張開雙臂，會產生一種神奇的效果；這個簡單的肢體動作能讓心智敞開，使心變得脆弱。

第二個坡道是毫不掩飾的信念。你在保守的猶太會堂裡幾乎看不到毫不掩飾的信念，但你在正統猶太會堂經常會看到這樣的景象：一位男性把自己包在猶太禱告巾裡，邊搖擺身體邊慟哭，沉浸於禮拜儀式中。同樣的，你幾乎不會在主流的新教教會看見毫不掩飾的信念，除非是對環保組織山巒協會的信念。但你可以在靈恩教會裡看到毫不掩飾的信念，信徒會高舉雙手、閉上眼睛，大聲呼喊哈利路亞。當然這其中也有表演成分。但信仰有一種感染力，使人不怕展現自己。

第三種坡道是禱告。我不太會禱告。我禱告到最後，經常會變成對我的另一半說話，而不是向神禱告。而且很不幸的，我總是會在禱告時或是在禱告後，對自己的禱告詞進行文學批評：那段很無趣，那段到最後有點離題。福樓拜在《包法利夫人》中提到：「人類的語言就是用七零八落的節奏敲擊有裂縫的水壺，想讓熊聞樂起舞，但我們其實渴望製造的，是能將星星融化的音樂。」我的禱告詞差不多是那樣。

不過即使是剛展開信仰之旅的新手，也可以禱告。禱告是與神的相遇和對話。最簡單的禱告詞是表達感謝之意，為一頓餐食或人生中的其他好事表示感恩。這些禱告詞雖然簡單，依然是好的禱告，因為利己主義無法在感恩的土壤中滋長。

我們的對話內容會因對象而異。與神說話是與恩典對質，那恩典不只是神給我們的無條件的愛（unmerited love），而且有過失的人反而得到最多的愛。因此，有深度的禱告具有一種美好的特質，和一般的對話不同。我們難以用散文捕捉那種禱告的情緒語氣。許多人會舉赫伯特（George Herbert）的詩為例：

祈願教堂筵席，天使也會變老，
神吹氣給人使他回復呼吸，
靈魂在天國，心在朝聖路上，
……
一種旋律，萬有聽而驚懼；
輕柔、平和、喜樂、愛和福佑，
崇高的嗎哪，最高的歡愉，
天國在凡間，人著盛裝，
銀河，天堂之鳥。

一段時間之後，禱告會使你的渴望轉向。對神說話的舉動本身會使人產生某些傾向；你會想要和神進行恰如其分的對話；你會想要改變你的渴望來讚美神，令神歡喜。如同一對老夫妻會變得愈來愈像彼此，一個人若長時期傾聽和回應神的陪伴，也會在不為人知的層面變得和神愈來愈像，而只有神才會知道那變化。

第四種坡道是靈性意識。身在俗世的我們傾向把一切事物簡化為物質層面的因果關係：經濟學、投票模式、國際關係。但透過那種觀點看事情，經常會讓我們產生錯誤的看法，因為人類不只是物質性的生物，不會只有狹隘的經濟和政治利己觀點。

當你和有信仰的優質社群來往，不論你們談論的話題是什麼，你們的對話會有豐富的內涵。有信仰的社群自然而然把人視為全人，涵蓋了心與靈，以及身體和心智。有信仰的社群向窮人宣揚教義時，他們會將對方視為全人，當宗教性大學教導學生時，會把他們教導成一個全人。所謂的全人需要的不只是金錢，還有尊嚴、愛和目的。

第五種坡道是談論善惡的語言。這種語言也已經普遍被大眾拋棄了。「罪」這個字現在大多被用來談論甜點。然而，如果你想要談論最有深度的旅程，你需要「罪」、「靈魂」、「墮落」、「救贖」、「神聖」和「恩典」這些詞彙。假如你想在垂直向度了解生命的概念，你需要具備多層次的善惡概念。當你走進某個有宗教信仰的世界，即使你發現，只有少數人以敏銳、明智和嚴謹的方式在思考和討論這些觀念，也會帶給你很大的震撼。

最後一種坡道是來自信仰的純粹震撼。信仰會帶來無窮無盡的驚奇。你永遠無法對「創造是進行式」以及「普世之愛」的概念習以為常。最令人震撼的是某些信仰者展現的愛。德蕾莎修女為何要把幾十年的歲月投注在貧民窟？牟頓為何願意在修道院度過幾十年的光陰？戴伊為何選擇過貧困的生活，為窮人服務，數十年如一日？潘霍華為何要冒著生命危險，回到德國參加納粹抵抗活動，最後犧牲成仁？這些人難道不知道，他們可以選擇到海邊度假，到高檔餐廳享用美食？

上述提到的只是知名人物。我們其實經常遇到像這樣的人，他們徹底改變人生，到世界各地的醫院和貧民窟工作，因為他們相信神召喚他們去從事這些艱辛的工作。

人的天性是力爭上游，追求財富、權力、成就和地位。但你在全世界也可以看到向下走的人。現代人已經不太使用「貶抑」（humbling）這個詞，但我們其實應該多多使用。放眼全世界，有許多人為了神貶抑自己。他們讓自己成為僕人。他們跪在地上為有需要的人洗腳，不再將自己視為世界的中心；不顯眼和被邊緣化的人，才是世界的中心。他們會毫無道理的寬恕別人，用激進到令人詫異的方式展現仁愛之心。

羅傑斯（Fred Rogers）的紀錄片前陣子上映。羅傑斯是長老教會牧師，他製作的兒童電視節目的設定是，孩童比成人更親近神。成人通常想變得成熟世故，但羅傑斯的節目只提到最單純的事：綁鞋帶、宣告對他人的愛。成人通常朝著自信和自立自強的方向前進，但羅傑斯總是探討脆弱和依賴。有一次，代表羅傑斯內在孩童的布偶唱了一首歌〈有時候我懷疑自己是不是個錯誤。〉（*Sometimes I Wonder if I'm a mistake*）。有時候，他懷疑自己是不是個失敗作品。成人通常意味由小變大（在這個世界上做大事），但羅傑斯寫了一首歌叫作〈小和大〉（*Little and Big*），提到了微小善行的美好。有一次，他在節目中和一個黑人一起洗腳。有些人懷疑，羅傑斯是否真如他的外表那樣真誠與良善。但那部紀錄片清楚呈現，他確實是表裡如一。電影結束時，戲院裡的每位觀眾都感動得哭了，大家都沒料到會如此。那種逆向進行的良善具有令人驚奇的強大威力。

奧古斯丁寫道：「謙卑之處必有雄偉；懦弱之處必有力量；死亡之處必有生命。若你想要得到後者，就不要鄙棄前者。」T．S．艾略特領悟到，有信仰的人生的理想境界：「全然單純的狀態／（但必須付出一切做為代價）。」

頂點

安在休士頓待了三年多。這段期間，我們兩人的生活都歷經了多次轉折。我們接受了那份當時似乎不可行、現在似乎逃避不掉的愛。然後，我們在二〇一七年春天結婚了，此時距離本書開場提到的人生轉折已經有四年。這個故事有了一個幸福的結局。

我發現，陷入使人痴狂的戀愛對我的信仰有利有弊。在愛得最神魂顛倒的時候，源源不絕的愛會向外流溢，那份愛來自一位特別的女性，它不斷向上升高和擴散，最後達到愛的源頭。另一方面，重獲幸福的我把所有的苦痛拋在腦後，在陰溝裡經歷的那些深邃、黑暗、悶燒的靈性危機一掃而空。（清除得好。）

儘管如此，我的信仰之旅仍然還沒走完，但沒走完不代表不滿足。赫舍爾拉比寫道：「我祈求奇蹟、而非幸福，而你把兩者都給了我。」正統派猶太教徒說，宗教使世界變得神聖，使人在萬物看見神性的火花。

許多人用「驚奇崇敬」來形容神的降臨世界。驚奇於神的無限，驚奇於祂對我們的關愛。作家柏西寫道：「神用曲線寫出正直。」神的奇特作為使人驚奇。耶穌的第一個神跡是把水變成酒。誰會用派對花招來開創一個宗教？

我希望信仰之旅為我的生命注入了更多一點的謙遜。我很確定它為我的生命帶來了更多希望。現在，對我來說，信仰不再是對某個留著白鬍子、將紅海分開的長者所產生的信仰，它感覺像是比我所想像更廣闊的可能性，同時活在那些可能性的庇蔭之下。

現實會發出微光。地鐵裡坐在你旁邊的那個人，他擁有的不只是肉體。我的好友艾蜜莉·艾斯法哈尼·史密斯曾告訴我一件事。有一次，她和丈夫吵了一架。他們和好之後，兩人一同出門辦事，然後來到一家CVS連鎖藥局。艾蜜莉的內心仍因吵架的餘震覺得很受傷。他們在結帳時，收銀員和他們閒話家常，問起他們的家人、孩子、住在哪裡之類的事。然後他微笑對他們兩人說：「你們兩個人看起來真的登對。」這正是她在那一刻最需要聽到的話，那句話傳達了無限的憐憫與愛，充滿恩慈。當下她產生了一個從來沒有過的念頭：「哇，或許天使真的存在。」

我在本書一直在談，承諾是我們向這個世界允諾要做的事。然而試想一下，無限之愛的源頭對我們做出允諾，我們是得到承諾的一方、無盡承諾的對象，而那承諾是贖救我們、帶我們回家。這個可能性使我認為信仰是希望。我是個流浪中的猶太人，也是個充滿困惑的基督徒，但我的步伐是如此的輕快、我的可能性是如此的開放、我的希望是如此的廣闊。

第五部

社群

23 社群營造的各個階段I

一九五〇年代後期的某一天，珍．雅各從住家二樓的窗戶向外望，俯視格林威治村的街道。她注意到有個男性正在和一個年輕女孩互相拉扯。那女孩硬是要留在原地，不想和那個男性一起走。雅各腦海閃過一個念頭，或許她正在目睹一樁綁架案。她正準備要下樓介入那兩個人的糾紛時，看到肉品店的老闆和老闆娘已經從店裡走出來。接著水果小販也從他的攤位走向前，鎖店老闆也是，還有幾個從洗衣店走出來的人。「那個男人渾然不覺自己已經被一群人包圍了。」雅各在《偉大城市的誕生與衰亡》寫道。

結果他們發現是虛驚一場，那只是父女間的爭執。但雅各做出的結論是對的：健全鄰里的街頭治安主要不是靠警察來維護，而是由「錯綜複雜、幾乎沒有人意識到的居民網絡來維護。這些居民自動自發的形成一套控制手段和標準，並親自執行。」

雅各將她住處附近的街景形容成一齣複雜的芭蕾舞。這齣芭蕾舞從清晨開始上演，那時差不多是雅各把垃圾拿出去丟，父母帶孩子去上學的時候。這齣舞碼進行到下午時，店鋪老闆紛紛走出來和附近店家的老闆站在店門口聊天，郵差步行而過、挨家挨戶送信，碼頭裝卸工人聚在酒吧喝啤酒，還有一對情侶走過。「我下班回家時，是這齣芭蕾舞的高潮，」雅各寫道，「這時候滑板、高蹺和三輪車紛紛出籠……這時人們手裡大包小包的，在藥局和水果攤之間迂迴穿梭，忙著採買日常用品。」這個畫面看似雜亂隨興，但雅各認為，其中隱藏了某個動態、有機的秩序。「在看似混亂的老舊城市背後（在運作良好的區域），有個神奇的秩序在維護街頭治安。」

當時，有一群城市規劃者如摩斯（Robert Moses）等人，正在摧毀這類街景。他們認為這種街景過時且沒有效率。當時的新思潮認為，街道的功能應該是讓車輛流動，因此開始建造穿越社區的高速公路，拆除老舊公寓和石牆房屋，建造高樓大廈，以及圍繞在四周空蕩蕩的商場。

雅各希望眾人從不同觀點看待老社區的街景，拒絕那些抽離人性的都市計畫。今日，雅各的想法成了主流，至少在都市規劃的領域是如此。現在大家都知道，密集且多元的街景有其價值。但若論到社群營造這種更大的議題（那才是雅各真正想討論的主題），拉鋸戰還在進行當中。

美好的社群

健全的社群，是緊密的關係系統。它是不規則、動態、有機且私人的。當你搬運重物時，鄰居會跑來幫忙，反之亦然。在質地豐厚的社群裡，人會管彼此的閒事，知道彼此的祕密，在哀痛時陪伴彼此，為彼此的喜事慶祝。在質地豐厚的社群裡，居民會照顧彼此的孩子。這種社群在人類歷史中是相當典型的，直到近六十年才逐漸消失。在這種社群中，人對鄰居的感情，相當於現代人對家人的感情。鄰居需要彼此才能生存與茁壯：大家一起收割作物，共度難關。

在質地豐厚的社群裡，有人失業時，鄰居會幫忙找工作。青少年獨自在家時，鄰居家的大門會為他敞開。在豐厚的社群裡，通常會有一個強勢的年長女性，總是在大家的身邊出沒。她會叫青少年把音樂轉小聲一點，告訴小小孩不要在車子附近亂跑，她會讓所有人負起該負的責任，執行社群裡的規矩。大家都有點怕她，但同時又很愛她。她是社群的母親，實質的地下市長。

在這樣的社群裡，社會壓力可能會有點令人吃不消，你可能會覺得別人管太多，但這是值得的，因為你得到的關懷和照顧太多了。

學者談論這類社群時，常用「社會資本」這個詞。但這個詞其實不太恰當。社會學家有時會想借助經濟學家的聲望，於是使用一些經濟學的艱澀概念。「社會資本」暗示指稱的對象是可量化衡量的。但照顧關懷其實無法量化。健全社群的特徵是：人與人之間關係深厚，彼此信任，擁有共同歸屬感，對彼此承諾是常態，互相幫助已成為習慣，對彼此付出發自內心和靈魂的情感。

內部戰爭

不久前，我遇到一對剛搬到南加州某高級社區的以色列夫妻，他們告訴我幾個月前發生的一件令人驚駭的事。先生到外地工作，有天晚上，他打電話回家和太太聊天。掛掉電話後，太太到四歲兒子的房間查看，發現他不在床上。她驚慌的找遍整個家，還是找不到。她跑到游泳池邊，看看他有沒有掉進池子裡，也沒看到。她衝出家門，在附近的馬路上用最大的聲量呼喊兒子的名字。當時是晚上十點左右。有些鄰居家裡的燈是亮著的，但沒有任何人出來幫忙。此時她快要嚇瘋了。她跑回家裡再找一次，結果發現兒子在客廳。他用抱枕蓋了一個堡壘，躺在裡面睡著了。

隔天她外出散步時，遇到了幾個鄰居，他們問她為何在半夜大喊兒子的名字。她用不可思議的表情看著我，告訴我這件事。鄰居不幫忙一個母親尋找她的孩子，這是個什麼樣的社區？她說，若是在以色列，馬路上早就擠滿了穿著睡衣的人，緊張的到處幫她找人。

雅各筆下的美國已經不復存在。

那個事件發生在各方面條件最優渥的社群中。在整個西方世界，社群的社會構造崩壞比上述事件更加嚴重。普特南、斯科克波（Theda Skocpol）、莫瑞（Charles Murray）、鄧克曼（Mark Dunkelman），以及許多其他人已經完整記錄了社會構造的分裂情況，不需要我來贅述。我只想談一談這種社會孤立所導致的慘痛結果。

這種孤立導致的結果，表現在居高不下的自殺率，以及縮短的國民平均壽命，原因是所謂的死於絕望。還有具有傳染性的大規模槍擊案。這些槍擊案的發生有許多因素，像是槍枝管制、煽動行為以及其他因素，但社會孤立和美國人心混亂的蔓延也是一部分原因。只要有槍擊案件發生，就代表有個孤獨的人被遺漏在社會支持體系之外，孤獨與失望的生活使他決定用血腥的行動一戰成名。像這樣的人，會被極端主義的意識型態吸引，因為這種意識型態可以為他們的失望提出解答，並給他們某種連結感。他們說服自己相信，以戰士之姿屠殺無辜的人，是為了實踐某個正當理念。

孤立導致的結果，還表現在憂鬱症病例的增加與心理健康議題的惡化。人常說，憂鬱症和其他心理健康問題，主要是大腦化學物質的不平衡所導致。但海利（Johann Hari）在《失去的連結》（*Lost Connections*）主張，這些心理健康議題和人在生活中遇到的問題有關，其關聯性不亞於神經化學因素。那些生活中的問題包括，長期孤獨、失去有意義的工作、生活中的緊張與壓力沒有社群來幫忙紓解。

「長期孤獨使你關閉社交大門，同時對任何社會接觸變得多疑。」海利寫道。「你會變得過度警戒，更容易採取防衛姿態，即使別人沒有敵意，而且害怕陌生人。你會對你最需要的東西感到害怕。」

這樣的描述聽起來很符合美國現在的政治情勢。沒錯，分化對立也是社會孤立的產物。美國社會的基礎（國家、市場和所有一切倚賴的人際關係網絡、承諾和信任）正在崩壞當中，造成的結果和任何戰爭一樣血腥。

或許，我們應該把這個情況視為戰爭。這個社會分為兩個陣營，一邊是散播分裂、爭戰和孤立的力量，另一邊是促成依附、連結和團結的力量。我們彷彿正在目睹社會撕裂者和社會織造者兩大陣營在攤牌。

這場戰爭最難的部分在於：它不是一群好人和一群壞人的對決。這場戰爭發生在每個人的內心。我們所抱怨的問題，其實是多數人製造出來的。

我們大多數人信奉一種激進的個人主義，正如思想家托克維爾所預測，這種激進的個人主義，導致我們將自己視為自給自足的單位，於是每個與世隔絕的個體，開始和其他與世隔絕的個體做切割。我們多數人信奉一種嗜工作如命的道德觀，導致沒有時間經營社群生活。媒體業的人都知道，只要像蘇聯共產黨中央委員會發行的《真理報》一樣拚命鼓吹部落道德優越感，就能刺激頁面瀏覽量。多數人出於遵守隱私的社會規範，不再去認識自己的鄰居。且我們使用的科技產品，目的就是在減少摩擦，於是你開始習慣那種無摩擦的生活模式。然而，彼此關照的社群生活，正是建立在摩擦之上，建立在黏膩且沒有效率的人際關係之上。

社群也因為我們把照顧工作外包而受到傷害。布洛克和麥肯奈特（John McKnight）在《豐饒的社群》（*The Abundant Community*）提出，以前由社群扮演的角色，現在由市場或國家包辦。心理健康現在是心理治療師的工作。身體健康現在是醫院的工作。教育是學校體系的工作。

布洛克和麥肯奈特認為，體系的問題在於它去除了人的個性（depersonalize）。體系內的組織必須大規模運作，因此一切必須標準化。一切必須按照規則來進行。「管理的目的，是創造出一個可以用同樣方式執行事情的世界。」他們寫道。但在這個世界上，沒有兩個人是相同的。

當社群欠缺照顧，就會變得脆弱，裡面的人也是如此。人仍然住在社群裡，但信任的流動已經消失。如果發生事情，能求援的對象變少了。如果想要尋求歸屬感（每個人都需要），大家會不知道去哪裡尋找。就表面上來看，南加州那個社群看起來可能很健全，但人與人的感情已經變質了。關懷照顧已經被保持距離和不信任取代了。

那麼，要如何重建以前的社群呢？基本上，要由住在第二座山的人來重建，因為他們關心的對象是其他人，而不是自己。此前我曾提到「織造：社會構造專案」。我們花了一年的時間與許多人訪談，這些人的生活重心是營造人與人之間的關係。營造社群和營造關係很像，都是緩慢且複雜的過程，需要把很多東西兜在一起，就像雅各比喻的芭蕾舞。接下來我將一一說明社群創造的各個階段，它有點像是親密關係的各個階段，但規模更大，而且變動元素更多。

堅守在那裡的人

正如你所想的，社群再造始於承諾。有個人決定把社群看得比自己更重要。例如愛莎・巴特勒（Asiaha Butler）。她成長於英格塢（Englewood），芝加哥最貧困、暴力最氾濫的地區。愛莎曾經在那裡被搶劫。幫派控制了那個地區，她的家門外不時有人因為械鬥死亡。有一天晚上，一顆子彈飛過她家的窗子。她的女兒已經九歲，但當地沒有一所像樣的學校。愛莎和丈夫覺得受夠了，於是決定要搬家到亞特蘭大，那裡的治安比較好。

他們舉辦烤肉送別會，向朋友道別，然後開始打包家當。那天是星期日，愛莎從窗戶向外望，看著對街的小空地。那附近大約有五千個像這樣的小空地。愛莎家對面的那個空地上，有幾個小女孩在那裡玩，丟石頭和破瓶子，還在泥地裡的廢輪胎上玩耍。愛莎轉身對她丈夫說：「我們不能離開。」

她的丈夫露出不敢置信的表情。「哦？真的嗎？愛莎。」

「如果我們搬家了，我們就和其他搬家的人一樣。我們就無法在這裡以身作則告訴大家，在這裡工作、養小孩是什麼情況。」愛莎贏了這場爭論。他們決定留下來，對這個鄰里做出承諾。

愛莎不知道從何處著手。她不認識她的鄰居。於是她 Google 搜尋「英格塢的志工」，找到了幾個附近的團體。有一個團體讓她到教育委員會工作。另一個當地團體要為青少年辦派對，但負責辦派對的人都已經五、六十歲，根本不知道現在的青少年喜歡什麼音樂。愛莎播放了一些嘻哈音樂再加上一些即興饒舌，炒熱氣氛。然後她發現，她可以透過電影讓鄰居找到話題聊聊天。於是她辦了一個「紀錄片與對話」的活動，邀請大家一起看紀錄片短片，然後一起討論。經過兩年的經營，已經有數百人參與了這個活動。

英格塢被分成六個行政區，但沒有一個組織管理整個地區，於是愛莎創立了「大英格塢居民協會」。這個協會舉辦了就業博覽會，並在選舉期間舉辦候選人論壇。它組織了「現金炸彈」，召集當地人一起到當地商店消費。包括平面設計師和企業主管在內的許多人，為協會製作了不少木工製品，還有人帶自製手工餅乾過來。這不是什麼令人稱道的事蹟，也沒有什麼不尋常之處。當地商店販售印有「我們是英格塢人」和「英格塢的女兒」的T恤。愛莎說：「我喜歡小小的勝利。」這一切始於愛莎做出承諾的決定。

以鄰里為變革單位

建立社群的下一個階段，是明白你必須以整個鄰里為單位來進行變革。針對個人一一推動改變是缺乏效率的做法。

你可能聽過一個關於海星的故事。有個小男孩在海邊，看到數千隻海星被沖上沙灘，奄奄一息。小男孩撿起一隻海星，把牠丟回海裡。有個從旁邊經過的人對他說，何必呢，其他幾千隻海星遲早都會死。男孩說：「至少我救了那一隻。」

許多社會計畫是根據那個社會變革理論制定的。我們試著一次救一個人。我們選出一個有潛力的孩子，給他獎學金，讓他去上常春藤大學。社會計畫和慈善組織有千百種挑選精英的方式。他們假定個人是社會變革最重要的單位。

很顯然，在個人層面行善是可行的。但這種做法無法真正改變道德生態，或是影響眾人生活方式的結構和體系。

或許泳池是個比海星故事更好的比喻。我有個朋友說，你無法只淨化泳池裡一部分的水。你不可能把一個水分子擦乾淨，然後把它丟回骯髒的池水裡。

要重建社群，你必須先明白，鄰里才是社會變革的基本單位，而不是個人。如果你想改善眾人的生活，你必須思考一次改變鄰里的多個元素。

網路時代的一個特點是，距離並沒有消逝。地點的重要性和從前沒有兩樣、甚至變得更重要。一般來說，美國人住在與原生家庭相距三十公里的地方，大學生會到離家二十五公里的大學就讀。有一項針對臉書好友的全國性研究發現，我們的好友有百分之六十三與我們相距不到一百六十公里。現代美國人的遷徙距離變短了，而不是變長。

在相對小的生活範圍裡，行為具有高度的傳染力。人會在不知不覺中對彼此的行為產生微妙的影響，導致自殺、肥胖和社會階層流動在網絡內發生。經濟學家切提（Raj Chetty）與其他學者的研究指出，即使在人口統計學條件相似的鄰近社群，在不同的鄰里成長的孩童，會有不同的人生發展。

舉例來說，根據二〇一〇年四月一日的統計數字，洛杉磯華茲（Watts）社區的低收入黑人當中，有百分之四十四入獄監禁。在收入水準不相上下的康普頓（Compton）社區，只有百分之六點二的人入獄。康普頓與華茲相距只有三點七公里。

社會學家克林南柏格（Eric Klinenberg）的研究指出，鄰里在決定誰能度過危機、誰無法度過危機有多麼重要。克林南柏格比較了芝加哥兩個鄰近鄰里在一九九五年熱浪來襲時的死亡率。北羅恩代爾與南羅恩代爾只隔了一條馬路，人口統計學條件相似，但北羅恩代爾的死亡人數是南羅恩代爾的六倍以上。

克林南柏格發現，這個差別的關鍵在於社群羈絆的強度。南羅恩代爾有比較多地方可以讓居民碰面，培養關係。危機發生時，關係比較密切的人會彼此關照。你可能不會想到，有沒有社區圖書館可能可以決定居民會不會在熱浪來襲時死亡。

從鄰里的角度來思考，需要大幅調整你對權力結構的看法。鄰里是否能掌控自己的公共服務？是否舉辦街頭市集，讓居民有機會認識彼此？是否舉辦論壇，讓居民可以訴說關於這個鄰里的共同故事？

從鄰里的角度來思考，意味你要大幅扭轉你對推動革新的看法。你挑一個地方，一次把一般人生活的所有面向都考慮進去：學校改革、幼兒教育、運動和藝術計畫等等。無限多可能的正向影響會以無限複雜的方式，微妙的互相強化彼此。這意味著你需要拋開慈善組織現在的做法，也就是某個捐款人為某個計畫提供資金，試圖孤立某個槓桿點，然後發揮影響力。從鄰里的角度思考使我們意識到一個現實，可以解決所有問題的神奇利器並不存在。

便於集會的科技

當你明白鄰里是變革的基本單位之後，接下來就要尋找一個讓居民能聚集起來的方法，消除人與人之間的距離，創造親密關係和連結。

對社群做出的第三階段承諾是，投資於某種便於居民集會的科技。也就是創造某個方法讓大家聚在一起，並促使他們向彼此靠近，信任彼此。

如同布洛克在《豐饒的社群》提出的看法，領導人只要改變眾人聚會的情境，就能驅動社會變革。意指要邀請新血加入社群，尤其是你原本可能定義為「問題製造者」的那些人。這意味著向大家提出犀利的問題，並傾聽他們的回答。

當你邀請新面孔加入，讓他們聚集起來，並以新的方式行動，就能創造力量。「未來要靠眾人一次一次的集會創造出來，」布洛克寫道，「每一次的集會必須為我們希望創造的未來做出示範。」在這些對話中，社會邊緣人往往能給我們最多的回饋，因為局外人對於社會現況和其他人的觀察格外敏銳。

二〇一六年，弗洛莫（Dottie Fromal）到俄亥俄州的內爾孫維（Nelsonville）去找朋友。當她離開朋友的家，走在路上時，一路上有不少站在自家門廊的鄰居邀請她過去坐坐，因為他們想告訴她，他們家的貓又做了什麼事，或是聊聊其他的事。她發現：「有些人一整天找不到一個可以說話的對象。」她還看到不少孤單、無所事事的孩子在廣場鬼混。

出於某些未知的原因，她最後沒有離開內爾孫維。她開始為看似有需要的人做一些小事。比如到處去敲居民的門，邀請他們參加每週四晚上的社區聚餐。一開始，她只是想讓在市區參加課後輔導的孩子吃一些點心，因為這些孩子的家裡沒有任何食物。但很快的，許多家長和居民開始參與這個活動，最高紀錄有一百二十五人參與。她沒有政府補助或組織支持，只好自己跑到克羅格連鎖超市去買食物。幾個月之後，關於這個社區聚餐的消息傳開了，當她在超市結帳時，開始有人塞二十美元的鈔票給她，幫忙分攤費用。她做的事其實沒什麼特別，只不過是讓餓肚子的人有晚餐吃，但不知為何，在她之前一直沒有人做這件事。

做這種事的方法有無數種。現在有數百個不同的組織舉辦規模大小不一的共食活動，透過餐桌把人聚集在一起。「別讓你的鄰居在孤獨的汪洋漂流，」斯洛維奇克拉比寫道，「不要允許他與你愈來愈疏遠。」

其他的團體用更複雜的科技把人聚在一起。「成為男人」（Becoming a Man）計畫的服務對象，是芝加哥西區的高風險少年。以小組為單位的年輕人要定期聚會「報到」。每個人要報告自己在靈性、心理、智性和身體方面的狀況。如果有人有所隱瞞，其他的人會群起圍攻他。

住在德州鄉間的威斯莫蘭（Diana Westmoreland）創辦了「男生也會下廚」（Bubba Can Cook），讓民眾組團參加烤肉比賽，烤雞肉、牛腩和肋排。因為很顯然，烤肉架旁是最能讓德州人真情流露的地方。

戈登（Mary Gordon）在加拿大安大略創立了「同理心之根」（Roots of Empathy）計畫，利用小寶寶在校園裡激發強大的連結感。每個月有一天會有一位家長帶著小寶寶到教室裡。他們坐在一條綠色的毯子上，讓全班同學圍在他們四周，觀察並討論小寶寶的一舉一動。他們觀察小寶寶爬向某個東西或玩具的舉動。他們學習站在小寶寶的立場去感受事物，學習「情緒素養」（emotional literacy），學習依附作用的深刻力量。在某個班級裡，有一個化名為戴倫的八年級男孩，他在四歲時目睹母親遭到殺害，並從此在寄養體系裡流浪，曾被多個寄養家庭收留。他的個頭比其他同班同學高大，因為他留級了兩年。有一天，戴倫做出了一個出乎大家意料的舉動，他說他想抱抱那個寶寶。

他的外表看起來有點嚇人，而寶寶的母親也有點緊張，不過她還是同意了。結果證明，戴倫很會抱寶寶。他到一個安靜的角落，把寶寶抱在懷裡，搖他入睡。他後來把寶寶抱回給那位母親，並問她一個很單純的問題：「如果從來沒有人愛過你，你還能成為一個好父親嗎？」

同理心和連結在這一刻發生。在這一刻，社群開始癒療創傷，並創造了一個可能性。

我在巴爾的摩的一個組織裡，見識了一種聚集眾人最繁複的方法。這個組織是社會企業家莎拉・海明格共同創辦的「穿線」（Thread）。莎拉成長於印第安納州，當她還小的時候，她的父親發現他們的牧師侵占教會公款。他向會眾舉報這件事，沒想到教會社群不但沒有撤消牧師的資格，反而開始排擠莎拉一家人。莎拉和她的手足參加派對或社區活動時，只能乾坐冷板凳，因為沒有任何人會過來和他們說話。她在童年過了八年被排擠的日子。

於是她開始把所有精力放在兩件事上。她每天苦練花式滑冰八小時，成為全國性比賽的選手。她也把精力集中在學業上，後來在約翰．霍普金斯大學取得生物醫學工程博士學位，並在國家衛生研究院找到一份工作。

不過由於童年被排擠的經驗，她總是對局外人的孤獨感特別敏感。高一時，她注意到班上有個名叫萊恩的男生愈來愈孤僻，成績愈來愈差，因為他的家庭出現一些狀況。有六位老師通力合作，為他建立一個支持結構。他的學業成績開始有起色，後來他進入美國海軍學院，並在多年後與莎拉共結連理。

當莎拉還在約翰．霍普金斯大學攻讀博士學位時，有一天，她開車經過巴爾的摩的保羅羅倫斯鄧巴高中。那個時期的她覺得很寂寞，想要找個方法與她能理解的人連結。她想，或許她能用別人幫助萊恩的方式，來幫助巴爾的摩公立學校的學生。她決定要找一些志工，讓一群人圍繞在孩子身邊，如同當年她和其他老師在萊恩身邊支持他一樣。她請校長把學業成績最差的學生名單給她。她說服這些孩子來找她，主要是以免費比薩當作誘因，並問他們是否願意幫忙她發展一個計畫。大多數的孩子都樂於加入，只要她多提供一些比薩就行。然後莎拉說服了數十位約翰．霍普金斯大學的學生擔任志工，同時兼任這些孩子的家人：開車接送他們上下學，幫他們送午餐，當他們蹺課時把他們抓回學校，陪他們做功課，帶他們去露營。

莎拉當時沒有完全領悟到，她其實已經對這群孩子做出承諾。她的科學家事業始終沒有展開，因為她創立了「穿線」，織出了一張志工網，將巴爾的摩成績最糟的青少年包在裡面。每個學生最多有四位志工成為他的「穿線」家人。每位志工由另一位較資深的志工（稱為戶長）培訓，這位戶長負責支援這個家裡的所有志工。而這位戶長是由一位更資深的志工（稱為祖父母）帶領。這些祖父母由社群經理負責帶領，這些經理是受雇於「穿線」的員工。在這整個關係體系之外，還有一群「穿線」的合作夥伴，他們提供特殊的專長：法律協助、SAT家教、心理健康諮詢等。學生要加入「穿線」前，需要先簽一份合約，表明他們會在未來十年成為「穿線」的活躍分子。這份承諾不允許早退或中斷。

「穿線」名義上的宗旨是幫助學業成績不佳的青少年，而真正的目的是打造一個人際關係網絡，目前涵蓋了四百一十五名學生和一千名志工。其實它真正的目的是創造一個能夠與孤獨對抗的社群，包括莎拉的孤獨和其他人的孤獨。

剛加入「穿線」的孩子通常有很強的戒心。有些人告訴我，他們的生命中從來沒有人無條件的一直陪在他們身邊，因此一開始有人如此對待他們時，他們會覺得可疑與忿恨。他們一開始的反應是想逃走，拒絕別人介入。不信任是他們的正常狀態。但「穿線」的志工就是一直出現在他們面前。

「在生命中，無條件的愛如此稀有，因此，若有人罔顧你的拒絕，一直不斷出現在你面前，它就可能改變你的身分認同，」莎拉說，「被拒絕的人也可能因此改變自己的身分認同。」

莎拉承諾的對象不是「穿線」模式；只要她想，她隨時可以改變這個組織。她承諾的對象是「穿線」的整個人際關係網絡，這個社群，還有巴爾的摩。有數十個城市邀請莎拉去複製「穿線」模式，但都被她回絕了。她認為繼續在巴爾的摩深耕會比較好。她每天會戴一條項鍊，項鍊的墜飾上有個迷你的巴爾的摩地圖。她承諾的對象不是某個抽象的社群，而是這個世界上的這個地方，而且她希望當「穿線」夠大的時候，它可以改變整個城市的構造。

「穿線」建立了非常系統性的關係結構，也用非常系統性的方式追蹤社群成員之間的互動。他們開發了一款名為「掛毯」（Tapestry）的APP，用來追蹤志工與學生的所有接觸點。「掛毯」可以追蹤某個青少年的接觸點次數，誰最近沒有被志工接觸，以及接觸點和其他結果的相關性。就和許多最傑出的社群營造者一樣，莎拉結合了渴求的心和工程師的腦袋。她也和許多最傑出的社群營造者一樣，從來不認為自己做的事有多麼特別。

具有點火作用的故事

聚集人群是社群營造的起點，但此時社群還沒有成形。必須出現一個點火時刻，也就是一個生命的底層碰觸到了另一個生命的底層，在這個時刻，你才會向深處走去。

人通常是帶著不信任、懷疑和不自在進入一個陌生的房間。但如果你邀請一群同事一起閱讀一段故事，像是娥蘇拉．勒瑰恩的〈離開奧美拉城的人〉，大家才有機會往深處走。

無論如何，都會有人開始說故事。某個人分享了內心的傷痛，並因此成為領導人。一種道德觀建立了。「穿線」的人說，那裡的每個人都要「袒裎相見」。也就是說，每個人要把自己所有亂七八糟的事都攤開來。所有人都要「據實以告」，沒有迴避閃躲、也沒有美化修飾。一個故事接著一個故事，很快的，最底層的故事就會被挖掘出來。共享脆弱，情緒被帶動，火點起來了。

當某個強悍的人揭露了自己的懦弱，力量尤其強大。住在奧勒岡州的戴維斯（Carter Davis）創立了一個名為「為退伍軍人打氣」（Lift for the 22）的組織，它的宗旨是協助為憂鬱症所苦且有輕生念頭的退伍軍人。戴維斯坦白的說出自己曾經想輕生的往事。「我還記得我坐在咖啡桌旁，看著我的槍，心裡想著自己是個大笑話。這裡有個退伍軍人，他住的地方離美國退伍軍人事務部（VA）只有兩個街區，他不曾上過戰場，但他現在想要了斷自己的性命。」他的真情告白為在場所有人開啟了一個可能性。

列夫（Michelle Leff）是「穿線」的董事，她是個強悍、能幹、看起來頗有權威的女性。她加入幫助青少年的行動，但這個組織的激進坦率特性將她的防備一點一點卸下。她開始告訴其他董事一些她甚至從來沒有對她孩子說過的事。然後，基於誠信原則，她覺得她必須把她的童年如實告訴她的孩子。

一回想成長過程，只有痛苦、陰鬱和自卑，她如此寫道。她想起了父親，任何事都可能使他勃然大怒。沒有好好練習鋼琴，是她的錯；她一年級時聽不懂六年級的數學觀念，是她太笨。「我還記得，當我一年級時，我很慶幸我的髮量很多，才能遮住前一天晚上因為被打而腫起來的地方……。只要他遇到任何不如意的事（他很容易受挫折），他就拿我或我母親出氣。我小時候心想，我的存在似乎是個錯誤，我占用了家裡的空間，浪費了家裡的錢。」

九年級時，她已經承受不住壓力。她試圖吞下五十顆止痛藥。她發現服藥過量並不容易辦到，因為當她吞到後來，喉嚨會緊縮起來。當她清醒過來，發現服藥自殺沒有成功，她感到既難過，又鬆了一口氣。

現在，她是個成功的女性，是重要的董事會的一員。受到其他人的啟發，她決定把童年的真相告訴其他董事會成員以及她的家人，這是她第一次透露這些私事。「我為什麼參與『穿線』，」她在給家人的信中寫道，「我到現在還清楚記得十四歲是什麼模樣，還有那種被困住且無能為力的感覺。我為什麼參與『穿線』。『穿線』使我開始對於自己和學生的未來感到樂觀。我為什麼參與『穿線』。『穿線』賦予我它特有的觀點。現在，我的『穿線』觀點使我能夠檢視我的弱點（我傾向於採取偏頗的假設，習慣貿然做出評斷）。對我最有價值的部分是，『穿線』觀點使我能夠看見人際關係的多采多姿。」

列夫從小到大都很喜歡艾爾頓．強，但始終沒有機會親眼一睹偶像的風采，直到二〇一一年，艾爾頓．強到巴爾的摩舉辦演唱會，而只有她的十三歲女兒願意陪她去聽演唱會。「當艾爾頓．強開始彈奏『再見黃磚路』專輯裡面的歌曲時，我哭了。但我不是因為難過而哭，我哭是因為悲苦的童年回憶與精采的成年生活之間的強烈對比，引發我的強烈感觸，使我不能自已。我十三歲那時聽艾爾頓．強的歌，多數時候都覺得很想死；但那天我和我十三歲女兒一起聽他的音樂，我們兩人都開心的大笑。我現在被穩固且健康的人際關係圍繞。我的人生發展遠比我想像的好太多了。」

當你揭露自己的過去時，可能會覺得自己好像在倒退。你發現周遭的人都有許多創傷，大家的心裡都充滿怨懟，需要寬恕的事情太多了。你發現有許許多多的人備受煎熬，他們一方面很想假裝造成創傷的事件不存在，一方面又很想把這些事說出來。這種煎熬通常以氣憤、責怪和暴怒的方式呈現，使得修補似乎成為不可能的事。

不過事實上，全盤托出的殘酷故事恰好具有點火的作用。我們把大部分的時間花在把我們的成就、天分和能力投射到這個世界。面對自己的脆弱可以產生引爆的效果。

24 社群營造的各個階段II

私人性的故事具有強大的威力，在說與聽的過程中，信任會很自然的滋長。但在自戀文化中，人很容易會就此打住。人往往會在某個晚上把自己的私密心事說出來，感受到人我之間的情感交流，然後回家後有個錯覺，以為自己為這個世界做了件有益的事。要做出對社群的承諾，需要從「我」的故事轉變為「我們」的故事。這樣的轉變永遠是先向深處走，然後再向外走，也就是向下挖到自己的脆弱之處，然後向外與他人團結在一起。

社群營造的下一個階段是訴說共同的故事，把人連結在一起的故事。有些社群的故事含有濃密的情感，有些地方的故事則情感比較淡薄。我經常到內華達或亞歷桑納州的新興郊區，這些社群太新，沒有足夠的時間醞釀屬於自己的故事，你可以感覺到某種不足。另一方面，我最近拜訪了北卡羅來納州的小鎮威爾克斯波羅（Wilkesboro）。這個小鎮位於北卡的西北部，只有三千五百人。此地有百分之八十一的居民是白人，家庭收入中位數約為三萬五千美元。在二〇一六年總統大選，有四分之三的選票流向川普。

威爾克斯波羅與鄰近的北威爾克斯波羅曾經是繁榮的商業中心。美國家具公司勞氏、荷利農場（Holly Farms）、西北銀行，以及幾家大型鏡子和家具製造商，原本都設立在這裡。但這些公司或移出、或破產、或被收購。在二十一世紀初，鴉片類藥物的氾濫讓這個小鎮受到重創。年輕人沒有聚會的場所，也沒有工作。這個小鎮承受了重大的打擊，但令人驚訝的是，這個地方依然保有強大的身分認同感。這裡有個明確的社群故事。

他們的身分認同一部分來自他們獨特的歷史淵源，他們的阿帕拉契血統、願意為彼此兩肋插刀的團結文化。威爾克斯波羅人在吵架時可以大吼大叫，但如果有外人批評他們任何一個人，他們會群起圍攻修理那個人。外人的定義是，不是在當地受孕的人。在媽媽肚子裡時或更晚才遷入的人，都不算是當地人。

威爾克斯波羅人的社群認同一部分來自先人的成就。「我們的祖先在這裡創造了很多很棒的東西。」剛開了一家咖啡店的奈特說，「這就是威爾克斯波羅人的做事方式，無中生有。我們對這件事充滿熱情。」

在某種意義上，社群指的是一群人為了一個共同的故事集結在一起。威爾克斯波羅的人和許多地方一樣，述說的是一個救贖的故事：興起、衰敗、堅忍度過難關、重生。重生包含了靈性、經濟和物質層面。

「要如何重新創造自豪感？我們每個人都很自卑，」年輕的當地行動主義者ＬＢ說，「這個小鎮到處都是廢棄工廠。但我們撐過來了！我們擁有製造者的歷史。我們辦到了。我們知道要怎麼做才能辦到。」

接下來是共同的計畫。眾人不會為了社群而集結起來，他們集結是為了一起打造某個東西。在威爾克斯波羅進行的共同計畫是創造場所。我們傾向於認為，社會構造的撕裂，是因為文化惡質化或經濟力量導致社會分崩離析。但有時候，其實只是因為大家沒有地方可以聚在一起。威爾克斯波羅曾經有間保齡球館，但失火燒掉之後，沒有人去重建它。今日，各行各業的人在這裡開咖啡店、健身房、藝廊和釀酒廠，同時創造表演空間、舉辦青少年之夜，以及音樂節。

有意思的是，人與人之間雖然偶有不和與嫌隙，但大家對社區復興的願景通常很一致。一致的社群故事是一股新興的力量。

城鎮的故事可以透過許多方式形成。我住在芝加哥時，羅伊科（Mike Royko）和其他當地報紙專欄作家，形塑了這個城市的道德觀與定義。他們把芝加哥的故事扎根於離密西根湖較遠的民族聚居區（直到羅伊科變得富有後，搬遷到湖邊）。而在某些地方，社群故事是由藝術家塑造出來的。在底特律藝術博物館裡，里維拉（Diego Rivera）令人驚嘆的「底特律工業壁畫」，用四幅感官性的壁畫定義了這座城市。數十年來，蕭條凋敝的底特律似乎只剩自己的故事，但那就足以凝聚民眾。現在，底特律再度興起。因此，社群最重要的任務，是創造屬於自己的故事。

蕭特斯（Trabian Shorters）說，社群故事包含了四個部分。蕭特斯在邁阿密創立了一個非裔美國男性協會，名為「做我自己」（BMe）。這四個部分是架構（定義故事的脈絡）、敘述（我們來自何方，將往何處去）、身分（我們是誰），以及行為（定義「我們」的行為）。社群故事幾乎都會橫跨多個世代，先從起源地說起，然後再描繪它發展的過程。

伯克主張，不曾回顧先人歷史的人，無法展望未來與規劃未來。當我們回顧過去，看見先人的勇氣和奮鬥，就會開始認為自己虧欠先人一些東西，認為自己有義務將先人的故事傳承下去。「傳承的概念涵蓋了對話確定性原則和傳遞確定性原則，」伯克寫道，「我們承接，我們延續，我們珍惜這份餽贈，享受這份餽贈，並為他人加以改進。透過尊重先人，我們學會尊重自己。」

誠實的社群會訴說複雜的故事，關於他們犯下過失和遭遇痛苦的時刻，以及挺過難關和展現慈悲的時刻。誠實的美國故事說的是奴役黑人和種族歧視。誠實的紐約故事說的是舊賓州車站的拆除，以及以發展商業之名被拆除的其他美麗建築。每個社群都有失序、貪腐和不公義的事。社群居民就站在對家鄉的自豪以及對不公義的憤怒的十字路口。

居民守則

社群的人聚集起來並訴說自己的故事後，接下來還要採取行動：使社群脫離孤立。社群營造需要遵循居民守則的人透過日常的關懷照顧行動，一家接著一家成為社群的一分子。

居民並不是一個人獨自走在人生旅程上，他融入社群中。他認為自己深受當地行為的傳統所影響。他覺得自己受惠於此傳統，並樂於回饋這恩惠。他的工作、家庭和鄰里生活不是各自獨立存在，而是互相連結在一起，做為他服務社群的基礎。居民守則以幾個共同原則為主軸：

- **靠自己就好**：居民不會等待別人來解決社群的問題。旁觀不是他的作風。布洛克寫道：「社群之所以能夠永續改善，主要是因為民眾發現自己握有行動的力量。不論社群的問題是什麼：毒品氾濫、房舍老舊、經濟不景氣、居民遷徙、暴力橫行，唯有當居民不再等待專業人士或政府首長採取行動，而是決定自己拿回主導權，情況才能獲得改善。在大多數持續改善和變革的社群裡，我們都可以看到居民行使這種力量。」
- **社群先於自己**：好人寧願為了社群忍受個人的不便。壞人為了私利寧可讓社群忍受不便。
- **主動創造連結**：好的居民會邀請鄰居到家裡吃晚餐。好的居民會和鄰居聊天，同時介紹他認識住在馬路另一頭的鄰居。
- **放眼未來三十年**：做為居民和做為個人會有不同的眼界。居民的行動不是放眼於明天會更好，而是放眼於三十年後會更好。他今天指導的孩子，會在三十年後成為城鎮的領導人。他現在所舉辦的節慶活動，將會在未來五十年逐漸成為一個盛大的傳統節慶。他現在種的樹，將由後人享受成果，而不是他自己。
- **激進款待**：詩人佛洛斯特（Robert Frost）寫道：「家是永遠向遊子敞開大門的地方。」如果有人需要幫助，居民守則會說，先款待，評斷和其他的事晚點再說。居民就像是浪子的父親，二話不說，先跑出去迎接兒子回家。先施予慈悲和寬恕，然後我們再來思考，是哪裡出了錯，再修補裂痕。

- **社群才是專家**：居民都知道，教育孩子的不只有學校，維護治安的不只有警察，守護民眾健康的不只有醫院。共同的生活方式才是關鍵。活絡的街頭才能保障人身安全，養成健康的飲食習慣才能常保身體健康，只要大人願意和孩子聊天並給予鼓勵，任何地方都是孩子受教育的地方。這就是鄰里的規範和行為。大家一起想破頭，才能找到最好的生活方式。
- **甘居下位**：赫曼·赫塞的短篇故事〈東方之旅〉，描述一群人展開一趟長途旅程。有個名叫里歐的僕人隨行，他負責做所有卑賤的雜事，並唱歌為大家解悶。這趟旅程一切非常順利，直到里歐失蹤。一切亂成一團，這趟旅程也就不了了之。

多年後，一位旅客恰好遇到當年舉辦旅行的主辦單位，才發現原來里歐是這個大型組織的領導人，而不是某個員工。這個故事後來啟發了僕人式領導的概念。這個故事告訴我們，社群領導人通常是做「卑賤」工作的那個人，在背後支持大家的那個人。喬治·艾略特在《米德鎮的春天》有句名言：「這世上良善的增長，一部分有賴於不為人所知的行動；而你我的生活之所以不至於太糟，一半也得力於一群人，他們忠實過著沒沒無聞的人生，最後安息於無人憑弔的墳墓裡。」

- **弱勢者擁有最多：**居民用什麼方式對待最弱勢的人，定義了這個社群。弱勢者包括年幼、貧困、身心障礙或心情抑鬱的人。方舟團體創辦人溫立光打造了多個專門照顧智能障礙者的社群。「我來這裡，是為了告訴你們，這些人帶給我多少人生的啟發，」他對哈佛大學的學生說，「他們為這世界帶來了太多禮物，他們帶來希望與平靜，或許也為我們受創的世界帶來救贖……如果仔細觀察他們，如果忠誠對待他們，我們永遠能找到自己的路。」
- **一部分的過失是我的：**知道彼此都可能犯錯，是凝聚社群的要素之一。我們都理解，所有人都有懦弱和自私的時候。我們抱怨的問題，通常是我們自己造成的。

「真正的社群之所以特別，是因為意識到罪惡藏在看不見的地方，在社群裡，在我們心裡。」溫立光寫道。「除非我先將自己眼中的圓木去除，否則我沒有資格試圖把鄰人眼中的一粒灰塵抹去。」社群裡有許多苦痛，因為我們在這裡揭露了自己的真實面。但這裡也有由苦痛滋長出來的愛，這份無條件的愛，使我們能毫無顧忌的表達不同的意見。

居民公約

薩克斯拉比在《我們一起打造的家園》（*The Home We Build Together*）指出，《聖經・創世記》只用了三十四個詩節來描述宇宙創造出來的過程。但在《出埃及記》中，有一個奇怪的段落卻占了全書三分之一的篇幅，說明會幕（敬拜神的場所）要如何建造。

為什麼要花這麼多精神說明要如何建造這個結構物？還特別注明梁的長度，以及使用哪種木材和裝飾。因為此時的以色列人還不是一個民族。他們是受到壓迫，且迥然不同的部落團體與個人。薩克斯說：「要把一群個體變成互結盟約的民族，就必須讓他們一起建造某個東西。」薩克斯說，一個民族要透過製做東西造就出來，一個國家要透過建造打造出來。

薩克斯說了英國外交官密許康（Victor Mishcon）的故事。在一九八〇年代初期，密許康試圖為中東調停和平協議，於是他邀請約旦國王胡笙和以色列外交部長裴瑞茲（Shimon Peres）到他家共進晚餐。這頓飯吃得賓主盡歡，晚飯後，兩位客人表示要離開。密許康說，他們還不能離開，要洗完碗盤才能走。他讓胡笙國王洗碗盤，讓裴瑞茲在旁邊把碗盤擦乾，要他們並肩一同做事。這才是他今晚真正的目的。

賀摩斯（Prince Holmes）是「青年重建紐奧良」（Youth Rebuilding New Orleans）的負責人。他把不同背景的年輕人湊在一起，讓他們一起蓋房子。「我們所營造的社群比建造這些房子更重要，」他說，「我們擁有很多能量。當你和一個素不相識的人一起蓋房子，你們之間會立即產生某種情誼。對我來說，這不是工作。」

一起完成同一份工作會重畫團體間的界限，以及重新定義每個人的位階。手巧的人突然站上了比企業主管更高的位置。在《出埃及記》中，建造會幕是以色列人最開心的時刻。

當眾人聚在一起建造某個東西時，他們含蓄的給了彼此一種允諾。他們允諾會一起解決問題，允諾會分擔該負擔的工作量或更多的工作量，允諾會一同貫徹打造某個新東西的初衷。

我有時候想，他們應該把這個允諾時刻弄得正式一點。就像一對男女在婚禮上向彼此說出誓約，我有時候想，社群也應該舉行居民簽約儀式。一六二〇年來到美國的歐洲殖民地拓荒者簽署了《五月花號公約》，公開宣誓要「加入民眾自治團體」。在現代版的儀式中，我們可以讓一群人宣誓對彼此忠誠，明訂他們願意承接哪些類型的計畫，願意付出什麼樣的代價。現代版的公約可以包含入會儀式、共同歸屬儀式、重述社群故事、會員符號象徵，以及一個神聖的聚會場所，讓跨世代的居民進行宣誓。當然，接下來就是開派對。

可能性的對話

我們的文化會驅使我們不假思索的從解決問題的角度思考事情。人生有一連串的問題，等著我們去分析和處理。要如何改善逐漸喪失功能的學校？要如何減少社會上的暴力行為？以問題為中心通常是錯誤的切入方式，因為這種思考模式聚焦於不足之處，而非優勢。

以問題為前提的對話，通常聚焦於某個時間點：某個學生無法從高中畢業的時候、某個年輕人產生犯罪行為的時候、某個人成為遊民的時候。但真實人生是由無數時時刻刻累積而成的。一個人成為遊民之前，一定經歷過一連串的衝擊：失業、與家人關係破裂，或是車子或某個交通方面的問題。孩子輟學之前，一定經歷過一連串的人生衝擊。如果你沒有看見生命的累積性，把問題定義為某個事件，你其實沒有看見真實的生活是怎麼發生的。所有對話不是從人性出發、就是抽離人性，而以問題為中心的對話，往往採取無關個人和抽離人性的態度。

比較好的社群營造對話聚焦於可能性，而不是問題。他們討論的問題包括，我們現在站在什麼樣的十字路口？我們能一起創造些什麼？我們該怎麼一起改善我們的生活？我們有哪些尚未充分發揮的能力？

可能性的對話是描繪成功的傳記故事。假如一個人的人生開始翻轉，他的個人傳記會是什麼樣子？這樣的對話首先提出的，不會是與個人無關的問題：我們要如何解決遊民問題？而是與個人有關的問題：我們該如何協助瑪麗展開穩定、安全且有保障的生活？當你從傳記的角度想像成功的模樣（某個人踏上了新的人生軌道），你會非常具體的看見，哪些因素可以促成更美好的未來。你會知道需要建立所有不同的人際關係。你會知道如何考慮社交和情緒層面，即使你討論的議題顯然只涉及物質層面，像是為遊民找到住所。

很遺憾的，現代的社會科學家往往從統計相關性、而不是傳記敘述的角度來思考。他們利用隨機對照實驗，想找出投入和結果之間的因果關係。社會科學通常試圖把事情拆開來看，但真實的人生是有縱深的、是互相關聯的。真實的人生是無數個不同的影響力，在一段時間內以無數種方式產生交互作用的結果。試圖擷取一段人生，並從中得出某個因果關係，會扭曲現實，彷彿把人當成了一顆撞球。當我們討論自己的人生時，我們懂得人生的複雜性，但是當我們討論其他人或其他團體時，往往將事情客體化。

可能性對話提出的問題不是：問題是誰造成的？而是：我們可以部署哪些資源，以打造一個大家互相照顧的社群？我們有哪些自己還沒有察覺的能力可以貢獻？例如，丹佛有一群尼泊爾移民，他們一直難以融入當地的公立學校體系。有位當地社群織造者賈文發現，社群長輩是一塊尚未充分利用的資源，他們擁有激勵、引導和凝聚的力量。於是她將長輩融入學校體系，為社群開發了許多潛在資源。在華盛頓特區，墨菲為難民和處於人生低谷的人提供住所，她說，「你到瑪麗小屋來，把你已經很厲害的能力變得更強大。」這是可能性思考。如果你想改變文化，你必須展開一種前所未有、目光長遠的可能性對話。這個地方在二〇四九年會是什麼模樣？

創造傳統

當社群居民開始動起來，他們創造的不只是新東西，還有新規範。他們為社群貢獻某個東西，經過一段時間後，那個東西會變成人人都應該做的事。舉例來說，我的朋友德瑞爾（Rod Dreher）有個妹妹名叫茹西，她住在路易斯安納州的一個小鎮。茹西是個老師，她是由內而外散發光采的那種人。遺憾的是，她在四十歲時死於癌症。有超過一千人參加她的喪禮。茹西的丈夫在消防隊工作，於是護柩者由當地的消防隊員擔任。茹西平時喜歡打赤腳，於是這些護柩者也光著腳將她的靈柩抬到墓園。

茹西一直認為，眾人應該在聖誕節時憶起這個小鎮的亡者。於是她開創了一個傳統，每年的聖誕夜她都會去墓園，在每個墓碑前點亮一支蠟燭。茹西恰好在聖誕節前夕過世。當全家人在聖誕節團聚時，德瑞爾問他母親，是否要和茹西一樣，在每個墓碑前放一支點亮的蠟燭。他的母親回答說，或許以後再說吧，今年實在太難熬了。

那天傍晚，德瑞爾的父母參加彌撒後開車回家，經過墓園時，他們被眼前的景象嚇了一跳。墓園裡有數百個光點。有人在每個墓碑前點亮一支蠟燭。這就是社群的運作方式。某個人起了個頭，一個新的傳統就誕生了。其他人會紛紛加入，延續這個傳統。

新的公民結構

真正艱巨的社群營造計畫，需要的不只是新組織或新規範，還需要全新的公民結構。不久前在南卡羅來納州的斯巴坦堡，我參訪了「斯巴坦堡學校運動」（Spartanburg Academic Movement, SAM）辦公室。那裡的牆上貼滿了各種圖表，包括幼兒園的籌備狀態、三年級生的閱讀能力分數，以及孩子們高中畢業後的就學情況。

那個辦公室裡的任何人都可能接觸到孩子的人生。那裡有學校負責人和校長，但也有商會主席和當地的聯合勸募組織，還有警長、前市長、報社編輯、從事醫療工作的人，以及好幾個統計學家。這樣的組合前所未見。在那裡，私部門和公部門，教會和企業兼容並蓄。這些代表人物幾乎涵蓋了社群的所有部分，而所有的人都緊盯著相同的圖表。

SAM的人追蹤斯巴坦堡年輕人的所有數據，從出生到就業。他們召集了可能影響這些數據的相關人士，包括家長、教會、醫生、營養專家等。然後，這個涵蓋整個社群的體系提出下列問題：我們的孩子在哪個環節被遺漏在追蹤體系外？為什麼？我們的體系裡有哪些資源可以用來解決這個問題？我們該如何一同應用這些資源？

這種做法和我以前看到的其他社群採取的做法截然不同。在大多數的情況中，有許多組織想要行善。於是他們向當地的基金會或政府機關提出計畫，爭取經費。少數的組織申請到經費，然後開始執行計畫。某個捐款人、某個組織、某個問題、某個計畫。然後幾年之後，有人開始研究那個計畫是否創造了可衡量的成效，最後得到的結果基本上都是：沒有成效。大多數社群都是長成這個樣子：興之所至的計畫互相競爭，爭取非常有限的經費，各自執行計畫，而且目標通常互相矛盾，最後誇大成功的部分同時掩蓋失敗的部分。然後你希望這種模式能夠發揮作用。

但在斯巴坦堡，我看到的團體並不會互相競爭，爭取經費企圖展現各自的影響力。他們隸屬於一個網絡，雖然各自努力，但力圖創造集體影響力。社群發展之所以欣欣向榮，是因為這些力量相輔相成，匯流到同一個地方。SAM試圖協調數十股力量，使它們順著當地人和當地事務成長的方向發展。

SAM體現了一種新的公民結構，稱作「集體影響力」（collective impact）。SAM並非單一特例。全美國有七十個像斯巴坦堡這樣的社群，運用所謂的「一起奮鬥」（StriveTogether）模式。「一起奮鬥」十年前在辛辛那堤誕生。有幾位社群領袖想要改善當地的教育，正在思考要推動一個新的計畫。但這個團體裡有一位寶僑的高階主管認為，「我們有很多計畫，但系統觀念薄弱」。換句話說，辛辛那堤有很多計畫在執行，但欠缺一個有效的指揮系統。

於是一個新的方法就此誕生，同時衍生出新型態的社群力量：以數據為中心；聚焦於社群的資源、而非缺陷；明白萬能的解決方法不存在的道理；創造能夠把所有成員聚集在一起的「骨幹組織」（像是SAM）；協調決策過程；持續溝通；組成採取行動的工作團隊；分擔責任。

辛辛那堤居民發現，有些孩子沒有上幼兒園。資料顯示，私立幼兒園的教學成效比公立幼兒園更好。於是公立學校體系把一部分經費分配給私立學前教育計畫，使辛辛那堤率先成為提供普及幼兒教育的城市。這是社群團結合作的例子。

卡尼亞（John Kania）與克瑞默（Mark Kramer）於二〇一一年在《史丹佛社會創新評論》發表了一篇頗具影響力的論文，率先提出集體影響力的結構，論文舉「一起奮鬥」做為例子，並為這種做法提出哲學和理論上的依據。

卡尼亞和克瑞默認為，集體影響力始於認為變革勢在必行的一群人。或許他們想讓當地居民的平均壽命延長五年，或是想要使當地不再產生遊民。

他們意識到問題的複雜性，而他們不想預先決定要採取哪個解決方案。他們打算先採取一種長期、反覆的行動與反應流程，再找出方法將各個計畫的力量做最好的結合。換句話說，他們要先投入一大筆資金和精力，再決定要把錢花在哪裡。這是一個可能令人相當不安的做法。

他們把錢投資在學習過程，讓整個社群從各種不同的視角，一起檢視一個複雜的問題，然後讓解決方案自然從大家的討論中浮現出來。他們的行動水準取決於他們提出問題的水準，像是：既然我們這麼努力，為什麼無法讓這個解決方案變得更好？

事實上，他們設計的方法讓整個社群像一群鳥一樣行動。鳥類集體飛行的能力令人驚奇，牠們改變飛行方向時從來不會相撞。科學家發現，原來每隻鳥會遵守三個單純的原則：和旁邊的鳥保持最短距離；和旁邊的鳥以相同速度前進；永遠朝向鳥群的中心點飛。

要形成集體影響力，需要具備系統性思維。系統性思維的核心概念是，如果你直接跳進問題裡，很可能會失敗，因為你沒有看見整個系統的複雜性。舉例來說，人以前認為，解決犯罪問題的方法，就是把一大堆罪犯丟進監牢裡。這種看法一開始似乎很有效，但長期下來，我們清楚的看見，把人關進監獄會使社群流失資源，因為這些人原本可以對社群做出貢獻；另一方面，入獄反而會提高這群人的再犯率，對社會安定造成更大的危害。長期來說，你使你當初想解決的問題更加惡化了。

採取系統性方法，意味每個人都要承認自己只看見這個複雜世界的一小部分。若你在這裡採取某個手段，很可能會在那裡產生意料之外的結果。當整個群體、整個社群繪製出完整的系統圖，並各自持續扮演好自己的角色，再以持續性的回饋對話做為輔助，才能創造集體影響力。

在協作式系統中，沒人會因為不愉快的事而受懲罰。例如許多學校體系會根據數據資料為學校評等、決定撤校，或讓學校彼此競爭。斯巴坦堡從來不這麼做。他們希望體系裡的所有學校互相合作，而不是競爭。因此，他們的優先要務是使溝通單純化，讓資料透明公開。他們不希望任何人因害怕受懲罰而隱瞞資料。他們把資料當作探照燈，而不是鐵鎚。運作得最淋漓盡致的社群有兩個要素：建立貢獻的倫理（每個人都要付出），及全面協作的倫理（每個人都有責任）。

使關係更加緊密

在第一座山，重點在於無拘無束的自我、個人成就、創造一個每個人可以自由做自己的社會。這是一個流動的社會，在短期內也是個有生產力的社會，但它同時是關係淡薄的社會。在這樣的社會裡，人與人之間、人和他們所屬團體的關係並不深。在第二座山的社會，是個關係緊密的社會。在這樣的社會裡，組織和社群會產生影響力。因此我經常思考，是什麼因素導致一個組織內的關係變得緊密或淡薄。

關係緊密的社群擁有鮮明的文化：芝加哥大學、莫爾豪斯學院、美國海軍陸戰隊都是這樣的社群。關係緊密的團體其宗旨並不是提供工具性的服務，像是給學生一個學位，或只是幫他們找到謀生的工作。關係緊密的團體希望幫助一個人徹底改變他的身分認同，讓一個人將整個自己投入其中：頭腦、雙手、心與靈。

關係緊密的團體有個實際的運作地點，這個地方通常相當擁擠，成員經常在這裡面對面互動，像是一起吃飯的餐桌，或人滿為患的健身房，或是禮堂。這樣的團體有一套共同的儀式：禁食，或一同朗誦信念，或是列隊站好。他們有共同的任務，通常會要求成員彼此關照，像是冰上曲棍球球員在冰上必須留意其他隊友的一舉一動。在這樣的團體裡，人偶爾會在僻靜中心或某個設施一起過夜，大家可以看見彼此的真實面貌，讓別人看見素顏的自己。

這樣的組織通常會一再訴說一個關於自己的神聖起源故事。許多組織曾經歷險些失敗的時刻，因此他們會歌頌幫助他們脫離險境的英雄。他們會把音樂融入日常生活中，因為有誰不喜歡能讓你想要一起高歌、隨著音樂起舞的歌曲呢。

這樣的組織有特立獨行的文化。有太多的大學感覺起來都差不多。但真正對學生產生影響的學校（聖約翰、凱尼恩、惠頓、麻省理工）有勇氣與眾不同。你可能很愛它或很恨它，但是當你遇到從這些學校畢業的人，你會立刻察覺到他們的身分。當他們遇見校友，即使在畢業多年之後，他們知道彼此共同擁有一些非常重要的東西。

賓州大學心理學家達克沃斯（Angela Duckworth）補充說，關係緊密的團體幾乎都有明確定義的共同目標，像是贏得超級盃或拯救環境。他們有入會儀式；神聖的指導手冊或代代相傳的紀念物；只有自己人才聽得懂的特殊用語；某種標籤，像是「知識就是力量」（ＫＩＰＰ）學校體系的畢業生；制服或其他標誌，像是旗幟、戒指、手環。

紐約大學的海德特建議，如果你想創造一個關係緊密的團體，你應該強調大家的共同特質，而不是差異之處。第二，善用同步性。讓大家一起唱歌、玩遊戲或是運動。第三，進行團隊之間、而不是個人之間的良性競爭。比起為抽象概念奮鬥，人更願意為自己的夥伴努力和犧牲。因此，盡可能讓眾人形成團隊情誼。

關係緊密的團體有共同的道德理念。他們不將成員視為可剝削的資源，而是一同承擔神聖使命的同伴。關係緊密的團體會讓你砍掉重練。他們用看似過時的悠久歷史和神聖習俗包圍你。他們要求你把集體的身分認同放在自己的身分認同之上。他們指出一個遙遠的理想，而這個理想無法在此生實現。雕塑家摩爾（Henry Moore）曾說：「生命的祕密是找到一個任務，某個你可以奉獻一生的目標、你願意為它傾盡全力的目標、你願意為它付出此生的每一分、每一秒的目標。最重要的是，它必須是你永遠不可能達成的目標。」

25 結論：關係主義者宣言

我在本書談了許多兩座山的事。我曾說過，這種比喻只是為了對比兩種不同的道德觀。第一座山是個人主義者的世界觀，把自我的欲望看得最重要。第二座山是關係主義者的世界觀，把關係、承諾和心與靈的渴望看得最重要。我的核心主張是，個人主義世界觀已經被我們用過頭了。我們把自己視為獨立自主的個體，並因此將社會撕裂，使分裂和部落主義愈演愈烈，崇拜個人地位和自給自足，結果埋葬了人的心靈中最美的東西。

在本書的結論，我想把我論點中不同的思路整合起來。但我不想引述別人的話或故事，而是以宣言的形式呈現，以驅使我寫這本書的率直、熱情和信念為出發點。

這個世界正處於過渡時刻。個人主義道德生態已經崩壞，使人感到無所依靠與孤獨。許多人的直覺反應是訴諸演化本能：回歸部落。假如整個社會用「回歸部落」來因應過度的「我可以自由做自己」趨勢，那麼二十一世紀將會成為衝突與暴力橫行的時代，並且使二十世紀的動盪顯得相當小兒科。

我們可以用其他方式找到歸屬感，以及找到人生的意義和目的。健全的社會可以有另一種樣貌。那個解方就是關係主義。唯有往我們內心的深處走，找到源源不絕的關懷能力，然後向他人做出承諾，將這份關懷散播出去。在這份宣言裡，我試著證明當下盛行的過動個人主義是行不通的，並試著證明關係主義是更好的生活方式。

過度個人主義

1. 自我和社會之間永遠會形成平衡狀態。在某些年代，群體施加的壓力把自我壓迫得無法呼吸，使個體感受到一股迫切的需求想要掙脫束縛，展現個性。現代的情況恰好相反，自我過度膨脹而群體變得弱小。我們往個人主義的方向擺盪已經過了頭，導致喪失了與他人的連結，形成了團結的危機。

2. 過度個人主義是這個時代的主流道德觀，它是一套涵蓋道德、感覺、理念和實踐的系統，建立在一個想法之上：人生的旅程是一趟個人的旅程，人生的目標是追求個人的幸福、忠於自我、自我實現，以及自給自足。過度個人主義使每個人心心念念一個問題：我該怎麼做才能得到幸福？

3. 過度個人主義建立在一個解放故事之上。英勇的自我掙脫社會的束縛，靠自己的雙腳站在大地上，自己決定自己的命運，自己保障自己的權利。過度個人主義將自由定義為沒有任何限制和約束。

4. 用這種方式，過度個人主義逐漸破壞不是建立在個人選擇之上的連結，包括與家庭、鄰里、文化、國家和公共利益的連結。過度個人主義不斷腐蝕我們對他人和族人的義務和責任。

5. 現代社會的核心問題來自這種腐蝕：社交孤立、不信任他人、兩極對立、家庭失能、社群消失、部落主義、自殺率上升、心理健康問題增加、缺乏共同目標導致的心靈危機、使人跨越差異、凝聚起來的團結感消失、有助於形成社群、相互關係、同志情誼和目標的共同故事和理念消失。

6. 過度個人主義的主要問題在於，它導致個人的墮落和毀滅。這個系統建立在每個人的自我中心欲望之上。這是一種利己的欲望：出人頭地；在世上留下名聲；獲得財富、權力和地位；贏得勝利並勝過他人。過度個人主義從不強調其他的欲望，最後甚至再也看不見那些欲望：尋求連結、融合、服務和關懷的更深層、更難以說清楚的動機。那些不是自我的渴望，而是心與靈的渴望：與他人在愛之中相互依存的渴望、為某些理想服務的渴求、臣服於某個崇高公益的渴求。過度個人主義痲痺了這些最深的嚮往，最後創造出孤立且自利的個體，這種人覺得人生中好像缺少了什麼，卻又說不出所以然來。

7. 過度個人主義在表層系統最為活躍。消費主義為了獲取更多物質，揚棄了對個人最重要的東西。功績主義揚棄了個人「成就」最深刻的部分。失衡的資本主義將人變成功利且急躁的工作狂，對任何長期的依附關係免疫。

8. 過度個人主義者發現自己活在有條件的愛的世界裡。唯有當我達成這個世界期待的地位或成就，我才值得被愛。唯有當我有能力回報，我才值得被愛。別人對我的評價決定了我的價值。到頭來，過度個人主義無法讓人感到自足和安全感，它使每件事變得有附帶條件，以致於使得情感和靈性的安全感無法滋長。它使人對他人的評斷極度敏感，當他們遭到輕視，就會立刻反擊。

9. 過度個人主義把人導向虛妄和不滿足的人生。有些人過著一種美學人生；他們淺嘗各種愉快的人生體驗，但這種沒有崇高理念為後盾的體驗，無法累積成任何東西。有些人成為缺乏安全感的人生勝利組。他們努力想贏得他們渴求的愛、讚美和情感依附，然而，再大的成就也無法帶來他們渴求的愛。

10. 當你根據過度輕忽人性的觀點打造整個社會，最後會創造一個抽離人性的文化，使眾人無法獲得他們最深切渴望的東西。

11. 不做出承諾的人將會被世界遺忘。不效忠於某個自我以外的東西，就無法在這個世界上留下深刻的足跡。

12. 過度個人主義使部落主義應運而生。眾人最後會加入某個立場強硬的部落，以反制超個人主義導致的孤立和缺乏意義的人生。這看似是在建立某種關係，但事實恰好相反。若關係主義者的基本心態是互相關懷，那麼部落主義者的基本心態就是互不信任。他們的心態永遠是：自己人和外人的對立，不是盟友、就是敵人，不是毀滅別人、就是被別人毀滅。他們永遠處於憤怒模式中。部落主義者試圖尋求連結，但他們卻用忿恨與不信任將自己徹底孤立。部落主義是一種黑暗版的社群。過度個人主義的悲劇性矛盾在於，一開始看似令人振奮的個人解放行動，導致了部落之間的傾軋，最後反而壓垮部落原本想要解放的個人。

關係主義

1. 這世界若要發生革命，將會是道德革命。現代社會需要可以和主流的過度個人主義對抗的道德生態。我們需要闡明一個以人際關係，而不是個人，為核心的信念，它清晰的闡述了每個人都知道的真理：我們由人際關係形塑而成，我們從人際關係獲得養分，我們渴求建立人際關係。人生並非踽踽獨行的旅程，而是眾人一起打造家園的過程，被依附關係形塑、進而形塑依附關係的過程。它是世世代代把禮物傳承下去的過程。

2. 過度個人主義者將社會視為一群互相訂定契約的個體。關係主義者將社會視為一個連結網絡，這個網絡比個人選擇更加重要。過度個人主義者將個體視為自給自足的單位；關係主義者認為，人是網絡中的一個節點，性格是向他人靠近的移動。

3. 做為孩子，每個人的情感和靈性基礎，由成年照顧者付出的無條件的愛形塑而成。每個人的依附風格由他與慈愛照顧者之間的互動雙人舞形成。「我們」先於「我」。

4. 長大成人後，我們以人際關係的品質，以及我們為那些人際關係付出多少心力，衡量自己的人生價值。人生是質的努力、而非量的努力。重點不在於數量多寡，而在於濃度與深度。任何道德生態的主要任務是，定義高品質人際關係的模樣。

5. 要擁有最美好的成年生活，意味做出承諾並忠於那些承諾：對志業、家庭、人生觀或信仰、社群的承諾。成年生活的重點在於對他人做出允諾，並忠於那些允諾。在無條件互相給予禮物的過程中，我們可以找到美好的人生。

6. 關係主義是過度個人主義和集體主義的折衷。前者切斷所有的深刻連結。後者將個人淹沒在群體裡，將群體視為沒有個性的集合體。關係主義者將每個人視為深厚迷人的溫暖承諾網絡裡的一個節點。他努力打造由充滿創造力的多元群眾組成的社群、國家和世界，這群人用各種多采多姿的方式做出承諾，他們透過神聖的和弦連繫在一起。

7. 關係主義不是一個理念系統，而是一種生活方式。關係主義的觀點源自許多先人：政治家伯克、金恩博士、神學家布柏、作家戴伊、詩人惠特曼、哲學家馬里旦、哲學家穆尼耶（Emmanuel Mounier）、哲學家納思邦（Martha Nussbaum）、作家迪勒、聖雄甘地和哲學家魯一士（Josiah Royce）

8. 過度個人主義者依照一個直白的邏輯行事：我讓自己變強大，就能得到我想要的東西。關係主義者認為，人生依照一種反向邏輯運作：付出多少就得到多少；失去自我才能找到自我；當我臣服於某個偉大崇高的目標，就是我最強大的時候。

成為一個人的過程

1. 現代生活的核心旅程是從自我轉移到服務。我們一開始出於天性傾聽自我的聲音，再逐漸學會傾聽心與靈的崇高召喚。
2. 現代社會思維從馬基維利、霍布斯這些思想家和現代經濟學汲取養分，認為人類在本質上是自私的。佛洛伊德寫道，孩童「是全然的自我中心；他們強烈的感受到自己的需求，並極力想滿足這些需求。」現代思維大多由男性書寫，而且通常是某種類型的強勢男性。這種男性完全沒有看見支撐社會的照顧體系。
3. 關係主義主張，人類天生是破碎的，但同時擁有豐富精采的天賦。我們有自我中心的自利欲望，我們需要那些欲望驅使我們成就某些人生課題：建立身分認同、在世界留下印記、脫離父母的照顧、創造與發光。歷史記載了人類想要支配、殺害、性侵和掠奪的野蠻衝動。但關係主義主張，人類還有更深的其他面向。人類有比自利更強的動機，即使那些動機有點曖昧不明。每個人最深層的部分是我們所謂的心與靈。人類具有馴服野蠻欲望和克制殘餘獸性的能力，而那些能力通常在社群裡體現。

4. 我們的心，是我們渴望與他人融合的那個部分的自己。人類不是思考的動物，而是擁有愛和渴望能力的動物。我們的渴望定義了我們是誰。我們會變成我們所愛的事物。我們每個人要問自己的重要問題是：我們是否教導我們的情感，用對的方式去愛對的事物？

5. 我們的靈，是給予我們無限尊嚴和價值的那個部分的自己。奴役他人是錯誤的，因為它扼殺了人的靈魂。性侵不只是對身體的攻擊，它同時還扼殺了另一個人的靈魂。靈魂嚮往良善。每個人都想要過著良善和有意義的人生，當生命變得沒有意義，就會覺得人生分崩離析。

6. 孩童天生擁有自我、心與靈。但在青少年階段，許多人的自我開始膨脹，而心與靈開始後退。人在這個階段需要建立某個身分認同、需要打造一個自己。與此同時，我們的社會告訴男孩要把情感埋藏起來，做個男人；告訴女孩，如果她展現真正的自己，沒有人會喜歡她。大眾文化把自私正常化，把利己主義合理化，同時掩蓋心與靈的深切渴求，使我們難以表達這些渴求。

7. 但最終，大多數人會意識到，自己的自利人生似乎缺少了什麼。他們獲得了世俗的成就，卻依然無法心滿意足。或許他們愛上某個人或是被愛，這份愛挖開了人生的堅硬表土，讓藏在深處的真實性格顯露出來。或許他們經歷了失敗、痛苦或悲傷時期，這個經歷切開了表層，露出浩瀚無邊的底層世界。不論如何，人們看見了自己的完整縱深，人生的廣闊全貌。他們明白，唯有情感、道德和靈性食糧，才供應他們所渴求的養分。

8. 當人經歷過這些可能發生在任何年紀的體驗，他就不再是個體，而開始成為一個人。他的完整人格生氣蓬勃，躍躍欲試。他在自己的底層找到源源不絕的關懷能力。在我們經歷這種個人轉化的過程中，關係主義會給予我們指引，超越自我的欲望，踏上更重要的旅程。

9. 逐漸成為一個人的過程是先向下走、再向外發展：先凝視內心深處，找到與他人連結的嚮往，然後與他人建立關係，走進世界。馬里旦寫道，一個人精進自我，是為了付出自我。

10. 個體成為一個人之後，會進入反叛狀態。他要背叛個人主義道德觀，以及非人格主義（impersonalism）的所有體系。社會告訴他要追求獨立，但他卻宣告自己追求相互依存。社會說我們活在唯物論的現實裡，但他說我們活在魔法的現實裡。社會告訴他，要對所有選項保持開放的態度，但他說，不，我要做出承諾，我要向下扎根。社會說，要超越他人，勝過他人；他說，不，我要和他人並肩同行，為他人服務，做卑賤的工作。社會說，耕耘人生自利的那一面；他說，不，我要耕耘我的整個生命。唯有當你活出完整的自己，才算是美好的人生。

11. 關係主義者不會摒棄走資本主義路線的功績主義，也就是主流的生活方式。但他會以互補的道德觀平衡那種世界觀，加以補充、修正和提升。他走進世界，享受那裡的樂趣和成就，但他採用與他人不同的心態、不同的方法和不同的目標。當世界太向個人傾斜時，他朝公共的方向走。當世界太理性時，他會向感性傾斜。當世界太靠近功利主義時，他會向道德靠攏。

美好的人生

1. 關係主義者並不試圖靠意志力主宰人生，他並不想操控自己的人生，為人生做策略性規劃。他願意為別人騰出時間。他敞開心胸，以便聽見召喚並回應之。他自問：我此生的責任是什麼？當一個人找到了人生的崇高召喚，那種感覺並不像是擁有掌控權，而像是放下掌控權。最有創造力的行動，往往是回應召喚的行動。
2. 召喚通常以愛的形式現身。某個人愛上了自己的孩子、丈夫、鄰里、召喚，或是信仰的神。那份愛會使人想要做出允諾，對某個人說，我會永遠愛你。我會永遠服侍你，供你差遣。生命是做出允諾的所在。
3. 召喚也可能以需求的形式現身。社會上有某些不公義的事、某些社會犯的錯需要修正。某個人承擔起這個責任，允諾要為公義而戰，要修正錯誤。

4. 當召喚被聽見，有人做出了允諾，承諾就成立了。關係主義者做出的承諾，定義了他的人生。他做出的承諾和他實踐承諾的方式，定義了他人生的品質與滿足感。

5. 承諾是從愛出發做出的允諾。承諾是不期待任何回報的允諾（雖然豐盛的回報會自然湧現）。做出承諾的關係是雙向的允諾。你全心全意的把自己交給另一個人，對方也全心全意的把自己交給你。

6. 做出承諾的人會認真看待他的承諾。他從事的不是職業，而是志業。他的婚姻不是合約式婚姻（我能得到什麼好處？），而是盟約式婚姻（我為你生、也為你死）。他不高談闊論，而是臣服於信念。他不只居住於某個地方，他會協助那個地方形成社群。此外，他不是向一個抽象的「社群」概念做出承諾，而是向某個特定的社群、某個特定的人、某個特定的信念做出承諾：以特定的時間和地點為據點。

7. 當一個人投入與實踐他的承諾附帶的日常責任，他同時將自己整合成一個前後一貫的整體。承諾會決定一個人生命中的時時刻刻要做什麼事。一個做出承諾的人，他所做的事會有一貫性。他為他所愛的人從事的日常服務，造就了他的品格。謙遜的接受他人的餽贈，並承認自己對他人的依賴，造就了他的品格。合約可以為你帶來益處，但是承諾會轉化你整個人。

8. 關係主義者將可以深化承諾、建立關係和提升尊嚴的行動，視為優先要務：給予、說故事、跳舞、唱歌、共同的計畫、聚會、吃飯、儀式、有深度的對話、一同禱告、寬恕、創造美感、遭遇悲傷和威脅時互相安慰、為公眾利益共同努力。

9. 做出承諾的人生必然會遇到一些共同的掙扎。

10. 例如，我們往往需要不斷努力，才能看見他人的完整面貌。在日常生活中，我們傾向於把他人視為客體、而不是一個完整的人。我們往往會急著貼標籤和籠統化。我們往往把人簡化成數據，把人視為數據點。你可以用數據計算蘋果的數量。你可以追蹤群眾的行為。但每個人都擁有某些獨特且無可取代的部分，是數據無法捕捉的。關係主義者試著把每個人視為一個全人，涵蓋身體、意念、心、靈魂。

11. 我們往往需要不斷努力，才能達成有意義的溝通。每次的溝通，可以是有深度的對話，也可以是膚淺的對話。關係主義者會設法讓溝通變得有深度且純粹。這一點很難做到，因為我們內在有些東西是難以說出口的。保持謙遜與不急著揭露自我，有時是恰當的做法。為了做到「我和你」的溝通，甚至只是稍微做到，關係主義者會耐心的等待對方慢慢揭露自己脆弱的一面。他會讓對方感到安全和受尊重。有時候，最深的東西會以神話、故事和音樂的形式呈現。當溝通失敗或走了樣，哲學家穆尼耶說，我失去了我自己。切斷與他人的溝通，將會帶來瘋狂和痛苦。

12. 我們往往需要不斷的努力，才能做到實質的給予和獲得禮物。我們周遭有無數的人以寬厚和服務為人生宗旨。穆尼耶說，人類的本質是寬厚。但我們的社會並不教導我們如何實質的給予禮物。學校不強調這件事。大眾文化對這件事的認知也很混淆。

13. 我們往往需要不斷努力，才能從道德的觀點看待人生。講求務實的職場採取的是功利主義觀點。消費主義創造了以物質享受為中心的自我。金錢具有無名的力量，而且往往把交易的對象當成隱形人。人需要全副武裝，不露出任何破綻，才能夠應付職場上的競爭和現代的政治生態。要擺脫功利的觀點，從道德觀點看待日常生活是相當困難的事，也需要永不停歇的努力

14. 這些努力與掙扎並不是針對其他人。自我和靈魂之間的界線在每個人的心中。多數人會採取嗜工作如命的道德觀，以致於沒有時間經營人際關係。有時候基於尊重隱私，而不去好好認識住在附近的鄰居多數人會利用科技產品來減少人際摩擦，同時追求最高效率。然而，人際關係在本質上是黏膩且沒有效率的。很多人基本上只關心自己，渴望追求地位。因此，我們必須意識到這些事，努力回歸人際關係。

15. 關係主義者的世界觀，並不是以善的力量終結惡的力量，向來都是部分真相的相互競爭，自我和社會的不斷對話，以及平衡來自各方的拉鋸力，試著活出優雅平衡的人生。

16. 關係主義的人生是充滿挑戰的人生。但歸根究柢，這是一種充滿喜樂的人生，因為這種人生洋溢著豐沛的情感，還有道德喜樂相伴。

美好的社會

1. T．S．艾略特評論道，現代政治活動最大的錯覺，就是相信你可以建立一個完美系統，這個系統如此完美，就算系統裡的人不是好人也沒有關係。但現實是，民主和經濟需要以社會為基礎。社會是一個人際關係系統。假如社會這個基礎裡沒有信任，良善、關懷或忠誠，就不復存在，人際關係會瓦解，市場和國家會分崩離析。假如是非對錯沒有共同的規範，普遍的依附感不復存在，那麼市場和國家裡的人會為了爭權奪利而互相廝殺。社會和文化是我們應該優先考量的事，而且比政治或市場更重要。社會的健全與否，取決於眾人是否自願放棄自私自利的心態。

2. 這個時代的主要問題落在基礎的層面，也就是人際關係系統的層面。這個社會的不信任感不斷上升，對他人一無所知的程度和疏離感也不斷上升。一個錯誤的行動會衍生出另一個錯誤行動。一種敵意升高的舉動會引發另一個敵意更高的舉動。

3. 關係主義召喚大家展開轉化社會的行動，重建互惠和信任的基礎，打造一個戴伊口中「更容易行善的社會」。

4. 社會的構造不是由在上位的領導人打造出來，而是由每個階層的人，透過無數個關懷行動打造而成，由每個人扮演好身為好友、鄰居和公民的角色，打造而成。

5. 每當我把另一個人當作物體來對待，我相當於在撕裂社會構造。每當我把另一個人當作無限深邃的靈魂來對待，我相當於在織造社會構造。每當我對別人說謊、把刻板印象加諸在他人身上，或是在生理或心理層面傷害他人，我相當於在撕裂社會構造。每當我如實看見一個人，使他覺得被了解，我相當於在織造社會構造。每當我無憑無據的指控別人貪腐，我相當於在撕裂社會構造。每當我以不帶惡意的出發點提出異議，我相當於在織造社會構造。社會構造透過無數個微小的道德行為創造出來，它也可能因為一連串的不道德行為而被摧毀。

6. 個人的轉化與社會的轉化會同時發生。當你挺身而出為打造社群而努力，你也滋養了自己。

7. 關係主義的終極信念是，所有人在最深的層面是團結在一起的。表面上，我們各不相同，都有自己的特色。但在最底層，我們都是相同的，最深的敵意也不能將我們的共同點完全抹煞，再大的分裂也無法將我們徹底分割。

8. 人際關係無法快速複製，必須透過耐心和寬容，一點一滴累積起來。但規範是可以推廣擴散的。社群裡的人經營互相關懷的關係，不斷的重複這麼做，讓所有人看見，久而久之，規範就建立了。可靠的行為受到欣賞；同理心得到讚揚。殘酷的行為遭到懲罰同時被唾棄。和睦的互動成為自然狀態。一個新的系統、文化被創造出來，以隱微的方式引導所有人朝某個方向前進。當你不斷重複某些足以成為楷模的行為，使規範自然形成，你就創造了一種新型態的力量。生活在道德生態裡的人隨時隨地都在移動，不是朝保有尊嚴的方向移動，就是朝本能欲望的方向移動。而道德生態是每個人透過日常的決定打造出來的。

9. 重建社會不只是要眾人聚集起來，以智性或道德中立的方式集結人群。還需要改變道德文化，改變世人對想像中的美好生活的定義。

10. 在這個過程中，國家扮演了一個重要但不完整的角色。國家可以提供服務，但無法提供關懷。也就是說，國家可以把資源重新分配給窮人，可以設立遊民收容所和日照中心。它也可以創造實體平台讓人際關係得以建立。但國家無法創造親密的人際關係，並進而形塑健全的人民。唯有透過常態性的人際接觸，才能創造健全的人民。唯有透過人際關係，我們才能成為鄰居、工作者、公民和朋友。

相互依存宣言

1. 一個美好的社會，就像一座濃密的叢林，裡面有藤蔓和交錯的枝幹。有深入地底的根部系統，以及枝幹和樹葉交織而成的天篷。猴子在樹上嬉戲，蝴蝶在樹下飛舞。所有的生物在這個巨大的生態系統中都有自己的安身之處。這裡有美不勝收的多元性、美感和生命力。

2. 擁有美好人生的良善之人在這樣的叢林裡扎根。美麗的人生意味扎根的人生，有所依附，但生氣蓬勃。美好的人生是一種共生的人生：全心全意服務他人，同時也得到他人全心全意的回報。它是日常的慈愛、溫柔的責備、被侮辱後施予的寬容。它是互相關心、建造和探索的冒險。最關鍵的問題不是「我是誰？」，而是「我屬於誰？」

3. 人總會愈活愈好。人生中會出現這樣的時刻，只不過有些人早一點、有些人晚一些：你發現了人生的真正目的。你回顧此生，檢視你覺得自己最有生命力、展現了最好的一面的時刻。那些時刻通常是你和其他人為某個理想共同奮鬥的時候。那是你展現行動力的時刻。那是你清楚知道自己該做什麼、以及該怎麼活的時刻。那是自我不再掌控你的時刻。當你掙脫自我中心的自我對你的束縛，你會得到一股巨大的能量。人生變得更有動力，也充滿了更多禮物。那是人生來到轉捩點的時刻。

4. 當你看見來到這個轉捩點的人，你會發現他們擁有堅定不移的內在價值觀，以及連死都不怕的奉獻精神。你會看見散發著光芒的大愛，照亮了世界。你會看見他們不只用令人敬佩的偉大方式奉獻自己，也不忘施予舉手之勞的幫助和善解人意的體貼。這是這個叢林變得濃密且健康的原因。

5. 當你看見處於這種狀態的一群人，你看到的不是個體的集合，而且是一個族群、一個社群、一個欣欣向榮的社會，那裡的人互相扶持、使彼此的才能發揮到極致、欣賞彼此的創造力，以及在彼此的款待中安歇。

6. 當你看見來到這個轉捩點的人，你會發現他們有能力克服分裂和不信任。不信任是一種反常狀態。沒有人想在居民互不信任的地方生活，也沒有人想要孤伶伶的一個人生活。不信任感來自我們不與他人建立關係。但金恩說，愛擁有救贖的力量。愛擁有轉化個人與摧毀不信任的力量。當你愛某個人，而且讓這份愛持續下去，對方一開始或許會把你推開，但最後他一定會屈服於你的關懷所散發的力量。要療癒分裂，並不是把不好的部分排除，而是用好的部分將不好的部分包圍。如果你能讓人與人之間產生最多的良性互動，歧見就會在充滿愛的關懷中平息，不好的部分往往會自然消失。重拾信任之後，所有人都可以放鬆下來，愉快的享受彼此的陪伴。喜樂就在自我犧牲與服務的盡頭。當你奉獻自己時，就能找到喜樂。

7. 當你明白這件事，你會發現，喜樂不只是一種感覺，而且是道德的一種面貌。它是感恩和友好，交流和團結的永恆狀態。這並不代表你將不再有煩惱或憂慮。人生永遠不會成為烏托邦。但自我已經縮減回它原本的大小。當人與人之間存在著溫柔的關係、堅定的承諾、純粹的溝通，當生命的傷口得到理解，錯誤得到寬恕，人會向彼此臣服，互相融合，然後神祕的火花就會被點燃。愛會在人與人之間憑空湧現，如同純粹的火焰一般。

謝辭

本書談的是關係，它也從關係中孕育而生。過去五年來，我的人生經歷了坎坷的起伏跌宕，我和老朋友的感情變得更深厚了，我也結交了許許多多的新朋友。在這個過程中我學到了一件事，如果你需要協助，而你跑去向朋友求助，他們會非常重視這個幫助你的機會。這個過程會深化你們的友誼，同時為日後做好準備，當情況逆轉時，你就能回報他們。我原本在致謝的初稿列出了這些寶貴朋友的名字，但我很怕遺漏任何一個人，所以我決定只對我的朋友說（分布在全美國和全世界）：你們知道你們對我有多重要。我們一起吃飯、散步、參與讀書俱樂部和沙龍、三更半夜講電話的回憶，永遠不會消逝。你們一定看得出來，我們討論過的東西全都融入了這本書，以及我是多麼努力的吸收你們的集體智慧，並將它遍撒於本書中。

對於直接參與本書出版計畫的人，我特別想感謝讀過我的草稿並給我指教的人，包括勞森、希區考克（James Hitchcock）、艾蜜莉・艾斯法哈尼・史密斯、加勒特（Shaylyn Romney Garrett）、馬可士（Celeste Marcus），以及魏納。他們都為我提供了明智的建議和無價的忠告。

我也想感謝波普娃（Maria Popova），我一直從她的部落格「智慧選擇」（Brain Pickings）得到智慧和指引。

我在本書中沒有提到太多關於我們如何受機構形塑的部分。我很幸運，此生遇到了至少五個很棒的機構。第一個是「全都是我們的孩子」，它相當於我的第二個家，我在第八章有提到這個機構的故事。除了大衛・辛普森和凱西・弗萊契之外，我還想花點時間感謝莎拉・P（Sarah P.）和艾蜜莉亞（Emilia），還有泰亞（Thalya）、塔魯克（Tahrook）、瑪德琳（Madeline）、克雷歐（Kleo）、肯諾（Keyno）、納比爾（Nabil）、詹姆士（James）、科雷可（Koleco）、克雷格（Craig）、尚恩（Shaughn）、貝拉（Bella）、綺沙里（Kesari）、桑提（Santi）、碧沙（Bisah）、西納（Chyna）、努耶塔（Nueta）、亞莎里（Azarri）、布蘭登（Brandon）、艾德（Edd），以及其他數十人。他們和我作伴、教我情感為何物，還提供音樂，幫助我度過這個階段。

第二個機構是《紐約時報》。與其他專欄作家共事，就像是和一群知識內燃機工作。在班納特（James Bennet）和達奧（Jim Dao）底下工作，以及和希區考克共事，意味內燃機雖然看起來很可怕，但其實不會真的爆炸。為讀者服務使我能一直保持謙遜，這個過程可說是苦樂參半。

第三個機構是耶魯大學。在所長列文森（Jim Levinsohn）熱情且包容的支持下，我以本書的內容在傑克遜全球事務研究所開課。任何一位大學教授都知道，你從學生身上學到的東西，和你教給他們的東西一樣多；我也是如此。我也從耶魯大學的許多同事身上學到了很多，尤其是加斯頓（Bryan Garsten）、沃弗、史密斯（Steven Smith）、魏曼、克隆曼、麥可克里斯托（Stan McChrystal）、希爾（Charles Hill），以及蓋迪斯（John Lewis Gaddis）。

第四個機構是亞斯本研究所。在研究所董事的支持下，我有幸能在過去一年到美國各地拜訪最有啟發力和最無私的人。我尤其想感謝波特菲（Daniel Porterfield）、莫特利（Eric Motley）、克隆恩（Jim Crown）、史提爾（Bob Steel）、雷斯尼克夫婦（Lynda and Stewart Resnick），以及我在「織造」的同事：羅普（Tom Loper）、勞森、加勒特、史達維斯（Krystle Starvis）、索托（Isabel Soto）、馬可士，以及其他人。

最後是蘭登書屋。這是我在蘭登書屋出版的第三本書，我是少數幾個對出版社讚譽有加的作者。墨菲（Will Murphy）領我進書屋。華德（Andy Ward）以洞見悉心編輯本書。山特雷羅（Gina Centrello）八年前很擔心我會不會太天馬行空，我希望她對於布魯克斯式的天馬行空還算滿意。路易森（Cole Louison）查證事實的功力令人佩服。史奈柏莉-史旺森（Campbell Schnebly-Swanson）以她獨一無二的熱情與才華，協助完成本書的研究工作。

我還想感謝幾個人。每個人都有個副業，我的副業是在廣播和電視節目擔任評論員。這份工作使我在過去二十年來可以坐在希爾茲（Mark Shields）旁邊。這是我人生中極其幸運的事。希爾茲對他的承諾堅定不移，對朋友慷慨大方，有時會做出一些有趣的小動作，在節目中與我對槓時，展現聰明、公正與辛辣的特質。

過去幾年來，我的孩子約書亞、娜歐蜜和艾倫也經歷了他們人生的山峰和山谷階段。這番歷練使他們成為聰明、關心他人、成熟、博學且堅強的年輕人。和他們的相處總是非常愉快，沒有例外。每當我的孩子進入新的人生階段，我總是心想：哦，這是最棒的階段。我的母親洛伊絲在我寫這本書的期間過世，我因此失去了最優秀、也最嚴格的編輯。我的父親以無私的優雅和積極樂觀，接受了母親離開的事實。

最後是安。本書的核心論點之一是，當我們處於人生的底谷，我們被迫將自己的心打開。其實，我們也可以因為愛把心打開。我對安的愛意，以及我從她那裡得到的愛，使我人生中的一切變得多采多姿而且溫暖宜人。其他朋友要描述安這個人時，最後得出的通常是同一個形容詞：閃閃發亮。這本書因為安的光芒和引導而變得溫暖，我的下半生也是。

財經企管 BCB684

第二座山

當世俗成就不再滿足你，你要如何為生命找到意義？

The Second Mountain: The Quest for a Moral Life

作者 — 大衛．布魯克斯 David Brooks
譯者 — 廖建容

總編輯 — 吳佩穎
人文館資深總監 — 楊郁慧
副主編暨責任編輯 — 陳怡琳
特約編輯 — 李承芳
校對 — 魏秋綢
美術設計 — BIANCO TSAI
內頁排版 — 張靜怡
封面圖片 — fungirlslim/istock

國家圖書館出版品預行編目（CIP）資料

第二座山：當世俗成就不再滿足你，你要如何為生命找到意義？／大衛．布魯克斯（David Brooks）著；廖建容譯. -- 第一版. -- 臺北市：遠見天下文化, 2020.01
面； 公分. --（財經企管；BCB684）
譯自：The second mountain: the quest for a moral life
ISBN 978-986-479-914-5（平裝）

1. 自我實現 2. 人生哲學

177.2 108022080

出版者 — 遠見天下文化出版股份有限公司
創辦人 — 高希均、王力行
遠見．天下文化 事業群榮譽董事長 — 高希均
遠見．天下文化 事業群董事長 — 王力行
天下文化社長 — 王力行
天下文化總經理 — 鄧瑋羚
國際事務開發部兼版權中心總監 — 潘欣
法律顧問 — 理律法律事務所陳長文律師
著作權顧問 — 魏啟翔律師
社址 — 臺北市 104 松江路 93 巷 1 號

讀者服務專線 — 02-2662-0012 ｜傳真 — 02-2662-0007；02-2662-0009
電子郵件信箱 — cwpc@cwgy.com.tw
直接郵撥帳號 — 1326703-6 號 遠見天下文化出版股份有限公司

製版廠 — 中原造像股份有限公司
印刷廠 — 中原造像股份有限公司
裝訂廠 — 中原造像股份有限公司
登記證 — 局版台業字第 2517 號
總經銷 — 大和書報圖書股份有限公司 電話／ (02) 8990-2588
出版日期 — 2020 年 1 月 21 日第一版第 1 次印行
2024 年 4 月 22 日第一版第 15 次印行

定價 — NT 450 元
ISBN — 978-986-479-914-5
書號 — BCB684
天下文化官網 — bookzone.cwgv.com.tw

天下文化

BELIEVE IN READING